みんなが欲しかった！

FP

の教科書

滝澤ななみ

ナルホド！

3級

TAC出版

TAC PUBLISHING Group

FP試験を受検するにあたって

2024-2025年度版

知っておきたい 改正・変更情報

在職老齢年金

CH01 ライフプランニングと資金計画

在職老齢年金の支給停止のラインが **50** 万円となった（2023年度は48万円）

年金額

CH01 ライフプランニングと資金計画

2024年度の年金額（主なもの）は下記のとおり

老齢基礎年金（満額）	816,000円（1956年4月2日以後生まれ） ※1956年4月1日以前生まれは813,700円
子の加算額	第1子と第2子：234,800円 第3子以降　：　78,300円
老齢年金の配偶者加給年金額	408,100円
中高齢寡婦加算	612,000円

法改正等によって内容が変更となったもののうち、
重要なものを抜粋しました。改正・変更があったところは、
試験で出題されやすいので、
該当箇所を確認しておきましょう。

NISA制度

2024年1月から新しいNISA制度が導入された

	2023年までのNISA制度		2024年からのNISA制度	
	一般NISA	つみたてNISA	成長投資枠	つみたて投資枠
非課税期間	5年間	20年間	無期限	
年間投資枠	120万円	40万円	240万円	120万円
投資枠上限（総額）	600万円	800万円	1,800万円（うち成長投資枠1,200万円）	
制度の併用	不可		可	
対象商品	上場株式・投資信託・ETF	長期の積立て・分散投資に適した投資信託	上場株式・投資信託・ETF	長期の積立て・分散投資に適した投資信託

FPの教科書

所得税・住民税の定額減税

- 所得税：2024年分の所得税額から1人につき3万円が控除される
- 住民税：2024年度分の住民税額から1人につき1万円が控除される

住宅ローン控除
（子育て世帯等に対する支援措置）

子育て特例対象個人（夫婦のいずれかが40歳未満の人か、19歳未満の扶養親族を有する人）が認定住宅等の新築等をして居住した場合には、控除対象借入限度額が上乗せとなる

			住宅ローンの 年末残高限度額
新築等	認定住宅	下記以外	4,500万円
		子育て特例対象個人	5,000万円
	ZEH水準 省エネ住宅	下記以外	3,500万円
		子育て特例対象個人	4,500万円
	省エネ基準 適合住宅	下記以外	3,000万円
		子育て特例対象個人	4,000万円
	一般住宅	──	0円

交際費等の損金算入

法人税における交際費等から除かれる飲食費等が1人あたり5,000円から10,000円に拡充された

空き家の譲渡の特例

空き家にかかる譲渡所得の3,000万円の特別控除において、2024年1月1日以降の譲渡より、相続人が3人以上の場合は特別控除額が2,000万円となった

生前贈与加算

相続開始前の一定期間内の生前贈与につき、相続財産に加算されるが、2023年12月までに贈与された財産については相続開始前「3年以内」の贈与が対象となるところ、2024年1月以降に贈与される財産については、対象期間が順次延長され、最終的には「7年以内」の贈与が対象となる

なお、相続開始前4年から7年のものについては100万円を控除した残額が相続財産に加算される

相続時精算課税制度

2024年1月以降、相続時精算課税制度につき、特別控除(累計2,500万円)を控除する前に、年間110万円を控除することができる

相続時にはこの110万円を控除した価格が相続税の課税価格となる

2024年1月以降の贈与では、相続時精算課税制度を選択した場合でも、年間110万円以下であれば贈与税の申告書の提出は不要となる

次のページから、勉強法や試験のあれこれについて、見ていきましょう！

本書の特徴 & はしがきに代えて…
合格するための勉強法

資格試験…にかかわらず、勉強のコツは共通していて、

❶何回転もすること ❷早い段階から問題を解くこと ❸継続すること

…なんです。意外とシンプルですよね。だけど、なかなかできないものです。

教科書は2回転以上を目標に。1回転目はざっと全体を読んで、2回転目はしっかりと読み込んでいきます。

SECTIONの 全体像を把握

最初にSECTION全体の学習内容をざっと確認。そのSECTIONの全体像や前後のつながりが見えてきます。

本文を読み進める

本文はなるべく平易な表現＆短い文章で書いています。
1回転目はささっと、2回転目は理解しながら読んでください。
赤太字（赤シートで隠れます）は、試験で問われる重要な箇所。その周辺はしっかり読み込みを！

> **7 公的介護保険**
>
> **介護保険**とは、介護が必要と認定された場合に、必要な給付がされる制度です。
> 公的介護保険の保険者は市区町村です。
> 被保険者は**40歳以上**の人で、65歳以上の人を第**1**号被保険者、40歳以上65歳未満の人を第**2**号被保険者といいます。
> 公的介護保険の主な内容は次のとおりです。

ひとこと

金利の高いローンから金利の低いローンに換えるので、借換えによって利息の軽減をはかることができますが、新規のローン（金利の低いローン）を組むことになるので、ローン手数料などの諸経費を考慮する必要があります。

◀理解を深めるための

理解のヒントや補足情報などを簡単にまとめています。

その、「なかなかできない」を「気がついたらできていた！」とするため、いろいろな工夫をしたのが本書…と言いますか、本書を中心とした当システムです。

このシステムでは、アプリの活用に力を入れています。

多くの方が所有していて、手軽に、頻繁に見るスマートフォン、これをうまく使っていただこうと、フラッシュカード機能 などを搭載したアプリです。

本書とアプリをうまく使って効率的に学習してくださいね。

板書を目に焼きつける

文章だけではわかりづらいものやポイントを、図やイラストを用いてまとめています。板書の内容を脳に刻みつけましょう。

ポイントがまとまっているので板書だけささっと見ていくのも効果的です。

実は例題が超重要

> **例題**
> 老齢基礎年金の繰上げ受給を行った場合には、「繰り上げた月数×0.4％」が年金額から減額され、繰下げ受給を行った場合には、「繰り下げた月数×0.4％」が年金額に加算される。
>
> ▶ × 繰下げ受給を行った場合には、「繰り下げた月数× **0.7％**」が年金額に加算される（繰上げ受給の記述は正しい）。

「例題」は基本的な問題で、しかもよく出題されるものを選んでいます。

1回転目から、例題は〇か×か答えを考えながら、必ず自力で解いてください。例題の直前にその内容が記載されているので、解いたあと、もう一度、直前の内容を確認します。これだけでもかなり知識が定着しますよ。

◀余裕のある人はプラスワンも

> **プラスワン　任意加入被保険者**
> 国民年金の第1号～第3号被保険者に該当しない場合は、国民年金への加入義務はありませんが、次の❶、❷のいずれかに該当する場合は、任意で国民年金に加入することができます（**任意加入被保険者**）。
> ❶国内に住所がある60歳以上65歳未満の人
> ❷日本国籍がある人で、日本に住所がない20歳以上65歳未満の人

「試験で出題されたことがあるけど、発展的な内容」というものは「プラスワン」として記載しています。余裕のある人は目を通しておきましょう。

本書の特徴 & 合格するための勉強法 <small>はしがきに代えて…</small>

問題集（別売）を解く！

「教科書」と「問題集（別売）」はペアで使います。
特に FP 試験は、早い段階で問題集を解いて、その周辺の内容を教科書で確認するというやり方が賢い勉強法です。

対応する問題を解く

教科書の1つのSECTIONを読んだら、そのSECTIONの問題を解きます。

教科書に戻る

間違えても、間違えなくても、すらすら解けた問題以外は教科書に戻って内容を確認しておきましょう。

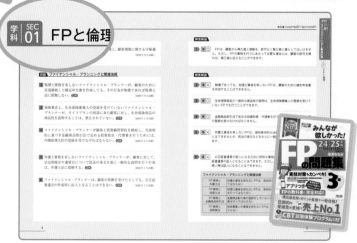

 勉強法の詳細は P(26) でも説明しているので、ぜひご覧下さい！

書籍連動サービスをフル活用しよう！

学習をより効果的なものにするために、動画講義、スマートフォンアプリと模擬試験プログラムをご用意しています。

その❶ 動画を見る

各CHAPTERで学習する概要を動画でご説明しています。
概要なので軽い気持ちで見てOK！
最初にこの動画を見て、「ここではこんな内容を勉強するんだな」と全体像をぼんやり把握してくださいね。

TAC人気講師が解説
FP3級の
ライフプランニングと資金計画
がザックリわかる！
FP3級の初学者にピッタリの動画です！

※配信は7月上旬を予定しております。

その❷ アプリを使う

本書を使った学習をより効果的なものにするために、場所を選ばず学習できるスマートフォンアプリを活用しましょう。いつでも、どこでもスマホがあれば学習、復習、問題演習ができる…手軽さが便利です。

フラッシュカードを使おう！

重要数字をまとめた**フラッシュカード**。
1項目を数秒でパパッと確認できます。
※どなたでも、無料でご利用いただけます。

アプリの詳細はこちら

https://tatesuta.jp/tacfp/

その他の機能（有料）

- ■**教科書縦読み機能**※
  横にページをめくるのではなく、スクロールで「教科書」が読める機能
- ■**問題集（別売）のアプリ化**※
  問題集の問題がアプリで解けます。
- ■**スケジュール機能**
  学習スケジュールを管理する機能
※一部無料でお試しいただくことができます！

※配信は7月上旬を予定しております。

その❸ 模擬プロを使う

試験直前対策に！ 模擬試験プログラムでCBT方式の試験を体験しましょう。詳細は(12)ページ（←目次のあと）をご確認ください。

以上の工夫により、本書（とその仲間たち）は、現時点で 一番わかりやすい・読みやすい・見やすい・そして合格しやすい本 になっているのではないかと思います。
どうぞ、本書（とその仲間たち）をご活用いただき、「お金に関する総合知識」を身につけてください。皆様の合格を心よりお祈り申し上げます。　　　　滝澤ななみ

目 contents 次

模擬試験プログラムでCBT方式を体験しよう!

本書には、CBT方式を体験できるWebアプリ「模擬試験プログラム」が付属しており、学科試験と実技試験※1のどちらも体験することができます。本番そっくりの環境を体験できるので、ひと通りの操作に慣れるためにも、本試験前に一度は挑戦しておきましょう。

「模擬試験プログラム」へのアクセス方法

STEP 1 TAC出版 🔍 で検索

STEP 2 書籍連動ダウンロードサービス 📥 にアクセス

STEP 3 パスワードを入力 240511179

Start!

※1 本プログラムは学科試験と実技試験（金財「個人資産相談業務」「保険顧客資産相談業務」、FP協会「資産設計提案業務」）に対応しています。

※2 本特典の提供期間は、改訂版刊行月末日までです。

※3 この模擬試験プログラムはTAC出版が独自に製作したものです。実際の画面とは異なる場合がございますので、ご了承ください。

（免責事項）
(1) 本アプリの利用にあたり、当社の故意または重大な過失によるもの以外で生じた損害、及び第三者から利用者に対してなされた損害賠償請求については一切の責任を負いません。
(2) 利用者が使用する対応端末は、利用者の費用と責任において準備するものとし、当社は、通信環境の不備等による本アプリの使用障害については、一切サポートを行いません。
(3) 当社は、本アプリの正確性、健全性、適用性、有用性、動作保証、対応端末への適合性、その他一切の事項について保証しません。
(4) 各種本試験の申込、試験申込期間などは、必ず利用者自身で確認するものとし、いかなる損害が発生した場合であっても当社では一切の責任を負いません。

（推奨デバイス）PC・タブレット
（推奨ブラウザ）Microsoft Edge 最新版／ Google Chrome 最新版／ Safari 最新版

詳細は、下記URLにてご確認ください。
https://tac-fp.com/login

本書は、2024年4月1日現在の施行法令に基づいて作成しております。
また、2024年6月から2025年5月までの試験の法令基準日は2024年4月1日です。

復興特別所得税の本書における取扱い

　東日本大震災の復興財源を確保するため、「復興財源確保法」が公布・施行されました。これにより、所得税においては、2013年から「復興特別所得税」として「所得税額（基準所得税額）×2.1%」が課されています。

　FP試験では、復興特別所得税を考慮した税率で出題されることも、復興特別所得税を考慮しない税率で出題されることもあるので、本書では原則として所得税と復興特別所得税を分けて記載しています。

　なお、本試験では問題文の指示にしたがって解答するようにしてください。

試験の内容や学習の進め方、
FP資格の活かし方がわかる！

ナルホド゛

スタートアップ講座

CONTENTS

FP資格の全体像

ファイナンシャル・プランニング技能検定

実施機関
**金財・
日本FP協会**

3級FP技能検定
（学科＋実技試験）

3級合格者
3級

2級FP技能検定
（学科＋実技試験）

2級合格者
2級

＋

AFP認定研修
受講&修了

1級FP技能検定
（学科＋実技試験）

1級合格者
1級

**1級学科試験
免除**
（合格の翌々年度まで）

**1級学科試験
免除**

FP（ファイナンシャル・プランナー）の資格には、
国家資格のファイナンシャル・プランニング技能検定
3級〜1級と、日本FP協会認定のAFP資格
およびCFP®資格があります。
試験は、「一般社団法人金融財政事情研究会（金財）」と
「NPO法人日本ファイナンシャル・プランナーズ協会
（日本FP協会）」の2団体が実施しています。

実施機関
日本FP協会

日本FP協会認定資格

AFP認定者
AFP

**CFP®資格
審査試験
6課目に合格**
＋
**CFP®エントリー研修、
一定の実務経験など**

CFP®認定者
CFP

FP（ファイナンシャル・プランナー）が活躍する場面

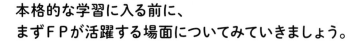

本格的な学習に入る前に、
まずＦＰが活躍する場面についてみていきましょう。

仕事で役立つ場面

ファイナンシャル・プランナーとして仕事をする場合には、大きく分けて、企業系FPと独立系FPがあります。

企業系FPとは？

企業系FPは、銀行や信用金庫、証券会社、保険会社などの金融系の企業で従業員として働いています。

これらの企業で、ライフプランの相談にのったり、商品の一般的な説明を行ったりします。

こういった相談や説明はFPの資格がなくてもできますが、FPの資格を持っていることで、お客さんに安心感を持ってもらうことができますし、

自分も、知識があるため、自信を持って相談にのることができます。

金融系の企業ではFP試験の内容が業務に直結しているので、金融系の企業に転職するさいやキャリアアップには、FPの資格や知識がおおいに役立ちます。

また、FPで学習する内容には社会保険や税務、相続、不動産に関する分野もあるため、金融系の企業以外にも、活躍する場面がたくさんあります。

独立系FPとは？

続いて、独立系FPについてです。

独立系FPとは、個人または数人でFP事務所を構え、独立開業しているFPをいいます。

独立系FPは、自分の専門分野について個人のお客さんの相談にのったり、セミナーの講師をしたり、新聞・雑誌の記事を書いたりします。

以上のように、FP資格を仕事に活かせる場面はたくさんあります。

FPの知識はプライベートでも必要!

また、FPで学習する内容は、仕事だけでなく、プライベートでも必要になる知識ばかりです。

たとえば、「ちょっと投資でもしてみようかな」というときには「金融資産運用」の知識が役に立ちますし、

「独立して個人事業主になったから、確定申告しなきゃ!」というときには、「タックスプランニング」の知識があると安心ですよね。

また、学生さんが社会人になると
きや、結婚したときなどに保険の
加入や見直しを検討する場合があ
りますが、このときに「リスクマ
ネジメント」の知識があると、保
険商品を選ぶときに役立ちますよ
ね。

そして、マンションや一軒家を購
入するときには、「不動産」の知
識があると、契約のさいにドンと
かまえていられます。

万一、自分の身内が亡くなったと
きには、「相続・事業承継」の知
識が役に立つでしょう。

老後資金も気になりますよね…。

なにより、一生を通じていくらお金が必要で、豊かな老後を送るにはどれだけ貯蓄や稼ぎが必要なのかを把握しておくことによって、将来のお金の不安を解消することができます。

このような、老後資金や一生を通じての資金計画については「ライフプランニングと資金計画」で学習します。

…というように、FP試験の学習内容は就職・転職・キャリアアップに有利なだけでなく、わたしたちが生活する上で必要な知識ばかりなのです。

みなさんも、FPの知識を活かして充実した人生を送りましょう。

FP 3級の試験概要

2024年度から出題形式や試験時間が変更になりました。受検前によく確認しておきましょう。

つづいて、
FP3級の試験概要をみてみましょう。

I 試験の概要

試験日

2024年4月から通年（休止期間を除く）で、CBT方式※によって実施されています。なお、2024年6月から2025年5月までの試験の法令基準日は2024年4月1日となります。

試験日	通年（年末年始、3月の1カ月間、5月下旬を除く）

※ CBT方式…テストセンターのPC上で解答する形式。問題は受検者ごとに異なる

試験実施機関

FP技能検定の実施機関は、次の2つがあります。受検の申込や詳細については、下記の各試験実施機関にお問い合わせください。

一般社団法人
金融財政事情研究会（金財）
URL https://www.kinzai.or.jp
TEL 03-3358-0771

NPO法人　日本ファイナンシャル・プランナーズ協会（日本FP協会）
URL https://www.jafp.or.jp
TEL 03-5403-9890

受検資格

FP3級の受検資格は特になく、だれでも受検可能です。

受検資格	特になし

Ⅱ 出題内容と合格基準

試験種

3級FP技能士を取得するためには、学科試験と実技試験の両方に合格する必要があります。

```
学科試験  ┐
          ├ 両方合格して
          │ 3級FP技能士
実技試験  ┘ 取得
```

学科試験

学科試験の出題形式は多肢選択式で、試験時間は90分です。

学科試験の問題は 金財・日本FP協会 ともに同一です。

出題形式	多肢選択式 ○×式**30**問、三答択一式**30**問の合計60問
試験時間	**90**分
合格基準	60点満点で**36**点以上 ←6割以上の正答

☐ 問1

次の文章を読んで、正しいものまたは適切なものには○を、誤っているものまたは不適切なものには×をつけなさい。

税理士資格を有しないファイナンシャル・プランナーが顧客からの要望により確定申告書を作成した場合、それが無償であれば税理士法に抵触しない。

○　○
○　×

正誤を判定する問題

☐ 問31

次の文章の（　　）内にあてはまる最も適切な文章、語句、数字またはそれらの組合せを1）～3）のなかから選びなさい。

利率2.0%で複利運用しながら毎年一定金額を積み立てて10年後に8,000,000円を準備したい。この場合に最低限必要な毎年の積立金額を下記の〈資料〉を利用して算出すると（　　）となる。

〈資料〉利率（年率）2.0%・期間10年の各種係数

現価係数	年金現価係数	減債基金係数
0.8203	8.983	0.09133

○　1）730,640円
○　2）824,240円　　　**3つの答えの中から1つを選ぶ問題**
○　3）898,300円

実技試験

実技試験は、金財 と 日本FP協会 で内容が異なります。

そのため、実技試験をどの科目で受検するかによって申込先が異なります。

	金財	日本FP協会
出題形式	事例形式5題 三答択一式	小問形式20問 三答択一式
出題科目	下記のうちから1つ選択 ◆個人資産相談業務 ◆保険顧客資産相談業務	◆資産設計提案業務
試験時間	60分	60分
合格基準	50点満点で30点以上 6割以上の正答	100点満点で60点以上 6割以上の正答

申込者数・受検者数・合格者数・合格率

FP3級の申込者数や合格者数は、下記のとおりです。

【金財　受検者】

科目	受検月	受検申請者数	受検者数(A)	合格者数(B)	合格率(B/A)
学科 （金財受検）	2023年9月	24,489	18,314	6,812	37.19%
	2023年5月	23,415	17,297	9,364	54.13%
	2023年1月	29,022	21,923	12,278	56.00%
	2022年9月	28,298	21,018	9,125	43.41%
	2022年5月	27,002	19,407	9,517	49.03%
	2022年1月	33,644	23,175	14,490	62.52%
	平均	27,645	20,189	10,264	50.38%
【実技】 個人資産 相談業務	2023年9月	7,726	6,562	4,088	62.29%
	2023年5月	7,054	5,984	3,685	61.58%
	2023年1月	10,175	8,479	5,729	67.56%
	2022年9月	10,468	9,010	5,247	58.23%
	2022年5月	10,414	8,871	5,522	62.24%
	2022年1月	14,541	11,874	6,311	53.14%
	平均	10,063	8,463	5,097	60.84%
【実技】 保険顧客資産 相談業務	2023年9月	16,042	11,249	6,221	55.30%
	2023年5月	16,940	11,962	7,048	58.91%
	2023年1月	18,182	12,927	5,178	40.05%
	2022年9月	18,624	12,809	5,545	43.28%
	2022年5月	19,709	13,494	6,159	45.64%
	2022年1月	20,858	13,177	5,209	39.53%
	平均	18,393	12,603	5,893	47.12%

【日本FP協会　受検者】

科目	受検月	受検申請者数	受検者数(A)	合格者数(B)	合格率(B/A)
学科 （FP協会受検）	2023年9月	37,368	31,431	23,505	74.78%
	2023年5月	42,476	35,568	31,388	88.25%
	2023年1月	48,959	39,839	33,961	85.25%
	2022年9月	41,635	34,616	27,963	80.78%
	2022年5月	48,518	39,231	32,707	83.37%
	2022年1月	52,015	39,495	34,364	87.01%
	平均	45,162	36,697	30,648	83.24%
【実技】 資産設計 提案業務	2023年9月	37,221	31,130	24,180	77.67%
	2023年5月	41,640	34,759	30,182	86.83%
	2023年1月	47,755	38,633	34,127	88.34%
	2022年9月	40,277	33,246	28,072	84.44%
	2022年5月	48,264	38,810	35,058	90.33%
	2022年1月	53,105	40,324	36,595	90.75%
	平均	44,710	36,150	31,369	86.39%

「みん欲し」を使った効果的な学習の進め方

「みんなが欲しかった！ FPシリーズ」で合格しよう！

学習の進め方

みんなが欲しかった！ FPの教科書

みんなが欲しかった！ FPの問題集

この「みんなが欲しかった！ FPシリーズ」には、『教科書』と『問題集』があります。

教科書

← 教科書を読んだら…

問題集

問題	解答
1	1答
2	2答
3	3答

← 対応する問題を解く

学習するときは、『教科書』を読んだらそれに対応する『問題集』の問題を解く、を繰り返します。

| ✕ | 教科書を全部読んでから問題を解く | 『教科書』を全部読んだあとに、まとめて『問題集』の問題を解くんじゃないですよ。 |

| ◯ | 教科書をちょっと読んだら、それに対応する問題を解く | 『教科書』をちょっと読んだら、それに対応する問題を解くんです。すぐに問題を解くことで、知識が定着しやすくなります。 |

いちいち解く!

| CHAPTER01 SECTION01 02 ⋮ | CHAPTER02 SECTION01 02 ⋮ | CHAPTER03 SECTION01 02 ⋮ | 『教科書』は全6チャプターあり、そこから細かくセクションに分かれています。 |
| CHAPTER04 SECTION01 02 ⋮ | CHAPTER05 SECTION01 02 ⋮ | CHAPTER06 SECTION01 02 ⋮ | |

| CHAPTER01 学科 実技 | CHAPTER02 学科 実技 | CHAPTER03 学科 実技 | 『問題集』も、『教科書』の掲載順に全6チャプターあります。 |
| CHAPTER04 学科 実技 | CHAPTER05 学科 実技 | CHAPTER06 学科 実技 | そして、各チャプターごとに「学科」と「実技」に分かれています。 |

問題集

学科	実技
SECTION01	
SECTION02	

↑ 教科書の
セクション順

↑ 教科書の
チャプター全体
からの出題

『問題集』の「学科」の問題は、『教科書』のセクション順に掲載しています。

一方、「実技」の問題は、チャプター全体からの出題となっています。

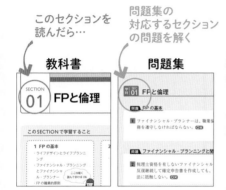

このセクションを
読んだら…

問題集の
対応するセクション
の問題を解く

教科書

SECTION 01 FPと倫理

このSECTIONで学習すること

1 FPの基本
・ライフデザインとライフプランニング
・ファイナンシャル・プランニング
とファイナンシャル・プランナー
・FPの職業の原則

問題集

問01 FPと倫理

問題 FPの基本

1 ファイナンシャル・プランナーは、職業倫理を遵守しなければならない。 OK

問題 ファイナンシャル・プランニングと関

2 税理士資格を有しないファイナンシャル・プランナーが反復継続して確定申告書を作成しても、法に抵触しない。 OK

だから、『教科書』の1セクションを読んだら、それに対応する『問題集』の「学科」のセクションの問題を解きます。

教科書

問題集

問題	解答
1	1答
2 ✕	2答
3	3答

↑ ↑

間違えた問題は
教科書に戻って
該当箇所を確認！

『教科書』の内容が頭に入っていれば問題は解けるはずですが、FPの学習範囲はとても広いので、全部の内容を頭に入れるのは難しいです。

だから、問題が解けなかったり、答えを間違えることもあります。

そういった場合には、『教科書』に戻って、該当箇所を確認してください。

問題集

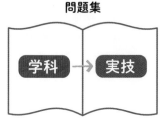

学科の次は実技を解く！

1チャプターについて『教科書』→『問題集』を繰り返していき、「学科」の問題が解き終わったら、次は「実技」の問題を解きます。なお「実技」は他の科目と関連する出題があるので、6チャプター分の「学科」が終わったあとにまとめて解いてもかまいません。

「実技」の問題は、自分が受ける科目の問題のみ解けばOKです。

ここでも、間違えた問題は『教科書』の該当部分に戻ります。

教科書　　　問題集

以上のことを6チャプター分繰り返したら、次は『問題集』の問題を最初からばば〜っと解きます。

そして、問題を解いたあと、該当する『教科書』の部分を読んでおきます。

↓ 6チャプター全部おわったら…

問題集の問題を最初からばば〜っと解く！

教科書　**問題集**

ふせんをはったり、メモ書きをして、
あとでまた見る！

このとき、間違えたところや、知識があやふやな問題や内容についてはメモしておいて、あとでまた解いたり読み返すようにしましょう。また、まとまった勉強時間がとりにくい方は、アプリなどを活用して、ちょっとした時間にも勉強を進めてみてください。

問題集

時間を計って
解く

このような感じで、『教科書』『問題集』が2回転くらい終わったら、『問題集』の最後に掲載してある、総合問題編（1回分の本試験問題）を時間を計って解きます。総合問題編を解いたあとは「模擬試験プログラム」にもチャレンジし、実際の試験環境を体験しておきましょう。本番前にCBT方式の解答方法に慣れておくと安心です。

採点して
自分の得意、
不得意を
把握しよう！

総合
問題編

もちろん採点もして、自分の到達度や得意・不得意科目を把握して、不得意な科目は本試験までに克服しましょう。

また、できなかった問題は、必ず教科書に戻って復習しましょう。

3回分の
本試験形式の
予想問題を
収載

なお、総合問題をもっと解きたい方や時間に余裕がある方は、別売りの『みんなが欲しかった！FPの予想模試3級』をやっておくと安心です。

以上が基本的な学習の進め方になりますが…

どこから始める？

チャプター3の内容はなんとなく知ってるから

そこから進めてみようかな？

いいと思うよ！

FPの教科書

ぐっ

実は、FPの勉強は、『教科書』の1ページ目（CHAPTER01）から順に進める必要はないんです。

CHAPTER01	CHAPTER02	CHAPTER03
ライフプランニングと資金計画	リスクマネジメント	金融資産運用

CHAPTER04	CHAPTER05	CHAPTER06
タックスプランニング	不動産	相続・事業承継

科目が独立しているから
どのチャプターから勉強してもOK

FP試験は大きく分けて6科目から出題されます。

だから、本書も科目ごとに6チャプターに分けて記載していますが、これらの科目は独立しているので、どの科目から…つまり、本書のどのチャプターから勉強をはじめてもいいんです。

だから、自分の得意な科目やなんとなく知っている科目…要するにとっつきやすいチャプターから学習をはじめてください。

たとえば、会計事務所に勤めたことがある人や、税務の勉強をしたことがある人、個人で確定申告をしたことがある人などは、CHAPTER04 のタックスプランニングや CHAPTER06 の相続・事業承継がとっつきやすいのではないでしょうか。

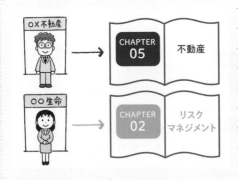

また、不動産会社に勤めたことがある人は、CHAPTER05 の不動産から。

保険会社に勤めたことがある人なら、CHAPTER02 のリスクマネジメントから。

人事部や社労士事務所などで社会保険関連の業務についたことがある人なら、CHAPTER01のライフプランニングと資金計画から。

証券会社などに勤めたことがあったり、個人で株や投資信託、FXなどをやったことがある人なら、CHAPTER03の金融資産運用から。

「どの科目についてもよく知らないんだけど…」っていう人は、CHAPTER03の金融資産運用からはじめるのはどうでしょうか。

預貯金の話や投資の話が出てくるので、興味を持って勉強できるかもしれません。

もちろん、科目の知識があったとしても、CHAPTER01から順番にやったってかまいません。

自分が気持ちよく、継続して勉強できる順番で勉強していってください。

各チャプターで学習する内容

各チャプターでどんなことを勉強するのか、
最初にかる〜く見ておきましょう。

CHAPTER01　ライフプランニングと資金計画

CHAPTER01で学習する主な内容

- FPと倫理 ← 当たり前のことを言っているので、難しくはない
- ライフプランニングの手法
- 社会保険（公的保険）など

医療保険	介護保険	年金保険

↖ 健康保険とか、
国保とか…

↖ 国民年金とか、
厚生年金

労災保険　雇用保険

CHAPTER 01では、「FPはこういうことをしてはいけない」とか、「FPはどのようにライフプランニングを行うか」といった、FPの基本的なことを学習します。

また、健康保険や雇用保険、公的年金といった社会保険の仕組みや内容について学習します。

CHAPTER02　リスクマネジメント

CHAPTER02で学習する主な内容

- 保険の基礎
- 生命保険
- 損害保険
- 第三分野の保険 など

↖ 医療保険やがん保険など

え〜と…

ウチが
加入してる
保険は…

保険
証券

CHAPTER02 では、生命保険や損害保険、医療保険やがん保険等の仕組みや内容について学習します。

自分が加入している保険の内容を確認しながら学習すると、知識が定着すると思います。

CHAPTER03　金融資産運用

CHAPTER03で学習する主な内容

- 金融・経済の基本
- 貯蓄型金融商品 ← 預貯金とか…
- 債券、株式、投資信託

　ここらへん、ちょっとやってみた
　（投資したことがある）人や、
　興味のある人が多いのでは…?

- 外貨建て金融商品 など

CHAPTER03 では、金融・経済の基本から、貯蓄型金融商品、国債などの債券、株式、投資信託、外貨建て金融商品などについて学習します。

すでに投資をしている人は知識を確認しながら、そうでない人は、「もし自分が投資するなら…」と考えながら勉強を進めるといいでしょう。

CHAPTER04　タックスプランニング

CHAPTER04で学習する主な内容

- 所得税
- 個人住民税、
　個人事業税

CHAPTER04 では、主に所得税について内容と仕組みを学習します。

確定申告をしたことがある人は、確定申告書の控えを見ながら学習してみるといいかもしれません。

また、会社員の方は、年末調整という便利な制度のために、自分の税額（税率）や控除額を知らない人が多いので、ここで自分の源泉徴収票を引っ張り出して、ながめてみましょう。

CHAPTER05　不動産

CHAPTER05で学習する主な内容

- 不動産の取引 ← 不動産の売買契約に関するポイントなど
- 不動産に関する法令
  ↖ 借地借家法とか、区分所有法とか、建築基準法とか…
- 不動産に係る税金 など

CHAPTER05 では、不動産について学習します。

不動産の売買契約や不動産に関する法令、不動産に係る税金などについて学習します。

不動産を買う前に知っておきたい内容ですね。

CHAPTER06　相続・事業承継

CHAPTER06で学習する主な内容

- 相続の基本 ← 相続分とか、相続の放棄とか、遺言とか…
- 相続税
- 贈与税
- 財産の評価 など

自分のケースで考えてみよう

CHAPTER06 では、相続に関する法律の基礎知識や、相続税、贈与税について学習します。

もし、自分の両親や自分自身が亡くなった場合、「法定相続人が誰で、相続分はいくつで、相続税の基礎控除額がいくらになるのか」などを考えながら教科書を読むと覚えやすいでしょう。

まとめ

FP試験の学習のコツは…

「自分の場合はどうなるのか?」を考えながら読み進めること!

要するに、「自分のケース」を思い浮かべながら教科書を読むと、理解しやすいし覚えやすい…ということです。

以上のことをふまえて、「どのチャプターからやっていくか」を決めて、本書を読み進めていってくださいね!

CHAPTER 01

ライフプランニング
と資金計画

SECTION 01 FPと倫理

このSECTIONで学習すること

1 FPの基本

・ライフデザインとライフプランニング

・ファイナンシャル・プランニングとファイナンシャル・プランナー

・FPの職業的原則

> ここは軽く読んでおけばOK

2 ファイナンシャル・プランニングと関連法規

・ファイナンシャル・プランニングと関連法規

> 簡単にいうと、「ほかの専門家の領域を侵したらダメ」ってこと

---

1 FPの基本

I ライフデザインとライフプランニング

「一生独身でいたい」「子供はもたない」「子供を私立の学校に通わせたい」「退職後は海外で生活したい」など、個人の人生における価値観や生きがいを ライフデザイン といいますが、このライフデザインに応じて生涯の生活設計(ライフプラン)を立てることを ライフプランニング といいます。

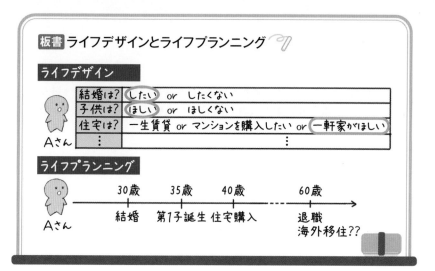

Ⅱ ファイナンシャル・プランニングとファイナンシャル・プランナー

ファイナンシャル・プランニングとは、ライフプランを実現すべく、資金計画を立てることをいいます。

また、ファイナンシャル・プランニングを行う専門家を**ファイナンシャル・プランナー (FP)** といいます。

Ⅲ FPの職業的原則

FPは、顧客に適切なプランニングを提案するため、収入や資産・負債の状況、家庭の事情など、顧客のプライベートな情報を正確に把握する必要があります。そのため、顧客の信頼を得ることがもっとも重要になります。

顧客の信頼を得るためにFPが守るべき原則には次のようなものがあります。

板書 FPが守るべき原則 ✍

1 顧客の利益優先

顧客の立場に立って、顧客の利益を優先するようなプランニングを行う

ただし、顧客の知識や判断が誤っていた場合には、それを修正する必要もアリ

2 秘密の保持

顧客から得た個人情報を顧客の許可なく、第三者に漏らしてはいけない

ただし、<u>FPの業務を行うにあたって必要な場合には、顧客の許可を得れば、第三者に伝えてもOK</u>

別の専門家の判断をあおぐ場合など

例題

FPは、職業倫理上、顧客情報に関する守秘義務を厳守しなければならない。

▶ ○

---

2 ファイナンシャル・プランニングと関連法規

FP業務は、保険分野や税務分野、法律分野など、さまざまな領域にわたりますが、保険募集人や税理士、弁護士など、資格を持った専門家でなければ行うことができない業務があるため、注意が必要です。

ひとこと

どれだけよく知っていても、ほかの専門家の業務の領域を侵してはいけません、ということです。

具体的には次のような禁止事項があります。

板書 ファイナンシャル・プランニングと関連法規 ✐

FP業務と弁護士法

弁護士資格を持たないFPは、個別具体的な**法律判断や法律事務**を
行ってはならない

↳ 遺言書の作成指導など

FP業務と税理士法

税理士資格を持たないFPは、個別具体的な**税務相談や税務書類の**
作成を行ってはならない

↳ 税理士でなければ、たとえ無償でも、税務相談を受けたり、
他人の確定申告書を作成することはできない!

FP業務と金融商品取引法

☆ 金融商品取引法では、金融商品取引業を行う者は**内閣総理大
臣**の登録を必要としている

☆ 投資助言、代理業者としての登録をしていないFPは、**投資判断の**
助言を行ってはならない

↳ 「どの株をいつ、何株売買すればよい」などのアドバイスをしてはダメ!

FP業務と保険業法

保険募集人の資格を持たないFPは、保険の募集や勧誘を行ってはな
らない

要するに、資格がなければ、その分野の具体的な説明や判断をしてはなら
ないということ
だから、一般的な解説や仮の事例を用いた説明なら、それぞれの資格を
持っていなくてもできる!

税理士資格を持たない FP は、有償で顧客の確定申告書を作成することはできないが、無償なら顧客の確定申告書の作成等を行うことができる。

▶ × 税理士資格を持たない FP は、有償・無償にかかわらず、顧客の確定申告書の作成、その他具体的な税務相談を行うことはできない。

保険募集人の資格を持たない FP が、保険制度に関する一般的な解説を行うことは保険業法に抵触する。

▶ × 保険募集人の資格を持たない FP が、保険制度に関する一般的な説明を行うことは、保険業法に抵触しない。

CHAPTER 01
ライフプランニングと資金計画

CH
01
ライフプランニングと資金計画

SEC
02
ライフプランニングの手法

ライフイベントと３大必要資金

SECTION
02

ライフプランニングの手法

このSECTIONで学習すること

1 ライフイベントと ３大必要資金

・ライフイベントとは

・ライフイベントにおける３大必要資金

３大必要資金→教育資金、住宅取得資金、老後資金

2 ライフプランニングの手法

・ライフプランニングの手順

・ライフイベント表

・キャッシュフロー表

・個人バランスシート

キャッシュフロー表の作成方法をしっかり確認！

3 資金計画を立てるさいの６つの係数

・終価係数　　　・減債基金係数

・現価係数　　　・資本回収係数

・年金終価係数　・年金現価係数

それぞれの係数について、イメージでおさえておこう

1 ライフイベントと３大必要資金

　結婚、子供の教育、住宅の取得、退職など、人の一生における出来事を**ライフイベント**といい、各ライフイベントを迎えるにあたって、資金を準備しておく必要があります。

　ライフイベントの中でも、子供の教育、住宅の取得、老後にかかる資金の額は大きいため、**教育資金**（子供の教育にかかるお金）、**住宅取得資金**（住宅の取得にかかるお金）、**老後資金**（老後の生活にかかるお金）を**３大必要資金**といいます。

2 ライフプランニングの手法

Ⅰ ライフプランニングの手順

FPが顧客に対してライフプランニングを行う場合、次の手順で進めます。

> **ライフプランニングの手順**
> ❶顧客の希望や目的、現状を聞く
> ❷❶で顧客から収集した情報をもとに現状の問題点を分析する
> ❸❷で明らかになった問題点を解決するための対策とプランを立案する
> ❹プランの実行を支援し、定期的なフォローをする

Ⅱ ライフプランニングを行うさいに利用するツール

ライフプランニングを行うさいに利用するツールには **ライフイベント表**、**キャッシュフロー表**、**個人バランスシート** があります。

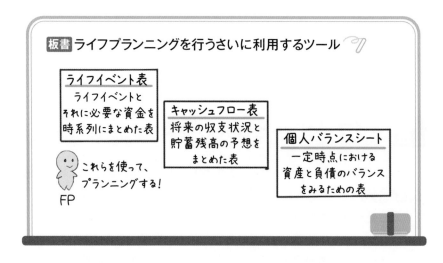

板書 ライフプランニングを行うさいに利用するツール

ライフイベント表
ライフイベントとそれに必要な資金を時系列にまとめた表

キャッシュフロー表
将来の収支状況と貯蓄残高の予想をまとめた表

個人バランスシート
一定時点における資産と負債のバランスをみるための表

これらを使って、プランニングする！
FP

Ⅲ ライフイベント表

ライフイベント表とは、家族の将来のライフイベントと、それに必要な資金の額を時系列にまとめた表をいいます。

ライフイベント表を作成することによって、将来の夢や目標を明確にすることができます。

西暦	2024	2025	2026	2027	2028	2029	2030	2031	2032	2033	2034
家族の年齢											
佐藤太郎様	40	41	42	43	44	45	46	47	48	49	50
花子様	37	38	39	40	41	42	43	44	45	46	47
薫 様	6	7	8	9	10	11	12	13	14	15	16
家族のイベントと必要資金											
佐藤太郎様				車買換え					車買換え		独立・開業
花子様											
薫 様		小学校入学						中学校入学			高校入学

Ⅳ キャッシュフロー表

1 キャッシュフロー表とは

キャッシュフロー表とは、ライフイベント表と現在の収支状況にもとづいて、将来の収支状況と貯蓄残高の予想をまとめた表をいいます。

キャッシュフロー表を作成することによって、ライフプランの問題点を明らかにすることができます。

西暦	変動率	2024	2025	2026	2027	2028	2029	2030	2031	2032	2033	2034
家族の年齢												
佐藤太郎様		40	41	42	43	44	45	46	47	48	49	50
花子様		37	38	39	40	41	42	43	44	45	46	47
薫 様		6	7	8	9	10	11	12	13	14	15	16
家族のイベント												
佐藤太郎様					車買換え					車買換え		独立・開業
花子様												
薫 様			小学校入学						中学校入学			高校入学
収入			❶	❷	❸							
給与収入	1%	600	606	612	618	624	631	637	643	650	656	663
その他	0%	0	0	0	0	0	0	0	0	0	0	0
合計		600	606	612	618	624	631	637	643	650	656	663
支出												
基本生活費	1%	300	303	306	309	312	315	318	322	325	328	331
住居費	0%	144	144	144	144	144	144	144	144	144	144	144
教育費	2%	36	12	12	12	13	13	49	119	94	94	120
保険料	0%	18	18	18	18	18	18	18	18	18	18	18
車の買換え	1%				206					217		
その他	1%	30	30	31	31	31	32	32	32	32	33	33
合計		528	507	511	720	518	522	561	635	830	617	646
年間収支		72	99	101	-102	106	109	76	8	-180	39	17
貯蓄残高	1%	500	604	711	616	728	844	928	945	774	821	846

ⓐ 収入欄には給与収入など、収入金額(可処分所得)を記入します。

ⓑ 支出欄には基本生活費など、支出金額を記入します。

ⓒ 変動率とは変化の割合をいい、給料であれば昇給率、基本生活費等であれば物価上昇率を用います。

n年目の収入額または支出額＝現在の金額×（１＋変動率）^{n}

現在の給与収入を600万円、変動率（昇給率）を1％とした場合の1年後、2年後、3年後の給与収入の求め方

❶ 1年後：600万円×（1＋0.01）＝606万円

❷ 2年後：600万円×（1＋0.01）^{2}≒612万円
↳ 600万円×1.01×1.01

❸ 3年後：600万円×（1＋0.01）^{3}≒618万円
↳ 600万円×1.01×1.01×1.01

d 年間収支欄には収入合計から支出合計を差し引いた金額を記入します。

e 貯蓄残高欄にはその年の貯蓄残高を記入します。なお、その年の貯蓄残高は、次の計算式によって求めます。

その年の貯蓄残高＝前年の貯蓄残高×（1＋変動率）±年間収支

現在の貯蓄残高を500万円、変動率を1％、1年後、2年後、3年後の年間収支額をそれぞれ99万円、101万円、－102万円とした場合の各貯蓄残高の求め方

❹ 1年後：500万円×（1＋0.01）＋99万円＝604万円

❺ 2年後：604万円×（1＋0.01）＋101万円≒711万円

❻ 3年後：711万円×（1＋0.01）－102万円≒616万円

例題

キャッシュフロー表において、2023年度末の貯蓄残高が500万円、貯蓄残高の変動率（利子率）は2％、2024年度の年間収支が80万円であった場合の2024年度末の貯蓄残高は580万円である。

▶ ✕ 2024年度末の貯蓄残高は次のとおりである。
500万円×（1＋0.02）＋80万円＝590万円

2 可処分所得

　キャッシュフロー表の収入欄には、一般的に、年収ではなく**可処分所得**で記入します。

　可処分所得は、年収から社会保険料（健康保険料、厚生年金保険料、雇用保険料など）と所得税および住民税を差し引いた金額です。

> **可処分所得＝年収－（社会保険料＋所得税＋住民税）**

Ⅴ 個人バランスシート

　個人バランスシートとは、一定時点における資産と負債のバランスをみるための表をいいます。

個人バランスシート		20××年1月1日時点	
ⓐ━[資　産]		**ⓑ━[負　債]**	
普通預金	300万円	住宅ローン	2,800万円
定期預金	500万円	車ローン	90万円
株式等	100万円	負債合計	2,890万円
投資信託	100万円	**ⓒ━[純資産]**	
生命保険(解約返戻金相当額)	80万円		1,790万円
自宅	3,500万円		
車	100万円		
資産合計	4,680万円	負債・純資産合計	4,680万円

ⓐ 資　産…現金、預貯金、株式、投資信託、生命保険(解約返戻金相当額)、自宅(土地、建物)、車など

ⓑ 負　債…住宅ローン、車のローンなど

ⓒ 純資産…資産合計から負債合計を差し引いた正味の資産額

ポイント

☆ 資産と負債の金額は時価で記入する！

いまの価値。たとえば2年前に150万円で車を買っていたとしても、その車をいま売却したら100万円であるという場合には、個人バランスシートには100万円を記入する

例題

キャッシュフロー表とは、一定時点における顧客の資産と負債のバランスをみるための表をいう。

▶✕ 問題文は**個人バランスシート**の説明である。キャッシュフロー表とは、ライフイベント表と現在の収支状況にもとづいて、将来の収支状況と貯蓄残高の予想をまとめた表をいう。

例題

Aさんの資産と負債の状況が次の[資料]のとおりであった場合、個人バランスシートにおける純資産は5,130万円である。

[資料1：Aさんの資産]
普通預金　200万円　　生命保険　80万円（解約返戻金相当額）
定期預金　500万円　　自宅　4,000万円
株式等　　100万円　　車　　　250万円
[資料2：Aさんの負債]
住宅ローン　2,650万円　　車ローン　120万円

▶✕ 資産合計：200万円＋500万円＋100万円＋80万円＋4,000万円＋250万円
　　　　　　＝5,130万円
負債合計：2,650万円＋120万円＝2,770万円
純 資 産：5,130万円－2,770万円＝2,360万円

3 資金計画を立てるさいの6つの係数

　「現在の金額を複利で運用した場合の一定期間後の金額」や「数年後に一定金額に達するために、毎年積み立てるべき金額」などは、次の係数を用いて計算します。

資金計画を立てるさいの6つの係数

❶ 終価係数…現在の金額を複利で運用した場合の、一定期間後の金額を求める場合に用いる係数

> 例：100万円を年利2%で運用した場合の5年後の金額はいくらか？

❷ 現価係数…一定期間後に一定金額に達するために必要な元本を求める場合に用いる係数

> 例：年利2%で5年後に100万円を用意するためには、元本がいくら必要か？

❸ 年金終価係数…毎年一定金額を積み立てた場合の、一定期間後の元利合計を求める場合に用いる係数

> 例：年利2%、毎年20万円を5年間積み立てた場合の5年後の金額はいくらか？

❹ 減債基金係数…一定期間後に一定金額を用意するための、毎年の積立額を計算するための係数

> 例：年利2%、5年後に100万円を用意するためには、毎年いくら積み立てる必要があるか？

❺ 資本回収係数…現在の一定金額を一定期間で取り崩した場合の、毎年の受取額を計算するための係数

> 例：100万円を年利2%で運用しながら5年間で取り崩した場合の毎年の受取額はいくらか？

❻ 年金現価係数…将来の一定期間にわたって一定金額を受け取るために必要な元本を計算するための係数

> 例：5年間にわたって20万円ずつ受け取る場合、年利が2%のとき、必要な元本はいくらか？

板書 資金計画を立てるさいの6つの係数 ✐

☆ 期間5年の場合の係数表

係数＼利率	1%	2%	3%	4%	5%
終価係数	1.0510	1.1041	1.1593	1.2167	1.2763
現価係数	0.9515	0.9057	0.8626	0.8219	0.7835
年金終価係数	5.1010	5.2040	5.3091	5.4163	5.5256
減債基金係数	0.1960	0.1922	0.1884	0.1846	0.1810
資本回収係数	0.2060	0.2122	0.2184	0.2246	0.2310
年金現価係数	4.8534	4.7135	4.5797	4.4518	4.3295

1 終価係数

例：100万円を年利2%で運用した場合の5年後の金額はいくらか？

最後の金額＝"終価"

→1,000,000円×1.1041=1,104,100円

2 現価係数

例：年利2%で5年後に100万円を用意するためには、元本がいくら必要か？

現在の金額＝"現価"

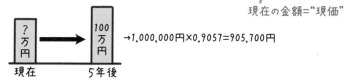

→1,000,000円×0.9057=905,700円

3 年金終価係数

"年金"形式で

例：年利2%、毎年20万円を5年間積み立てた場合の5年後の金額はいくらか？

最後の金額＝"終価"

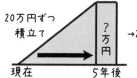
20万円ずつ積立て

→200,000円×5.2040=1,040,800円

4 減債基金係数

例：年利2%、5年後に100万円を用意するためには、毎年いくら積み立てる必要があるか？

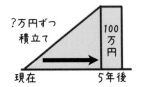

?万円ずつ
積立て

100万円

現在　　　5年後

→1,000,000円×0.1922＝192,200円

5 資本回収係数

いまある元手＝"資本"　　　　　　　　　　"回収"していく

例：100万円を年利2%で運用しながら5年間で取り崩した場合の毎年の受取額はいくらか？

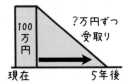

100万円

?万円ずつ
受取り

現在　　　5年後

→1,000,000円×0.2122＝212,200円

6 年金現価係数

"年金"形式で

例：5年間にわたって20万円ずつ受け取る場合、年利が2%のとき、必要な元本はいくらか？

現在の金額＝"現価"

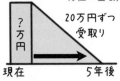

?万円

20万円ずつ
受取り

現在　　　5年後

→200,000円×4.7135＝942,700円

例題

500万円を年利3%で運用した場合の5年後の金額はいくらか。計算に用いる係数は次の［資料］を参照し、金額は万円未満を四捨五入すること。

［資料］期間5年、年利率3%の場合の係数表
終 価 係 数…1.1593　　現 価 係 数…0.8626　　年金終価係数…5.3091
減債基金係数…0.1884　　資本回収係数…0.2184　　年金現価係数…4.5797

▶終価係数を用いる。
500万円×1.1593＝579.65万円→**580**万円

例題

年利3%、毎年200万円を5年間積み立てた場合の5年後の金額はいくらか。計算に用いる係数は次の［資料］を参照し、金額は万円未満を四捨五入すること。

［資料］期間5年、年利率3%の場合の係数表
終 価 係 数…1.1593　　現 価 係 数…0.8626　　年金終価係数…5.3091
減債基金係数…0.1884　　資本回収係数…0.2184　　年金現価係数…4.5797

▶**年金終価係数**を用いる。
200万円×5.3091＝1,061.82万円→**1,062**万円

例題

5年間にわたって200万円ずつ受け取りたい。年利を3%とした場合、必要な元本はいくらか。計算に用いる係数は次の［資料］を参照し、金額は万円未満を四捨五入すること。

［資料］期間5年、年利率3%の場合の係数表
終 価 係 数…1.1593　　現 価 係 数…0.8626　　年金終価係数…5.3091
減債基金係数…0.1884　　資本回収係数…0.2184　　年金現価係数…4.5797

▶**年金現価係数**を用いる。
200万円×4.5797＝915.94万円→**916**万円

例題

年利 3%、5 年後に 500 万円を用意するためには、毎年いくら積み立てる必要があるか。計算に用いる係数は次の［資料］を参照し、金額は万円未満を四捨五入すること。

［資料］期間 5 年、年利率 3%の場合の係数表
終 価 係 数…1.1593　　現 価 係 数…0.8626　　年金終価係数…5.3091
減債基金係数…0.1884　　資本回収係数…0.2184　　年金現価係数…4.5797

▶ **減債基金係数を用いる。**
500 万円× 0.1884 ＝ 94.2 万円→ **94 万円**

例題

400 万円を年利 3%で運用しながら 5 年間で取り崩した場合の毎年の受取額はいくらか。計算に用いる係数は次の［資料］を参照し、金額は万円未満を四捨五入すること。

［資料］期間 5 年、年利率 3%の場合の係数表
終 価 係 数…1.1593　　現 価 係 数…0.8626　　年金終価係数…5.3091
減債基金係数…0.1884　　資本回収係数…0.2184　　年金現価係数…4.5797

▶ **資本回収係数を用いる。**
400 万円× 0.2184 ＝ 87.36 万円→ **87 万円**

例題

年利 3%で 5 年後に 200 万円を用意するために必要な元本はいくらか。計算に用いる係数は次の［資料］を参照し、金額は万円未満を四捨五入すること。

［資料］期間 5 年、年利率 3%の場合の係数表
終 価 係 数…1.1593　　現 価 係 数…0.8626　　年金終価係数…5.3091
減債基金係数…0.1884　　資本回収係数…0.2184　　年金現価係数…4.5797

▶ **現価係数を用いる。**
200 万円× 0.8626 ＝ 172.52 万円→ **173 万円**

SECTION
03

ライフプラン策定上の資金計画

このSECTIONで学習すること

1 教育資金プランニング

・こども保険（学資保険）
・教育ローン
・日本学生支援機構の奨学金制度

第一種奨学金→無利息
第二種奨学金→利息付

2 住宅取得プランニング

・財形住宅貯蓄
・住宅ローン金利
・住宅ローンの返済方法
・住宅ローンの種類
・繰上げ返済
・借換え
・団体信用生命保険

住宅ローンに関する内容はイメージ図で理解しよう

3 老後資金プランニング（リタイアメントプランニング）

・老後生活費の計算

ここは軽く目を通しておけばOK

1 教育資金プランニング

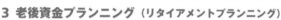

子供の教育にかかる費用を準備する方法には、次のようなものがあります。

Ⅰ こども保険（学資保険）

こども保険（学資保険）は、一般の生命保険会社や損害保険会社等から販売されています。

ひとこと

厳密にいうと、こども保険と学資保険は異なるのですが、近年では学資保険の名称でいろいろな特約を付けて販売しているため、こども保険と学資保険の線引きがあいまいになっています。

こども保険(学資保険)のポイントは次のとおりです。

板書 **こども保険(学資保険)のポイント**

☆ 貯蓄機能がある

▶ 決められた保険料を支払えば、満期時に満期保険金を受け取れたり、入学時や進学時に祝金を受け取れる!

☆ 保障機能がある

▶ 親(契約者)が死亡した場合、以後の保険料の支払いが免除される!
→以後の保険料を支払わなくても満期保険金や祝金を受け取れる!
親の死亡後、保険期間終了時まで年金(育英年金)が支払われるタイプもある

Ⅱ 教育ローン

教育ローンには、公的ローンと民間ローンがあり、公的ローンの主なものに **教育一般貸付**(国の教育ローン)などがあります。

教育一般貸付のポイントは次のとおりです。

板書 **教育一般貸付のポイント**

| 融資限度額 | … 学生1人につき最高**350万円** |
| | (一定の場合には**450万円**) |

| 金　　利 | … 固定金利 |

| 返済期間 | … 最長**18年** |

| 融　資　元 | … 日本政策金融公庫 |

☆ 世帯の年収制限(子供の数によって異なる)がある
☆ 入学金、授業料のほか、定期代やパソコン購入費にも使える

例題

> 教育一般貸付（国の教育ローン）の融資限度額は学生 1 人につき最高 300 万円（一定の場合には 450 万円）である。

> ▶ × 教育一般貸付（国の教育ローン）の融資限度額は学生 1 人につき最高 **350** 万円である。なお、留学等一定の場合には **450** 万円である。

Ⅲ 奨学金制度

代表的な奨学金制度に、日本学生支援機構（独立行政法人）が行う奨学金制度があります。

1 貸与型

同機構の奨学金制度（貸与型）には、無利息の **第一種奨学金** と利息**付**の **第二種奨学金** があります。利用要件には、親の所得基準があります。なお、第二種奨学金のほうが、本人の学力や家計の収入等の基準がゆるく設定されています。

例題

> 日本学生支援機構が行う奨学金制度（貸与型）のうち、第二種奨学金は無利息である。

> ▶ × 第一種奨学金は無利息であるが、第二種奨学金は利息付である。

❷ 給付型

2020年4月より行われている「高等教育の修学支援新制度」の概要は次のとおりです。

板書 高等教育の修学支援新制度

支援対象

大学、短期大学、高等専門学校、専門学校

支援内容

① 授業料と入学金の減額または免除
　→これは各大学等が行う
② 給付型奨学金の支給
　→これは日本学生支援機構が行う
　→大学等の種類、自宅生かどうかによって給付額が異なる

支援対象となる学生

☆ 世帯収入や資産の要件を満たしており、進学先で学ぶ意欲がある学生

2 住宅取得プランニング

Ⅰ 自己資金の準備方法

　住宅購入時に必要となる自己資金の準備方法には、**財形住宅貯蓄** などが
あります。

板書 財形住宅貯蓄 🖊

財形住宅貯蓄

…財形貯蓄制度を導入している企業の従業員が給料から天引きという
　形で、住宅の取得や増改築を目的とした貯蓄を行うこと

ポイント

☆ 一定の要件を満たせば、財形年金貯蓄とあわせて元利合計が**550**
　万円に達するまで、利息に税金がかかることなく（非課税で）、貯蓄する
　ことができる

☆ 利用できるのは、勤労者財産形成促進法上の勤労者で、契約申
　込み時の年齢が**55歳未満**の人

☆ 利用にあたっては1人1契約

☆ 一定の要件を満たせば、住宅の増改築の場合でも払い出しをすること
　ができる

Ⅱ 住宅ローン金利

　住宅ローンの金利には、**固定金利型**、**変動金利型**、**固定金利選択型** があります。それぞれの特徴は次のとおりです。

板書 住宅ローン金利

固定金利型	変動金利型
ローン申込み時（またはローン実行時）の金利が返済終了まで変わらず適用されるローン	市場の金利の変動に応じて金利が変動するローン

金利一定 →

金利変動

☆ 金利は **半年** ごとに見直される

固定金利選択型

返済期間のはじめのうちは固定金利で、固定金利期間が終了したあと、固定金利型か変動金利型かを選択できるローン。
固定金利期間が長いほど、（固定金利期間の）金利は高くなる

例題

住宅ローン金利のうち固定金利選択型は、返済期間のはじめのうちは変動金利で、変動金利期間が終了したあと、変動金利か固定金利かを選択できるローンである。

▶× 固定金利選択型は、返済期間のはじめのうちは固定金利で、固定金利期間が終了したあと、変動金利か固定金利かを選択できるローンである。

Ⅲ 住宅ローンの返済方法

　住宅ローンの返済方法には、**元利均等返済** と **元金均等返済** があります。それぞれの特徴は次のとおりです。

板書 住宅ローンの返済方法 ✍

1 元利均等返済 …毎回の返済額（元金と利息の合計額）が一定の返済方法

返済額
利息
元金
→ 返済期間

☆ 返済期間の当初は利息の部分が大きく、返済期間が経過するとともに元金の部分が増える

2 元金均等返済 …毎回の返済額のうち元金部分が一定となる返済方法

返済額
利息
元金
→ 返済期間

☆ 返済が進むと…
ローン残高が減る→利息も減る
↓ だから
この方法によると、返済期間が経過するにつれ、利息を含めた毎回の返済額が減少していく

ポイント ☆ 総返済額は元利均等返済のほうが大きくなる

1 元利均等返済 ＞ 2 元金均等返済

例題

元金均等返済は、毎回の返済額が一定の返済方法をいう。

▶ ✕ 元金均等返済は、毎回の返済額のうち元金部分が一定となる返済方法である。毎回の返済額が一定となるのは、元利均等返済である。

例題

元金均等返済の場合、返済期間が経過するにつれ、利息を含めた毎回の返済額が減少していく。

▶ ○

Ⅳ 住宅ローンの種類

主な住宅ローンには、**財形住宅融資** と **フラット35** があります。

1 財形住宅融資

財形住宅融資は、財形貯蓄を行っている人が利用できる公的な住宅ローンです。

財形住宅融資

金 利	**5年 固定金利**
融資金額	財形貯蓄残高の**10倍以内**（最高**4,000万円**）で、住宅の購入価格の**90%**以内
融資条件	**1年以上**継続して積立てをしており、財形貯蓄残高が**50万円以上**あることなど

ひとこと

　財形貯蓄には、一般財形貯蓄、財形住宅貯蓄、財形年金貯蓄の3つがありますが、どの財形貯蓄を行っている場合でも、財形住宅融資を受けることができます。

2 フラット35

フラット35は、民間の金融機関と住宅金融支援機構が提携し、提供している長期固定金利型の住宅ローンです。

板書 フラット35 〜

金利

☆ **固定金利**

☆ **融資実行日**の金利が適用される

☆ 利率は取扱金融機関によって異なる

融資金額

☆ 最高 **8,000万円**（購入価格の**100%**）

ただし、融資割合が**90%**超のときは高い金利が適用される

返済期間

☆ 最長 **35年**

☆ 完済時の年齢は**80歳**以下でなければならない

融資条件

☆ 本人が住むための住宅であること

☆ 申込日現在**70歳**未満であること

繰上返済

☆ 窓口の場合は**100万円**以上

☆ インターネットの場合（住・My Note）は**10万円**以上

ポイント

☆ 保証人や保証料は**不要**

☆ 繰上返済の手数料は**無料**

☆ 条件を満たせば親子リレー完済も可能

Ⅴ 住宅ローンの繰上げ返済

繰上げ返済とは、通常の返済以外に、元金の一部や全部を返済することをいいます。

繰上げ返済を行うことにより、ローンの元金が減るので、利息も減り、トータルの返済額を減らすことができます。

繰上げ返済の方法には**返済期間短縮型**と**返済額軽減型**があります。

板書 住宅ローンの繰上げ返済

1 返済期間短縮型 ← 返済額軽減型に比べて 利息の軽減効果が**大き**い

…毎回の返済額を変えずに、返済期間を短縮する方法

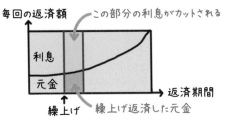

2 返済額軽減型

…返済期間を変えずに毎回の返済額を減らす方法

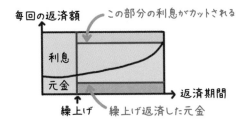

例題

返済期間短縮型によって、住宅ローンの繰上げ返済を行った場合、毎回の返済額が減るが、返済期間は変わらない。

▶ ✕ 問題文は返済額軽減型の説明である。返済期間短縮型の場合、毎回の返済額は変わらないが、返済期間は短縮する。

Ⅵ 住宅ローンの借換え

借換え とは、金利の高いローンを一括して返済し、金利の低いローンに換えることをいいます。

ひとこと

金利の高いローンから金利の低いローンに換えるので、借換えによって利息の軽減をはかることができますが、新規のローン（金利の低いローン）を組むことになるので、ローン手数料などの諸経費を考慮する必要があります。

なお、財形住宅融資などの公的ローンへの借換えはできません。

 例題

公的ローンから民間ローンに借換えをすることはできるが、民間ローンから公的ローンへの借換えはできない。

▶○

Ⅶ 団体信用生命保険

団体信用生命保険 とは、住宅ローン返済中に債務者が死亡した場合、保険会社がその時点の住宅ローン残高を保険金として金融機関に支払うという契約の保険をいいます。

したがって、住宅ローンに団体信用生命保険を付した場合、住宅ローン債務者が死亡したあとは、遺族は残りの住宅ローンを支払う必要がなくなります。

3 老後資金プランニング(リタイアメントプランニング)

Ⅰ リタイアメントプランニングとは

退職後や老後の生活設計のことを **リタイアメントプランニング** といいます。

Ⅱ 老後生活資金

老後生活の主な資金は、**退職金**、**年金**(公的年金、企業年金)、**貯蓄** です。

リタイアメントプランニングでは、これらの老後生活資金(収入)と老後生活費(支出)を見積り、不足するようであれば、それを準備する方法を考えていきます。

ひとこと

不足額の準備方法には、たとえば退職後に5年間だけアルバイトをするとか、退職前に安全性の高い投資性商品(定期預金や国債の購入など)に投資するなどの方法があります。

Ⅲ 老後生活費の計算

老後に必要な生活費は、退職前の生活費を基準に次のように計算します。

> **夫婦とも健在の場合**(月額):**退職前の生活費×0.7**

> **夫のみまたは妻のみの場合**(月額):**退職前の生活費×0.5**

上記で計算した金額は月額のため、これを年額になおして、退職時から平均余命までの年数を掛けた金額が、老後に必要な生活費ということになります。

プラスワン 老後生活費のデータ

生命保険文化センターの調査では、最低生活費は夫婦2人で月額232,000円、ゆとりある生活では月額379,000円となっています(生活保障に関する調査、2022年度)。

SECTION 04 社会保険

このSECTIONで学習すること

1 社会保険の種類

・社会保険の種類

（医療保険、介護保険、年金保険、労災保険、雇用保険）

ここはサラッとみておけばOK

2 公的医療保険の基本

・公的医療保険
・保険制度の基本用語

ここも軽く目を通しておけばOK

3 健康保険

・健康保険の保険者
・保険料→労使折半
・給付内容
・健康保険の任意継続被保険者

健康保険は、会社員等が加入する保険

4 国民健康保険（国保）

・給付内容

国保は、自営業者等が加入する保険

5 後期高齢者医療制度

・概要
・保険料

対象者…75歳以上
自己負担額…原則1割

6 退職者向けの公的医療保険

・退職者向けの公的医療保険

3つの方法がある！

7 公的介護保険

・概要

第1号…65歳以上の人
第2号…40歳以上65歳未満の人

8 労働者災害補償保険（労災保険）

・概要
・特別加入制度

労災保険は、業務上、通勤途上の病気、ケガ等に対する給付

9 雇用保険

・概要

・各給付の内容

　（基本手当、就職促進給付、雇用継続給付、育児休業給付、教育訓練給付）

基本手当の待期
期間と給付制限を
確認して！

1 社会保険の種類

　保険には **公的保険（社会保険）** と **私的保険（民間保険）** があり、社会保険には **医療保険**、**介護保険**、**年金保険**、**労災保険**、**雇用保険** があります。

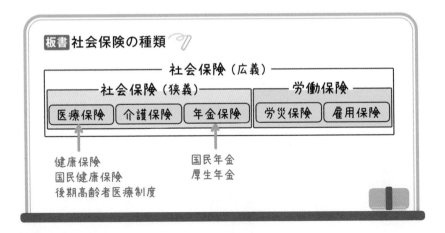

板書 社会保険の種類

社会保険（広義）

社会保険（狭義）　　　　　　　労働保険

医療保険　介護保険　年金保険　　労災保険　雇用保険

健康保険　　　　　　国民年金
国民健康保険　　　　厚生年金
後期高齢者医療制度

2 公的医療保険の基本

Ⅰ 公的医療保険

　公的医療保険には、**健康保険**、**国民健康保険（国保）**、**後期高齢者医療制度** があります。

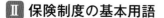

板書 公的医療保険

健康保険	国民健康保険	後期高齢者医療制度
会社員とその家族が対象	自営業者等とその家族が対象	75歳以上の人が対象

Ⅱ 保険制度の基本用語

はじめに、保険制度の基本用語をおさえておきましょう。

保険制度の基本用語

保 険 者	保険制度の運用主体
被保険者	保険の対象となっている人
被扶養者 ひ ふ ようしゃ	一般的に日本に住所があり、年収**130**万円未満（60歳以上または障害者については180万円未満）でかつ被保険者の年収の2分の1未満である被保険者の扶養家族

3 健康保険

Ⅰ 健康保険の概要

健康保険は、被保険者（会社員）とその被扶養者（会社員の家族）に対して、労災保険の給付対象とはならない病気やケガ、死亡、出産について保険給付を行う（保険金を支払う）制度です。

Ⅱ 健康保険の保険者

健康保険は、全国健康保険協会が保険者となる**全国健康保険協会管掌健康保険（協会けんぽ）**と、健康保険組合が保険者となる**組合管掌健康保険（組合健保）**があります。

健康保険の保険者

	保　険　者	被　保　険　者
協会けんぽ	全国健康保険協会	主に中小企業の会社員
組 合 健 保	健康保険組合	主に大企業の会社員

Ⅲ 保険料

　保険料は、被保険者(会社員)の標準報酬月額と標準賞与額に保険料率を掛けて計算し、その金額を会社と被保険者(会社員)で半分ずつ負担(**労使折半**)します。

例題

健康保険の保険料は、全額、労働者が負担する。

▶× 健康保険の保険料は、会社と労働者が折半で負担する。

ひとこと

　協会けんぽの保険料率は都道府県ごとに異なります。また、組合健保の保険料率は一定の範囲内で組合が決めることができます。

プラスワン　産休・育休中の社会保険料免除

　産休期間中(産前42日、産後56日。多胎妊娠の場合は産前98日、産後56日)および育休期間中(3歳までの子を養育するための育児休業期間)における社会保険料(健康保険料、厚生年金保険料など)は、被保険者分および事業主分ともに免除されます(事業主の申出が必要)。

Ⅳ 健康保険の給付内容

健康保険の主な給付は次のとおりです。

健康保険の給付内容

❶ 療養の給付、家族療養費

❷ 高額療養費

❸ 出産育児一時金、家族出産育児一時金

❹ 出産手当金

❺ 傷病手当金

❻ 埋葬料、家族埋葬料

---

❶ 療養の給付、家族療養費

日常生活(業務外)の病気やケガについて、診察や投薬等の医療行為を受けることができます。

ひとこと

被保険者(会社員)のほか、被扶養者(家族)も同様の給付を受けることができます。

なお、医療行為を受けるさいは、医療機関の窓口で一定の自己負担があります。

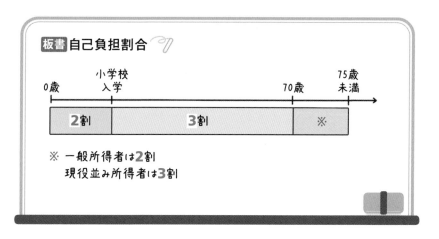

板書 自己負担割合

```
        小学校                          75歳
0歳     入学              70歳        未満
├───────┼────────────────┼───────────┼──────────▶
│  2割  │      3割        │    ※      │
```

※ 一般所得者は2割
　　現役並み所得者は3割

② 高額療養費

　月間の医療費の自己負担額が一定額を超えた場合、その超過額について請求をすれば、あとで返金を受けることができます。

　なお、同一月・同一医療機関の窓口における支払額は、自己負担限度額までとなります。

　70歳未満の自己負担限度額の計算は次のとおりです。

自己負担限度額

所得区分		自己負担限度額
ア	標準報酬月額　83万円以上 （810,000円以上）	252,600円＋（総医療費－842,000円）×1％
イ	標準報酬月額　53万円～79万円 （515,000円以上810,000円未満）	167,400円＋（総医療費－558,000円）×1％
ウ	標準報酬月額　28万円～50万円 （270,000円以上515,000円未満）	**80,100** 円＋（総医療費－267,000円）×**1**％
エ	標準報酬月額　26万円以下 （270,000円未満）	57,600円
オ	住民税非課税世帯（低所得者）	35,400円

※（　）内は報酬月額をあらわす

ひとこと

　標準報酬月額とは、1カ月の給与（報酬等）を一定の幅で区分した場合の金額をいい、社会保険料の算定のさいに用いる基準です。たとえば、1カ月の報酬等が25万円以上27万円未満の場合、20等級に分類され、標準報酬月額26万円として社会保険料を計算します。

　なお、計算問題（実技）で出題されるときは、問題文に計算式が記載されるため、上記の計算式をおぼえる必要はありません。

板書 高額療養費の計算

たとえば、次の場合に高額療養費として返金される金額は…

- 医療費が150万円かかった
- 年齢は40歳（所得区分は上記 **ウ**）

※ **ウ** の自己負担限度額：80,100円+（総医療費−267,000円）×1%

① 病院に支払った金額：1,500,000円×3割=450,000円
② 自己負担限度額：
　80,100円+（1,500,000円−267,000円）×1%=92,430円
③ 高額療養費として返金される金額：①−②=357,570円

---

❸ 出産育児一時金、家族出産育児一時金

　被保険者（会社員）または被扶養者（会社員の妻）が出産した場合、1児につき **50万円**（産科医療補償制度に加入している病院等で出産した場合）が支給されます。

例題

2024年10月に被保険者が出産した場合の出産育児一時金は42万円である。

▶ × 2023年4月以降の出産育児一時金は **50万円** である。

❹ 出産手当金

　被保険者（会社員）が、出産のため仕事を休み、給与が支給されない場合に、出産前の **42日間**、出産後の **56日間** のうちで仕事を休んだ日数分の金額が支給されます。この場合の支給額は次のとおりです。

$$1日あたりの支給額 = \frac{支給開始日以前12カ月間の各月の標準報酬月額を平均した額}{30日} × \frac{2}{3}$$

❺ 傷病手当金

　被保険者（会社員）が、病気やケガを理由に会社を **3日以上** 続けて休み、給料

が支給されない場合に、4日目から通算して1年6カ月間支給されます。この場合の支給額は次のとおりです。

$$\text{1日あたりの支給額} = \frac{\text{支給開始日以前12カ月間の}}{\text{各月の標準報酬月額を平均した額}} \div 30日 \times \frac{2}{3}$$

板書 傷病手当金の計算

> たとえば、支給開始日以前12カ月間の各月の標準報酬月額を平均した額が36万円の人が、病気のため連続して10日間仕事を休んだという場合は…

① 支給対象期間内の休業日数：10日－3日＝7日
② 1日あたり支給額：360,000円÷30日×$\frac{2}{3}$＝8,000円
③ 傷病手当金：8,000円×7日＝56,000円

例題

傷病手当金の支給期間は通算して1年である。

▶× 傷病手当金の支給期間は通算して**1年6カ月**である。

6 埋葬料、家族埋葬料

　被保険者(会社員)が死亡したとき、葬儀をした家族に対し、**5万円**が支給されます。また、被扶養者(家族)が死亡したときは、被保険者(会社員)に**5万円**が支給されます。

Ⅴ 健康保険の任意継続被保険者

　被保険者(会社員)が会社を退職した場合、健康保険の被保険者の資格はなくなりますが、一定の要件を満たせば、退職後**2年間**、退職前の健康保険に加入することができます。この場合の保険料は被保険者(退職者)が**全額自己負担**します。

板書 健康保険の任意継続被保険者の要件 📎

要件

健康保険に継続して
2カ月以上加入
&
退職日の翌日から
20日以内に申請
→ 退職後2年間、退職前の
健康保険に加入することができる

"にんい継続"だから"2"が多い、
とおぼえておこう

例題

任意継続被保険者として健康保険に加入できる期間は最長1年である。

▶ × 任意継続被保険者として健康保険に加入できる期間は最長2年である。

4 国民健康保険（国保）

Ⅰ 国民健康保険の概要

国民健康保険は、健康保険や共済組合などの適用を受けない自営業者や未就業者など、市区町村に住所があるすべての人を対象とした保険です。

Ⅱ 国民健康保険の保険者

国民健康保険には、都道府県と市区町村が共同で保険者となるものと、国民健康保険組合が保険者となるものがあります。

Ⅲ 保険料

保険料は市区町村によって異なり、前年の所得等によって計算されます。

プラスワン　産休中の国民健康保険の保険料免除

　2024年1月より国民健康保険の被保険者にかかる産前産後期間相当分の国民健康保険料が免除されるようになりました。2023年11月1日以降に出産予定または出産の被保険者が対象で、単胎妊娠の場合は出産予定月の前月から4か月分（多胎妊娠の場合は出産予定月の3か月前から6か月分）の保険料が免除になります。

Ⅳ 国民健康保険の給付内容

　国民健康保険の給付内容は健康保険とほぼ同じですが、一般に<u>出産手当金</u>や<u>傷病手当金はありません</u>。

板書 国民健康保険の給付内容（健康保険との違い）

	"国民健康保険"	健康保険
療 養 の 給 付 （家 族 療 養 費）	○	労災保険の給付対象と ならない病気やケガ…○
高 額 療 養 費	○	○
出 産 育 児 一 時 金 （家族出産育児一時金）	○	○
出 産 手 当 金	×	○
傷 病 手 当 金	×	○
埋 葬 料 ／ 葬 祭 費 （家 族 埋 葬 料）	○	○

例題

健康保険には出産手当金があるが、国民健康保険には一般に出産手当金はない。

▶○

5 後期高齢者医療制度

Ⅰ 後期高齢者医療制度の概要

　後期高齢者医療制度は**75**歳以上の人（または65歳以上75歳未満の障害認定を受けた人）が対象となります。健康保険や国民健康保険の被保険者である人は、**75**歳に到達すると、後期高齢者医療制度の被保険者となります。

　自己負担額は医療費の**1**割（現役並み所得者以外で一定以上所得のある人は**2**割、現役並み所得者は**3**割）です。

Ⅱ 保険料

保険料は、各都道府県の後期高齢者医療広域連合で決定され、原則として年金からの天引きで徴収されます（年額**18**万円以上の年金を受け取っている人が対象）。なお、保険料の徴収は**市区町村**が行います。

6 退職者向けの公的医療保険

退職後、再就職をしない場合もなんらかの保険に加入しなければなりません。退職者向け（再就職をしない場合）の公的医療保険には次の３つがあります。

板書 退職者向けの公的医療保険

1 健康保険の任意継続被保険者となる

条件
☆ 健康保険の被保険者期間が継続して**2**カ月以上
☆ 退職日の翌日（＝資格喪失日）から**20**日以内に申請する

加入期間
最長**2**年間

保険料
全額自己負担

2 国民健康保険に加入する

手続き
退職日の翌日（＝資格喪失日）から**14**日以内に市区町村に申請する

保険料
全額自己負担

3 家族の被扶養者となる

…健康保険の被保険者である家族（親や子、配偶者）の被扶養者となる

保険料
負担なし

公的介護保険

介護保険とは、介護が必要と認定された場合に、必要な給付がされる制度です。

公的介護保険の保険者は**市区町村**です。

被保険者は**40**歳以上の人で、65歳以上の人を第**1**号被保険者、40歳以上65歳未満の人を第**2**号被保険者といいます。

公的介護保険の主な内容は次のとおりです。

板書 公的介護保険の概要

	第1号被保険者	第2号被保険者
対象者	**65**歳以上の人	**40**歳以上65歳未満の人
保険料	市区町村が所得に応じて決定 年額**18**万円以上の年金を受け取っている人は年金から天引きで納付（それ以外の人は個別に市区町村に納付）	【健康保険の場合】 　協会けんぽの介護保険料率は1.6% 【国民健康保険の場合】 　前年の所得等に応じて決定
受給者	要介護者、要支援者※	老化に起因するもの（特定疾病）によって要介護者、要支援者※になった場合のみ ⤷ 初老期認知症、脳血管疾患など。交通事故で要介護になった場合は給付を受けられない！
自己負担	原則**1**割（支給限度額を超えた場合、超過分は全額自己負担） ☆ 第1号被保険者のうち一定以上の所得がある人は**2**割、特に所得が高い人は**3**割 ☆ ケアプランの作成費は全額無料	

※ 程度に応じて要介護は5段階（要介護1〜5）、要支援は2段階（要支援1、2）に分かれる

介護保険の被保険者は 40 歳以上の人で、40 歳以上 65 歳未満の人を第 1 号被保険者、65 歳以上の人を第 2 号被保険者という。

▶ ✕ 40 歳以上 65 歳未満の人を第 **2** 号被保険者、65 歳以上の人を第 **1** 号被保険者という。

介護保険の自己負担額は原則 3 割である。

▶ ✕ 介護保険の自己負担額は原則 **1** 割（一定の場合は **2** 割または **3** 割）である。

8 労働者災害補償保険（労災保険）

I 労災保険の概要

労災保険は、業務上や通勤途上（労働者が家⇔会社間を合理的な経路および方法で往復した場合）における労働者の病気、ケガ、障害、死亡等に対して給付が行われる制度です。

ひとこと

通勤の途中で寄り道をした場合には、寄り道をしたあとに正規のルートに戻ったとしても通勤とは認められません。ただし、日常生活を送るにあたって必要な寄り道については、正規のルートに戻ったあとは通勤と認められます。
したがって、会社から家に帰る途中にゴルフ練習場に寄った場合は通勤と認められませんが、夕食の買い物のためにスーパーに寄った場合は通勤と認められます。

業務上における病気、ケガ、障害、死亡等を **業務災害**、2 以上の会社の業務を要因とする病気、ケガ、障害、死亡等を **複数業務要因災害**、通勤途上における病気、ケガ、障害、死亡等を **通勤災害** といいます。

労災保険の主な内容は次のとおりです。

対象者

すべての労働者

> ☆ アルバイト、パートタイマー、日雇い労働者、外国人労働者などを含む
> ☆ 経営者である社長や役員は含まない

保険料

☆ 保険料は全額**事業主**が負担
☆ 事業の内容ごとに保険料率が決められている

主な給付内容

休業補償給付…労働者が病気などで休業した場合、**4日目**から給付基礎日額の**60％**相当額が支給される

傷病補償年金…労働者が業務上のケガや病気により療養し、療養開始後**1年6カ月**経過しても傷病が治っておらず、傷病等級1級から3級に該当する場合に支給される

例題

労災保険は、業務災害については給付の対象となるが、通勤災害については給付の対象とならない。

▶ ✕ 通勤災害についても給付の対象となる。

II 特別加入制度

社長や役員、自営業者などは、労働者ではないため労災保険の対象となりませんが、一定の場合には労災保険に任意加入できる制度があります。これを **特別加入制度** といいます。

ひとこと

ふむふむ…

労災保険の適用を受けない中小事業主や、労働者としての側面が強い個人タクシー業者や大工さんなど(いわゆる一人親方)は労災保険に加入することができます(特別加入)。

9 雇用保険

Ⅰ 雇用保険の概要

雇用保険は、労働者が失業した場合などに必要な給付を行ったり、再就職を援助する制度です。

雇用保険の主な内容は次のとおりです。

板書 雇用保険の概要

対象者

すべての労働者

☆ 経営者である社長や役員、個人事業主およびその家族は原則として加入できない

保険料

☆ 保険料は事業主と労働者で負担 → ただし、折半(半々)ではない

☆ 保険料率と負担割合は業種によって異なる

給付内容 …給付の詳細は下記参照

☆ 基本手当(求職者給付)　　☆ 就職促進給付

☆ 雇用継続給付　　　　　　　☆ 育児休業給付

☆ 教育訓練給付

例題

法人の役員は原則として雇用保険に加入することはできない。

▶ ○

例題

雇用保険の保険料は事業主と労働者で半分ずつ負担する。

▶ ✕ 雇用保険の保険料は事業主と労働者で負担するが、折半ではない。

プラスワン　雇用保険マルチジョブホルダー制度

　2022年1月から、複数の事業所において短時間で勤務する65歳以上の労働者が、一定の要件（2つの事業所の労働時間を合計して1週間の所定労働時間が20時間以上であることなど）を満たせば雇用保険に加入できる**雇用保険マルチジョブホルダー制度**が創設されました。

Ⅱ 基本手当（求職者給付）の内容

　基本手当(**求職者給付**)とは、失業者(働く意思と能力はあるが、失業している人)に対する給付で、一般に 失業保険 とよばれています。

❶ 基本手当の給付額と給付日数

　基本手当は、労働者が失業した場合に離職前6カ月間の賃金日額(離職前の6カ月間に支払われた賃金総額÷180日)の45〜80%が支給されます。

　基本手当の給付日数は、失業の理由(自己都合、倒産・解雇等)や被保険者期間、年齢によって異なります。

基本手当の給付日数

❶自己都合、定年退職の場合

年齢＼被保険者期間	10年未満	10年以上20年未満	20年以上
全年齢	**90日**	120日	**150日**

❷倒産、会社都合の解雇等の場合

年齢＼被保険者期間	1年未満	1年以上5年未満	5年以上10年未満	10年以上20年未満	20年以上
30歳未満		**90日**	120日	180日	－
30歳以上35歳未満		120日	180日	210日	240日
35歳以上45歳未満	90日	150日	180日	240日	270日
45歳以上60歳未満		180日	240日	270日	**330日**
60歳以上65歳未満		150日	180日	210日	240日

ふむふむ…

ひとこと

最短日数と最長日数だけ、おさえておきましょう。

2 受給要件

受給要件は、離職前の**2**年間に被保険者期間が通算**12**カ月以上あることです。ただし、倒産、解雇等の場合には、離職前の**1**年間に被保険者期間が通算**6**カ月以上あれば受給できます。

3 待期期間と給付制限

基本手当を受けるには、居住地のハローワークに離職票を提出し、求職の申込みをします。

求職の申込みを行った日（最初の受給資格決定日）から**7**日間は支給されません。これを**待期期間**といいます。

なお、自己都合退職の場合には、待期期間**7**日間に加え、原則**2**カ月間は支給されません（**給付制限**）。

板書 雇用保険～基本手当のポイント～

給付日数

自己都合、定年の場合…90日～150日
倒産、解雇等の場合……90日～330日

受給要件

離職前の**2**年間に、被保険者期間が通算**12**カ月以上あること
(倒産、解雇等の場合は、離職前**1**年間に被保険者期間が通算**6**カ月以上あること)

待期期間

7日間 ━━▶ 自己都合退職の場合には、7日間の待期期間に加えて原則2カ月間の給付制限がつく

Ⅲ 就職促進給付の内容

就職促進給付 は、再就職の促進と支援を目的とした給付で、一定の要件を満たした基本手当の受給者が再就職した場合や、アルバイト等に就業した場合に支給されます。

ひとこと

再就職した場合の給付を 再就職手当 といいます。また、アルバイト等(再就職手当の対象にならない職業)に就業した場合の給付を 就業手当 といいます。

Ⅳ 雇用継続給付

雇用継続給付 は、高齢者や介護をしている人に対して必要な給付を行い、雇用の継続を促すための制度です。

雇用継続給付には、**高年齢雇用継続給付** と **介護休業給付** があります。

板書 雇用保険～雇用継続給付のポイント～

1 高年齢雇用継続給付

被保険者期間が**5年**以上の60歳以上65歳未満の被保険者で、60歳到達時の賃金月額に比べ、**75%**未満の賃金月額で働いている人に対して、各月の賃金の最大**15%**相当額が支給される

| 高年齢雇用継続
基本給付金 | …60歳以降も雇用されている人に支給 |

| 高年齢再就職
給付金 | …基本手当を受給後、再就職した場合に支給 |

2 介護休業給付

家族を介護するために休業した期間について、支給対象となる家族には、**93日**を限度に、**3回**までに限り、休業前の賃金の**67%**相当額が支給される

V 育児休業給付

育児と仕事の両立を支援するために、育児休業給付があります。育児休業給付には、**育児休業給付金**と**出生時育児休業給付金**(産後パパ育休)があります。

板書 雇用保険～育児休業給付のポイント～

1 育児休業給付金

| 満1歳未満の子(一定の場合には1歳6カ月または2歳未満の子)を養育するため育児休業を取得した場合 | は | 休業開始前賃金の**67%**相当額(6カ月経過後は**50**%相当額)が支給される |

2 出生時育児休業給付金（産後パパ育休）

| 子の出生日から8週間経過日の翌日までの期間内に、4週間（28日）以内の期間を定めて、子を養育するため出生時育児休業を取得した場合 | は | 休業開始前賃金の67%相当額が支給される |

プラスワン　教育訓練給付

　教育訓練給付は、労働者等が自分で費用を負担して、厚生労働大臣が指定する講座を受講し、修了した場合にその費用の一部が支給される、雇用保険の制度です。教育訓練給付には、**一般教育訓練給付金**、**特定一般教育訓練給付金**、**専門実践教育訓練給付金**があります。

■一般教育訓練給付金

　雇用保険の被保険者期間が **3** 年以上（初めての受給の場合は **1** 年以上）の被保険者が、厚生労働大臣指定の一般教育訓練を受講し、修了した場合、受講料等の **20**％相当額が支給されます。ただし、支給額の上限は **10** 万円となっています。

■特定一般教育訓練給付金

　雇用保険の被保険者期間が **3** 年以上（初めての受給の場合は **1** 年以上）の被保険者が、厚生労働大臣指定の特定一般教育訓練（速やかな再就職および早期のキャリア形成に資する教育訓練）を受講し、修了した場合、受講料等の **40**％相当額が支給されます。ただし、支給額の上限は年間 **20** 万円となっています。

■専門実践教育訓練給付金

　雇用保険の被保険者期間が **3** 年以上（初めての受給の場合は **2** 年以上）の被保険者が、厚生労働大臣指定の専門実践教育訓練を受講し、修了した場合、受講料等の **50**％相当額が支給されます。ただし、支給額の上限は年間 **40** 万円、支給期間は最長 **3** 年となっています。

　なお、資格取得の上、就職につながったら、さらに受講料等の **20**％が加算（上限は年間16万円）されます。

CHAPTER 01
ライフプランニングと資金計画

CH
01
ライフプランニングと資金計画

SEC
05
公的年金の全体像

年金制度の全体像

SECTION 05 公的年金の全体像

このSECTIONで学習すること

1 年金制度の全体像
・公的年金と私的年金
・公的年金制度の
　全体像

公的年金は
2階建ての制度

2 国民年金の全体像
・国民年金の被保険者
・保険料の納付
・保険料の免除と
　猶予
・追納

追納期間は10年

3 公的年金の給付（全体像）
・老齢給付、障害給付、遺族給付
・公的年金の請求手続き
・年金の支給期間

年金は偶数月の
15日に2カ月分が
支給される！

1 年金制度の全体像

Ⅰ 公的年金と私的年金

　年金制度には、強制加入の **公的年金** と、任意加入の **私的年金** があります。

Ⅱ 公的年金制度の全体像

　我が国の公的年金制度は、国民年金を基礎年金とした2階建ての構造です。
　1階は **国民年金**（20歳以上60歳未満のすべての人が加入）、2階は **厚生年金保険**（会社員や公務員等が加入）となっています。

51

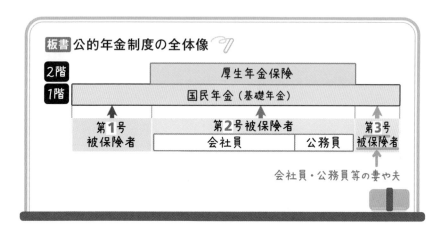

2 国民年金の全体像

I 国民年金の被保険者

　国内に住所を有する**20**歳以上**60**歳未満の人は、国民年金に加入しなければなりません（強制加入被保険者）。

　強制加入被保険者は第1号から第3号の3種類に分けられます。

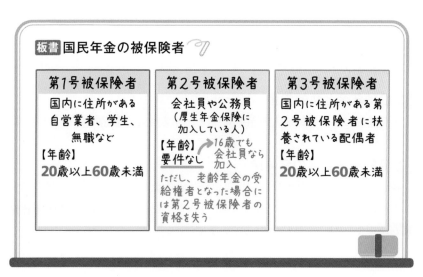

国民年金の第1号～第3号被保険者に該当しない場合は、国民年金への加入義務はありませんが、次の❶、❷のいずれかに該当する場合は、任意で国民年金に加入することができます（**任意加入被保険者**）。

❶国内に住所がある 60 歳以上 **65** 歳未満の人
❷日本国籍がある人で、日本に住所がない 20 歳以上 **65** 歳未満の人

例題

会社員で厚生年金保険に加入している A さん（16 歳）は、国民年金の第 2 号被保険者となる。

▶ ○ 16 歳でも会社員なら国民年金の第 2 号被保険者となる。

Ⅱ 保険料の納付

1 保険料

国民年金および厚生年金の保険料（2024年度）は、次のとおりです。

板書 保険料

第1号被保険者	第2号被保険者	第3号被保険者
国民年金保険料 16,980円/月	厚生年金保険料 標準報酬月額 ×18.30% 標準賞与額 ポイント ☆ 保険料は事業主と従業員が半分ずつ負担（労使折半）	保険料の負担はなし

例題

厚生年金保険料は、全額従業員が負担する。

▶ × 厚生年金保険料は**労使折半**で負担する。

2 保険料の納付期限

保険料の納付期限は、原則として**翌月**末日ですが、例外があります。

板書 保険料の納付期限

| 原則 |…翌月末日
| 例外 |…①口座振替（当月末日引落とし）
⎫
⎬ 保険料の
⎭ 割引がある！
②前納（6カ月前納、1年前納、2年前納）

ポイント

☆ 保険料を滞納した場合、あとから<u>2年以内</u>の分しか支払うことができ
ない
➡時効は2年

III 保険料の免除と猶予（第1号被保険者のみ）

1 保険料を免除または猶予する制度

第1号被保険者については、以下のような保険料の免除または猶予の制度
があります。

板書 保険料の免除と猶予

1 法定免除

| 障害基礎年金を受給している人
や生活保護法の生活扶助を受け
ている人 | は | 届出によって
保険料の**全額**が
免除される |

---

2 申請免除

経済的な理由などで、保険料を納付することが困難な人（所得が一定以下の人）	は	申請し、認められた場合には、保険料の全額または一部が免除される

・全額免除
・$\frac{3}{4}$免除
・半額免除
・$\frac{1}{4}$免除
の4段階

3 産前産後期間の免除制度

第1号被保険者で、出産した（する）人	は	出産予定日または出産日が属する月の前月から4カ月間の国民年金保険料が免除される※

※ 多胎妊娠の場合は、出産予定日または出産日が属する月の3カ月前から6カ月間の国民年金保険料が免除される

4 学生納付特例制度

第1号被保険者で、本人の所得が一定以下の学生	は	申請によって、保険料の納付が猶予される

5 納付猶予制度

50歳未満の第1号被保険者で本人および配偶者の所得が一定以下の人	は	申請によって、保険料の納付が猶予される

2 追納

　保険料の免除または猶予を受けた期間については、**10**年以内なら<ruby>追納<rt>ついのう</rt></ruby>（あとからその期間の保険料を支払うこと）ができます。

ひとこと

　保険料を滞納した場合（納め忘れた場合）、原則として2年以内の分しかあとから支払うことができませんが、免除または猶予を受けた場合（納めたいけど納められない事情がある場合）には10年となります。

　保険料の納付期間が老齢基礎年金額に反映されるので、年金を多く（満額で）受け取りたい場合には、免除や猶予を受けた期間について、追納したほうがよいのです。

例題

第1号被保険者が保険料の免除または猶予を受けた場合、2年以内に限り追納ができる。

▶ ✕ 保険料の免除または猶予を受けた場合の追納期間は**10年**である。

　なお、保険料の免除または猶予を受けた期間の保険料は10年以内であれば追納することができますが、免除または猶予を受けた期間の翌年度から起算して**3**年度目以降に保険料を追納する場合には、承認を受けた当時の保険料額に経過期間に応じた加算額が上乗せされます。

❸ 免除期間の年金額への反映　→参照 SEC06 ❶ Ⅲ

　法定免除と申請免除の期間（保険料が免除された期間）については、老齢基礎年金額に反映（免除期間の $\frac{1}{2}$ や $\frac{5}{8}$ など）されます。

　また、産前産後免除期間は、保険料納付済期間とされます。

→参照 SEC06 ❶ Ⅱ

ひとこと

　産前産後免除期間は追納しなくても老齢基礎年金額に反映されます。

　一方、学生納付特例期間と納付猶予期間（かつ、追納しなかった期間）については、老齢基礎年金額に反映されません。

ひとこと

わかった！

　たとえば、法定免除で2年間、保険料の納付を免除された（法定免除では、免除期間の$\frac{1}{2}$が老齢基礎年金に反映される）という場合、老齢基礎年金の年金額を計算するさいには、1年分（2年×$\frac{1}{2}$）は保険料を支払ったものとされます。
　一方、学生納付特例制度で2年間、保険料の納付を猶予されたという場合には、老齢基礎年金を計算するさいは、この2年については全く保険料を支払わなかったものとされます。

3 公的年金の給付（全体像）

I 公的年金の給付内容

　公的年金の給付には、老齢給付、障害給付、遺族給付の3つがあります。

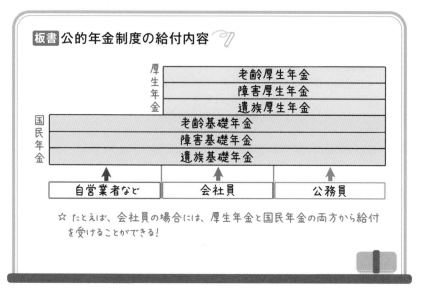

板書 公的年金制度の給付内容

	老齢厚生年金
厚生年金	障害厚生年金
	遺族厚生年金
	老齢基礎年金
国民年金	障害基礎年金
	遺族基礎年金

| 自営業者など | 会社員 | 公務員 |

☆ たとえば、会社員の場合には、厚生年金と国民年金の両方から給付を受けることができる！

Ⅱ 公的年金の請求手続き

公的年金を受給するには、受給者(受給する権利のある人)が自ら、受給権があるかどうかを国に確認(これを **裁定** といいます)したあと、年金の給付を請求します。

Ⅲ 年金の支給期間

年金は受給権が発生した月の翌月(通常は誕生月の翌月)から受給権が消滅した月(受給者が死亡した月)まで支給されます。

年金は原則として、**偶数月の15**日に、前月までの**2**カ月分が支払われます。

板書 年金の支給

たとえば、9月18日が誕生日の人は・・・

→受給権の発生・・・9月
→支給開始・・・翌月10月から
→支給日・・・12月15日に10月・11月分(2カ月分)、
　　　　　　　 2月15日に12月・1月分(2カ月分)、
　　　　　　　 以後、偶数月の15日に2カ月分

プラスワン マクロ経済スライド

年金額は原則として、物価や賃金の変動に合わせて改定されます。しかし、物価や賃金の変動にかかわらず、公的年金の被保険者の減少や平均余命の伸びが予想され、これらは年金財政にマイナスの影響を与えます。これらのマイナス要因を考慮して、年金給付額を自動的に調整するしくみが導入されています。このしくみを **マクロ経済スライド** といいます。

SECTION
06 公的年金の給付

このSECTIONで学習すること

1 老齢給付①　老齢基礎年金

- 老齢基礎年金
- 受給資格期間
- 年金額
- 繰上げ受給と繰下げ受給
- 付加年金

老齢基礎年金は
65歳から
支給される

2 老齢給付②　老齢厚生年金

- 特別支給の老齢厚生年金と65歳からの老齢厚生年金
- 特別支給の老齢厚生年金の支給開始年齢の引上げ
- 年金額
- 在職老齢年金
- 離婚時の年金分割制度

ここは非常に
ややこしいので、
概要だけつかんで、
ササッと問題集を
解いておこう

3 障害給付

- 障害基礎年金
- 障害厚生年金

障害基礎年金
は1級と2級、
障害厚生年金は
1〜3級と障害手当金
がある

4 遺族給付

- 遺族基礎年金
- 寡婦年金と死亡一時金
- 遺族厚生年金
- 中高齢寡婦加算と経過的寡婦加算

遺族基礎年金は
「子のない配偶者」
には支給されない

1 老齢給付①　老齢基礎年金

I 老齢基礎年金

老齢基礎年金は、**受給資格期間**が**10**年以上の人が**65**歳になったときから受け取ることができます。

Ⅱ 受給資格期間

受給資格期間とは、老齢基礎年金を受け取るために満たさなければならない期間をいい、**保険料納付済期間**、**保険料免除期間**、**合算対象期間（カラ期間）**を合計した期間のことをいいます。

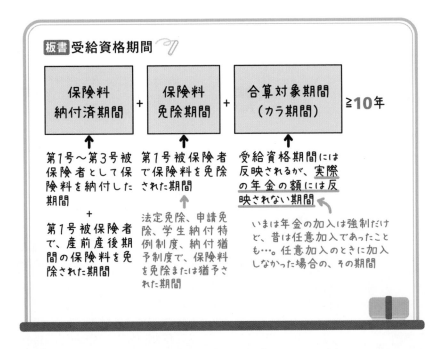

Ⅲ 老齢基礎年金の年金額

老齢基礎年金の年金額（年額）は**816,000**円（2024年度。1956年4月2日以後生まれの人）です。

> 老齢基礎年金額 ： 780,900円×1.045≒816,000円
> （満額）　　　　　　　　　（改定率）

ひとこと

1956年4月1日以前生まれの人の老齢基礎年金の年金額（満額）は次のとおりです。

> 老齢基礎年金額＝780,900円×1.042≒813,700円
> （満額）　　　　　　　（改定率）

なお、本書では、1956年4月2日以後生まれの人の年金額で説明します。

ただし、免除期間等がある人はこの金額よりも少なくなります。

年金額の計算式は次のとおりです。

老齢基礎年金額＝①＋②

①2009年3月までの期間分

$$816,000円 \times \frac{保険料納付済月数 + A \times \frac{1}{3} + B \times \frac{1}{2} + C \times \frac{2}{3} + D \times \frac{5}{6}}{480月（40年 \times 12カ月）}$$

②2009年4月以降の期間分

$$816,000円 \times \frac{保険料納付済月数 + A \times \frac{1}{2} + B \times \frac{5}{8} + C \times \frac{3}{4} + D \times \frac{7}{8}}{480月（40年 \times 12カ月）}$$

A：全額免除月数　　B：$\frac{3}{4}$免除月数　　C：半額免除月数　　D：$\frac{1}{4}$免除月数

上記の免除期間（免除月数）は、法定免除期間と申請免除期間のことです。合算対象期間（カラ期間）、学生納付特例期間、納付猶予期間は年金額の計算には反映されません。

例題

学生納付特例期間は、老齢基礎年金の年金額の計算に反映される。

▶ ✕ 学生納付特例期間は、追納しない限り老齢基礎年金の年金額の計算には **反映されない**。

【年金計算の端数処理】

年金額(年額)の端数処理は 1 円未満四捨五入です。

ひとこと

なお、満額の老齢基礎年金などについては、1 円単位での算出はせず、100 円単位(50 円以上切上げ、50 円未満切捨て)となります。

そのため、基礎年金が満額でない人の年金額や厚生年金の年金額については、多少の増減が生じます。

板書 老齢基礎年金の年金額 ✎

たとえば、Aさん(下記)が65歳から受け取れる年金額は…

〔Aさんの資料〕

① 保険料納付済期間　38年 ← ―――― 38年×12カ月=456月

② 学生納付特例期間(追納していない)2年 ← 年金額に反映されない

$816,000 円 \times \dfrac{456 月}{480 月} = 775,200 円$

Ⅳ 老齢基礎年金の繰上げ受給と繰下げ受給

繰上げ受給とは、65歳よりも早く(60歳から64歳までに)年金の受取りを開始することをいい、**繰下げ受給**は65歳よりも遅く(66歳から75歳までに)年金の受取りを開始することをいいます。

繰上げ受給を行った場合には、**繰り上げた月数×0.4%**が年金額から減額されます(減額率0.4%は1962年4月2日以後生まれの人が対象。1962年4月1日以前生まれの人の減額率は0.5%)。

また、繰下げ受給を行った場合には、**繰り下げた月数×0.7%**が年金額に加算されます。

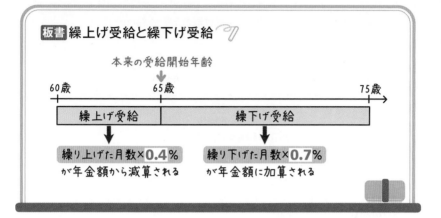

例題

老齢基礎年金の繰上げ受給を行った場合には、「繰り上げた月数×0.4％」が年金額から減額され、繰下げ受給を行った場合には、「繰り下げた月数×0.4％」が年金額に加算される。

▶ ✕ 繰下げ受給を行った場合には、「繰り下げた月数×**0.7**％」が年金額に加算される（繰上げ受給の記述は正しい）。

Ⅴ 付加年金

付加年金とは、第1号被保険者のみの制度で、任意で月額**400円**を国民年金保険料に上乗せして納付することによって、「付加保険料の納付月数×**200円**」が老齢基礎年金に加算されます。

なお、付加年金と国民年金基金（後述）との併用はできません。

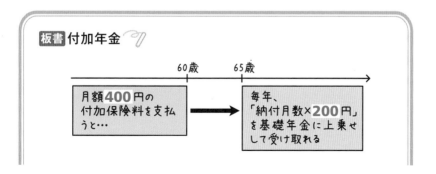

たとえば、Bさん（下記）が65歳から受け取れる年金額は…

〔Bさんの資料〕
①保険料納付済期間　34年(408月)
②付加保険料の納付期間　15年（180月）

①老齢基礎年金：816,000円× $\dfrac{408月}{480月}$ =693,600円

②付加年金分：200円×180月＝36,000円

③①＋②＝729,600円

付加保険料の納付額は、400円×180月＝ 72,000円 ← 支払った総額
付加保険料を納付したことによって増えた年金額（1年間の増加分）は、
200円×180月＝ 36,000円 ← 1年間に受け取る金額
…ということは、付加年金は 2年 でモトがとれるということになる！

36,000円 ×2年＝ 72,000円

例題

第1号被保険者が任意で月額200円を国民年金保険料に上乗せして納付することによって、「付加保険料の納付期間×200円」が老齢基礎年金の額に加算される。

▶ ✕ 付加保険料は月額 **400円** である。

2 老齢給付② 老齢厚生年金

I 老齢厚生年金

　厚生年金から支給される老齢給付のうち、60歳から64歳までに支給される老齢給付を **特別支給の老齢厚生年金**、65歳以上に支給される老齢給付を **老齢厚生年金** といいます。

　特別支給の老齢厚生年金は、**定額部分**（加入期間に応じた金額）と **報酬比例部分**（在職時の報酬に比例した金額）とに分かれます。

Ⅱ 受給要件

特別支給の老齢厚生年金と、65歳からの老齢厚生年金の受給要件は次のとおりです。

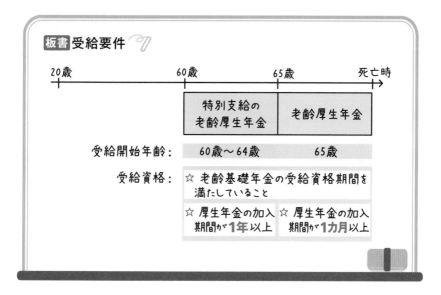

板書 受給要件

| 20歳 | 60歳 | 65歳 | 死亡時 |

| 特別支給の
老齢厚生年金 | 老齢厚生年金 |

受給開始年齢： 60歳〜64歳　　65歳

受給資格： ☆ 老齢基礎年金の受給資格期間を満たしていること

☆ 厚生年金の加入期間が**1年**以上　☆ 厚生年金の加入期間が**1カ月**以上

Ⅲ 特別支給の老齢厚生年金の支給開始年齢の引上げ

特別支給の老齢厚生年金は、厚生年金保険の支給開始年齢が60歳から65歳に引き上げられたことによる当面の混乱をさけるために、本来は65歳から支給すべき老齢厚生年金を、当面の間、65歳より前から支給することとしたものです。

そのため、支給開始年齢は生年月日によって段階的に引き上げられ(次ページの 板書 参照)、最終的には65歳からの老齢厚生年金のみになります。

なお、支給開始年齢は男性と女性で異なり、女性は男性よりも**5年**遅れで引き上げられます。

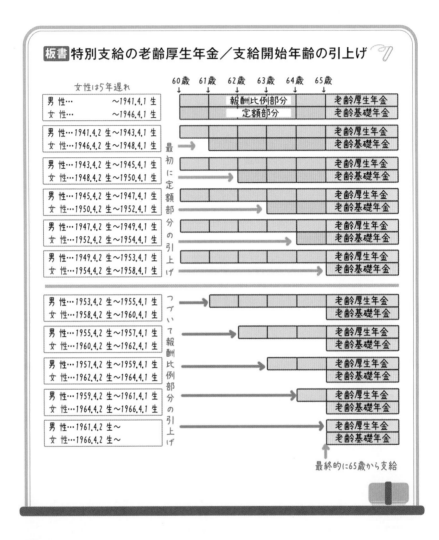

Ⅳ 年金額

　特別支給の老齢厚生年金と、65歳からの老齢厚生年金の年金額は以下のようにして算出します。

1 特別支給の老齢厚生年金の年金額

　特別支給の老齢厚生年金の年金額は、**定額部分** と **報酬比例部分** を合算し

た金額となります。

　なお、年金受給者に、一定の要件を満たした配偶者(65歳未満)または子(18歳以下)がいる場合には、**加給年金**が加算されます。

ひとこと

加給年金は家族手当に相当するものです。詳しくは**4**を参照してください。

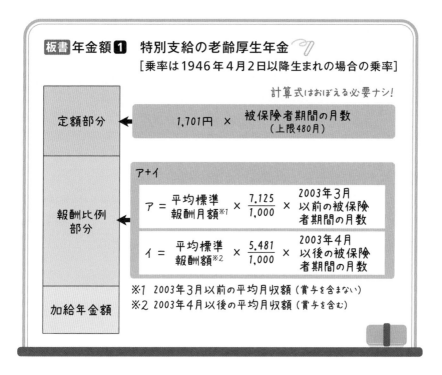

板書年金額**1**　特別支給の老齢厚生年金

[乗率は1946年4月2日以降生まれの場合の乗率]

計算式はおぼえる必要ナシ!

定額部分 ← | 1,701円 × | 被保険者期間の月数 (上限480月) |

報酬比例部分 ← | ア+イ |

$$ア = 平均標準報酬月額^{※1} \times \frac{7.125}{1,000} \times 2003年3月以前の被保険者期間の月数$$

$$イ = 平均標準報酬額^{※2} \times \frac{5.481}{1,000} \times 2003年4月以後の被保険者期間の月数$$

※1　2003年3月以前の平均月収額(賞与を含まない)
※2　2003年4月以後の平均月収額(賞与を含む)

加給年金額

2 65歳以上の老齢厚生年金の年金額

　65歳に達すると、それまでの定額部分が老齢基礎年金に、報酬比例部分が老齢厚生年金に切り替わります。しかし、当面の間、定額部分の額のほうが老齢基礎年金の額よりも大きいため、その減少分が**経過的加算**として補われます。

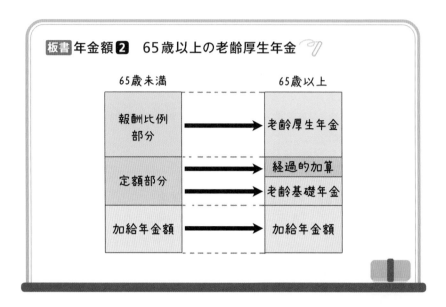

板書 年金額 ❷　65歳以上の老齢厚生年金

65歳未満	65歳以上
報酬比例部分	老齢厚生年金
定額部分	経過的加算
	老齢基礎年金
加給年金額	加給年金額

❸ 老齢厚生年金の繰上げ受給と繰下げ受給

　老齢厚生年金の受給開始年齢は原則として65歳（老齢基礎年金と同様）ですが、**繰上げ受給**（60歳から64歳のうちに年金の受取りを開始すること）や**繰下げ受給**（66歳から75歳までに年金の受取りを開始すること）もできます。

老齢厚生年金の繰上げ受給と繰下げ受給のポイント

☆ 繰上げ受給の場合は、「繰り上げた月数×**0.4**％」が老齢厚生年金額から減算される
　┗ 1962年4月2日以後生まれの人が対象

☆ 繰下げ受給の場合は、「繰り下げた月数×**0.7**％」が老齢厚生年金額に加算される

☆ 老齢厚生年金の繰上げは老齢基礎年金の繰上げと**同時に**行わなければならない

☆ 老齢厚生年金の繰下げは老齢基礎年金の繰下げと**別々に**行うことができる

❹ 加給年金

加給年金とは、年金の家族手当のようなもので、厚生年金の加入期間が20年以上の人に、配偶者(65歳未満)または子(18歳到達年度の末日までの子、または20歳未満で障害等級1級・2級に該当する子)がある場合に、65歳以降の老齢厚生年金(または特別支給の定額部分)の支給開始時から支給される年金をいいます。

板書 **加給年金(2024年度)**

受給要件

☆ 厚生年金保険の加入期間が**20年**以上あり、その人によって生計を維持されている

| **65歳未満の配偶者** | または | **18歳到達年度の末日までの子** |

↳ 18歳になって最初の3月31日

(もしくは**20歳未満で障害等級1級・2級の子**)

がいること

加給年金額

| 配偶者 | 234,800円 (受給権者の生年月日によって加算あり) |
| 子 | 第1子と第2子は各234,800円
第3子以降は各78,300円 |

☆ 細かい金額はおぼえなくてOK
「第1子と第2子は同額、第3子以降は減額」ということだけおさえておこう

例題

加給年金は、一定の要件を満たした配偶者がある場合にのみ、加算される。

▶ ✕ 加給年金は、一定の要件を満たした**配偶者**または**18**歳到達年度の末日までの**子**(もしくは**20**歳未満で障害等級1級または2級の子)がある場合に加算される。

❺ 振替加算

上記の加給年金は、配偶者が65歳に到達すると支給が停止し、その代わりに配偶者の生年月日に応じた金額が配偶者の老齢基礎年金に加算されます

（ただし、配偶者が1966年4月1日以前生まれの場合に限ります）。これを **振替加算** といいます。

Ⅴ 在職老齢年金

在職老齢年金とは、60歳以降も企業（厚生年金の適用事業所）で働く場合の老齢厚生年金をいいます。

60歳以降に会社等から受け取る給与等の金額と年金月額が**50万円**を超えると、老齢厚生年金の額（老齢厚生年金や特別支給の老齢厚生年金）が減額（支給停止）されます。

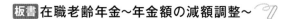

板書 在職老齢年金〜年金額の減額調整〜

```
┌─────────────────┐
│  給与等＋年金額    │ ──→ 年金額（老齢厚生年金や特別支給の老齢
│ が50万円を超えるとき │      厚生年金）が減額調整される
└─────────────────┘
```

ポイント

☆ 老齢**基礎**年金は減額されない

例題

64歳の人の在職老齢年金は、給与等と年金月額の合計が28万円を超えると減額調整の対象となる。

▶ ✕ 在職老齢年金は、給与等と年金月額の合計が「28万円」ではなく、「50万円」を超えると減額調整される。

プラスワン　離婚時の年金分割制度

　　離婚した場合、夫婦間の合意（または裁判所の決定）により、婚姻期間中の厚生年金記録（夫婦の報酬比例部分の合計）を夫婦で分割することができます。

　　分割割合は夫婦で決めることができますが、上限は**2分の1**となります。また、2008年5月以降に離婚した場合、夫婦間の合意がなくても、2008年4月以降の第3号被保険者期間について、第2号被保険者の厚生年金記録の**2分の1**を分割することができます。

第3号被保険者期間中に第2号被保険者が負担した保険料は、夫婦で負担したものとみなされるからです。

3 障害給付

病気やケガが原因で障害者となった場合で、一定の要件を満たしたときは障害年金や障害手当金を受け取ることができます。

障害給付には、国民年金の 障害基礎年金 と厚生年金の 障害厚生年金 があります。

Ⅰ 障害基礎年金

障害基礎年金は 1級 と 2級 があります。

受給要件および年金額(2024年度)は次のとおりです。

板書 障害基礎年金の受給要件と年金額(2024年度)

受 給 要 件

☆ 初診日に国民年金の被保険者であること (または国民年金の被保険者であった人で60歳以上65歳未満で、国内に住んでいること)

☆ 障害認定日に障害等級1級、2級に該当すること

　↳ 初診日から1年6カ月以内で傷病が治った日
　　(治らない場合は1年6カ月を経過した日)

保険料納付要件

【原則】
　保険料納付済期間 + 保険料免除期間 が

　全被保険者期間の $\frac{2}{3}$ 以上

【特例】
　原則の要件を満たさない人は、直近1年間に保険料の滞納がなければ
　OK

障害基礎年金額（1956年4月2日以後生まれの人）

| 1級 | 816,000円×**1.25**倍（1,020,000円）+子の加算額※ |
| 2級 | 816,000円+子の加算額※ |

　　　　　　※　子の加算額…第1子、第2子は各234,800円
　　　　　　　　　　　　　　第3子以降は各78,300円

例題

障害基礎年金には、保険料納付要件はない。

▶×障害基礎年金には、保険料納付要件がある。

Ⅱ 障害厚生年金

障害厚生年金には **1級**、**2級**、**3級** と **障害手当金** があります。

受給要件および年金額は次のとおりです。

板書 障害厚生年金の受給要件と年金額

受　給　要　件

☆ 初診日に厚生年金保険の被保険者であること
☆ 障害認定日に障害等級1級、2級、3級に該当すること

保険料納付要件

障害基礎年金の場合と同じ

障害厚生年金額

↙A=報酬比例部分の計算式と同じ

1級	A×**1.25**倍+配偶者加給年金額
2級	A+配偶者加給年金額
3級	A

障害手当金　A×**2**倍 ←障害手当金は一時金で支給

ひとこと

「年金」とは、毎年支給される金額をいいます。
「一時金」とは、一時に支給される金額をいいます。

例題

障害等級3級の人は障害厚生年金を受給することはできない。

▶ ✕ 障害等級3級の人は、障害基礎年金は受給できないが、障害厚生年金は受給できる。

4 遺族給付

被保険者(年金加入者)または被保険者であった人(年金受給者)が死亡した場合の、遺族の生活保障として遺族給付があります。

遺族給付には、国民年金の**遺族基礎年金**と厚生年金の**遺族厚生年金**があります。

I 遺族基礎年金

国民年金に加入している被保険者等が亡くなった場合で、一定の要件を満たしているときは、遺族に遺族基礎年金が支給されます。

受給できる遺族の範囲、年金額(2024年度)は次のとおりです。

板書 遺族基礎年金(2024年度)

受給できる遺族の範囲

☆ 死亡した人に生計を維持されていた**子または子のある配偶者**

【子の要件】① **18歳到達年度の末日までの子**
または← 18歳になって最初の3月31日
② **20歳未満で障害等級1級または2級に該当する子**

保険料納付要件

【原則】

保険料納付済期間 + 保険料免除期間 が

全被保険者期間の $\frac{2}{3}$ 以上

【特例】

原則の要件を満たさない人は、直近1年間に保険料の滞納がなければ
OK

遺族基礎年金額（1956年4月2日以後生まれの人）

816,000円+子の加算額※

※ 子の加算額…第1子、第2子は各234,800円
第3子以降は各78,300円

ひとこと

父子家庭（妻が死亡した場合）でも支給されます。

また、国民年金の第1号被保険者の独自給付として、寡婦年金や死亡一時
金を受け取ることができる制度があります。

寡婦年金と死亡一時金は、いずれか一方しか受け取れません。

板書 寡婦年金と死亡一時金 ✐

1 寡婦年金

老齢基礎年金の受給資格期間（10年以上、カラ期間は除く）を満たしているにもかかわらず、夫（第1号被保険者）が年金を受け取らずに死亡した場合に、妻に支給される年金

年金保険料を払うだけ払って（10年以上も支払って）、年金を受け取らずに亡くなってしまったというのではあんまりだ！

…だから、このような場合には残された妻に寡婦年金が支給される！

ポイント

☆ 寡婦年金は夫が亡くなった場合に、妻に支給される年金

↳ 妻が亡くなった場合、
夫には寡婦年金は支給されない！

☆ 寡婦年金を受け取れるのは、10年以上の婚姻期間があった妻

☆ 寡婦年金の受給期間は、妻が60歳から65歳に達するまで

2 死亡一時金

第1号被保険者として保険料を納付した期間が、合計3年以上ある人が年金を受け取らずに死亡し、遺族が遺族基礎年金を受け取ることができない場合に、遺族に支給される給付

子のない妻は死亡一時金を受け取ることができる。
ただし、寡婦年金も受け取れる場合には、いずれか一方を選択しなければならない

例題

寡婦年金と死亡一時金は併給することができる。

▶ × 寡婦年金と死亡一時金を両方受け取れる場合は、いずれか一方を選択しなければならない。

Ⅱ 遺族厚生年金

　厚生年金保険の被保険者が亡くなった場合で、一定の要件を満たしているときは、遺族は遺族基礎年金に遺族厚生年金を上乗せして受け取ることができます。

　受給できる遺族の範囲、年金額は次のとおりです。

板書 遺族厚生年金

受給できる遺族の範囲

☆ 死亡した人に生計を維持されていた
　①妻・夫・子※、②父母、③孫※、④祖父母の順

　　これらの人が受給権者の場合、55歳以上であることが要件。
　　また、年金を受け取るのは60歳から
　　※　18歳到達年度の末日までの子、孫（または障害等級1、2級で
　　　　20歳未満の子、孫）

遺族厚生年金額

老齢厚生年金の報酬比例部分の $\frac{3}{4}$ 相当額

被保険者月数について

☆ 死亡した人の被保険者期間の月数が300月に満たないときは、
　被保険者期間を300月とみなして遺族厚生年金の年金額を計算
　する

なお、一定の遺族には **中高齢寡婦加算** や **経過的寡婦加算** があります。

板書 中高齢寡婦加算と経過的寡婦加算

1 中高齢寡婦加算

夫の死亡当時40歳以上65歳未満の子のない妻、または子があっても40歳以上65歳未満で遺族基礎年金を受け取ることができない妻に対して、遺族厚生年金に一定額が加算される

☆ 妻が65歳になると支給が打ち切られる！

⬑ 妻が老齢基礎年金を受給できるため

2 経過的寡婦加算

中高齢寡婦加算の打切りにより、年金が減少する分を補うための制度（1956年4月1日以前生まれの妻に限る）

たとえば、会社員のAさんが死亡した場合は…
（死亡当時、妻は45歳、子は15歳）

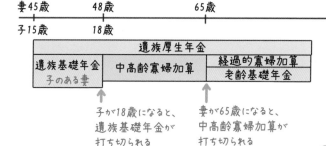

遺族厚生年金		
遺族基礎年金 子のある妻	中高齢寡婦加算	経過的寡婦加算 老齢基礎年金

妻45歳　48歳　65歳
子15歳　18歳

⬆ 子が18歳になると、遺族基礎年金が打ち切られる

⬆ 妻が65歳になると、中高齢寡婦加算が打ち切られる

Ⅲ 遺族基礎年金と遺族厚生年金のまとめ

遺族基礎年金と遺族厚生年金の違いについてまとめると、次のようになります。

板書 遺族基礎年金と遺族厚生年金の違い

☆ 受給できる遺族の範囲が違う！
　→遺族基礎年金は子のない配偶者には支給されない

☆ 国民年金の第1号被保険者の独自給付として、
　寮婦年金と死亡一時金がある
　　　　　　　　いずれか選択

☆ 遺族厚生年金には、中高齢寮婦加算がある
　　　　　　　　　　　妻が65歳に達したら、
　　　　　　　　　　　打ち切られる

例題

遺族基礎年金および遺族厚生年金は、子のない妻には支給されない。

▶ ✕ 遺族厚生年金は子のない妻にも支給される。

SECTION 07 企業年金等

このSECTIONで学習すること

1 企業年金
・確定給付型
・確定拠出型

年金の受給額が
「確定」か、
保険料の支払額が
「確定」かの違い

2 確定拠出年金
・企業型
・個人型（iDeCo）
・確定拠出年金の
　ポイント

個人型（iDeCo）
をおさえておこう！

3 自営業者等のための年金制度
・付加年金
・国民年金基金
・小規模企業共済

付加年金と国民年金基金の
両方に加入することはできない

企業年金

1 企業年金

企業年金は、公的年金を補完することを目的として、企業が任意に設けている年金制度です。

企業年金のタイプには、 確定給付型 と 確定拠出型 があります。

I 確定給付型

確定給付型 とは、将来支払われる年金の額があらかじめ決まっているタイプの年金制度をいいます。

確定給付型には、 厚生年金基金 や 確定給付企業年金 があります。

II 確定拠出型

確定拠出型 とは、一定の掛金を加入者が拠出・運用し、その運用結果によって、将来の年金額が決まるタイプの年金制度をいいます。

確定拠出型には 確定拠出年金(企業型、個人型) があります。

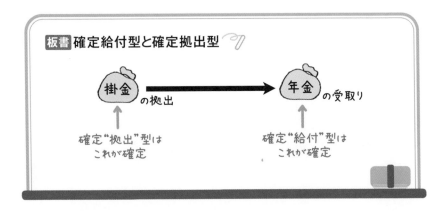

板書 確定給付型と確定拠出型

掛金 の拠出 → 年金 の受取り

確定"拠出"型は これが確定

確定"給付"型は これが確定

ひとこと

確定拠出年金は一般に「DC (Defined Contribution Plan)」といいます。なお、個人型の確定拠出年金を iDeCo (イデコ) といいます。

例題

将来支払われる年金の額があらかじめ決まっているタイプの年金制度を確定拠出型という。

▶ ✕ 将来支払われる年金の額があらかじめ決まっているタイプの年金制度は**確定給付型**という。

2 確定拠出年金

Ⅰ 企業型

企業型の加入対象者は、確定拠出型年金導入企業の従業員で、**70歳未満**の厚生年金保険の被保険者です（ただし、企業が規約で一定の年齢未満と定めることもできます）。

また、掛金の拠出限度額は次のとおりです。

板書 企業型確定拠出年金 🖊

加入対象者

確定拠出年金導入企業の従業員で、**70歳未満**※の厚生年金保険の被保険者　※ 企業が規約で一定の年齢未満と定めることもできる

掛金の拠出限度額

| 確定給付型の年金を実施していない場合 | 年額 **660,000**円（月額 **55,000**円） |

| 確定給付型の年金を実施している場合 | 年額 **330,000**円（月額 **27,500**円） |

Ⅱ 個人型（iDeCo）

個人型（iDeCo）の加入対象者は、**65歳未満**の**❶**自営業者等、**❷**厚生年金保険の被保険者、**❸**専業主婦等、**❹**国民年金の任意加入被保険者です。ただし、60歳以上で加入できるのは国民年金の被保険者（任意加入被保険者や60歳以上の第2号被保険者）に限定されます。

なお、掛金の拠出限度額は加入対象者の区分によって異なります。

板書 個人型確定拠出年金(iDeCo)

加入対象者

65歳未満※の
① 自営業者等
② 厚生年金保険の被保険者
③ 専業主婦等
④ 国民年金の任意加入被保険者

※ 60歳以上で加入できるのは国民年金の被保険者（任意加入被保険者や60歳以上の第2号被保険者）に限られる

掛金の拠出限度額

① 自営業者等 ④ 国民年金の任意加入被保険者	年額 816,000円 （月額 68,000円）※

※ 付加保険料や国民年金基金の掛金と合算した額

② 厚生年金保険の被保険者	■企業型DCも確定給付型の年金も実施していない場合■ 年額 276,000円 （月額 23,000円）
	■企業型DCを実施している場合■ 年額 240,000円 （月額 20,000円）
	■確定給付型の年金を実施している場合■ 年額 144,000円 （月額 12,000円）
	■公務員等■ 年額 144,000円 （月額 12,000円）

③ 専業主婦等　　　　年額 **276,000**円（月額 **23,000**円）

　自営業者が確定拠出年金（個人型）に加入した場合の拠出限度額は、国民年金保険料と合算して月額 68,000 円である。

　▶ × 自営業者が確定拠出年金（個人型）に加入した場合の拠出限度額は、「国民年金保険料と合算して」ではなく、「国民年金基金の掛金または国民年金の付加保険料と合算して」月額 68,000 円である。

Ⅲ 確定拠出年金のポイント

　年金資産の運用商品は加入者が選択するため、運用リスクも加入者が負担します。また、加入者が支払った掛金は**全額、小規模企業共済等掛金控除**として**所得**控除の対象となります。

板書 確定拠出年金のポイント

☆ 個人で運用・管理するため、転職や退職のさいに年金資産（すでに拠出し、運用している資産）を移管することができる（ポータビリティ）

☆ 通算の加入期間が**10**年以上ある人は、60歳以降、老齢給付金を受給できる。ただし、**75**歳までに受給開始しなければならない

☆ 加入者が支払った掛金は**全額、小規模企業共済等掛金**控除の対象となる

☆ 運用中に発生する収益については**非課税**

☆ 給付には老齢給付金のほか、障害給付金、死亡一時金、脱退一時金がある

3 自営業者等のための年金制度

自営業者等のための年金制度には、 付加年金 、 国民年金基金 、 小規模企業共済 があります。

板書 自営業者等のための年金制度 🖊

1 付加年金 ♫ Review SEC06 1 Ⅴ

…第1号被保険者（自営業者等）が国民年金に上乗せして受給するための年金制度

☆ 毎月の国民年金保険料に月額**400円**を加算して支払うことによって、将来、国民年金（老齢基礎年金）に付加年金を加算した金額を受け取ることができる

$$\begin{array}{l}\text{付加年金の額} \\ \text{（年額）}\end{array} = \begin{array}{l}\text{付加保険料} \\ \text{を支払った月数}\end{array} \times 200\text{円}$$

2 国民年金基金

…第1号被保険者（自営業者等）が国民年金に上乗せして受給するための年金制度

☆ 掛金の拠出限度額は、確定拠出年金の掛金と合算して月額**68,000円**

☆ 付加年金と国民年金基金の両方に加入することはできない

3 小規模企業共済

…従業員が20人以下（サービス業等は5人以下）の個人事業主や会社の役員のための退職金制度

☆ 掛金は月額1,000～**70,000円**

☆ 掛金の全額が**小規模企業共済等掛金**控除の対象となる

ひとこと

いずれも、将来支給される年金額は掛金に応じて決まっています。

例題

国民年金基金に加入している者は、国民年金の付加保険料も納付することができる。

▶ ✕ 国民年金基金の加入者は、付加保険料を納付することはできない（国民年金基金と付加保険料の納付は併用できない）。

SECTION

08　年金と税金

このSECTIONで学習すること

1 公的年金等にかかる税金

・年金保険料を支払ったとき→社会保険料控除の対象

・年金を受け取ったとき→雑所得として課税

障害給付や
遺族給付は非課税！

1　公的年金等にかかる税金　→参照 CH04 タックスプランニング

　国民年金、厚生年金、国民年金基金などの公的年金等について、保険料を支払ったときと、年金給付を受けたときの税務上の取扱いは次のとおりです。

板書 公的年金等にかかる税金 🖋

| 国民年金、厚生年金、国民年金基金などの保険料を支払ったとき | 老齢基礎年金や老齢厚生年金などの老齢給付を受け取ったとき |

☆ 障害給付や遺族給付は非課税

支払額の全額が**社会保険料**控除の対象となる

雑所得として課税
（公的年金等控除が適用される）

老齢給付だとしても、給付を受けたら収入があることになるので、税金を支払わなければならない！
…しかし、給付額の全額について税金を課すのは酷だから…公的年金等控除が適用され、税金がほかの場合の所得よりも少なく計算されるようになっている

プラスワン　確定拠出年金の老齢給付金

　確定拠出年金の老齢給付金については、年金で受け取った場合には雑所得（公的年金等）として課税され、一時金で受け取った場合には退職所得として課税されます。

例題

当年に支払った国民年金保険料は全額が社会保険料控除の対象となるが、国民年金基金の掛金支払額は社会保険料控除の対象とならない。

▶ × 国民年金保険料も国民年金基金の掛金支払額も、**全額**が**社会保険料控除**の対象となる。

例題

老齢基礎年金および老齢厚生年金の受取額については、所得税は課税されない。

▶ × 老齢基礎年金および老齢厚生年金の受取額は、雑所得として所得税が課税される。

SECTION
09 カード

このSECTIONで学習すること

1 クレジットカード

・クレジットカードの支払方法→一括払い、分割払い、リボルビング払い

・カードローン、キャッシング

> クレジットカード
> の一括払いは手数料
> がかからない！

1 クレジットカード

I クレジットカード

クレジットカードは、利用者の信用にもとづいて、代金後払いで商品を購入したり、サービスを受けることができるものです。

クレジットカードの支払方法には、次のようなものがあります。

クレジットカードの支払方法

一括払い	1カ月分の利用額を一括して支払う方法	
	ポイント	☆ 手数料がかからない ☆ ボーナス時に一括して支払う**ボーナス一括払い**という方法もある
分割払い	代金を何回かに分けて支払う方法	
	ポイント	☆ 手数料がかかる
リボルビング払い	一定の利用限度額を設定し、毎月一定額を支払う方法	
	ポイント	☆ 手数料がかかる

例題

クレジットカードの支払方法のうち、一括払いは手数料がかからない。

▶ ◯

Ⅱ カードローン、キャッシング

　総量規制により、貸金業者からの借入れは、合計で年収の**3**分の**1**以内となっています。ただし、住宅ローンや自動車ローンの残高は対象外となります。

例題

クレジットカードを使用したキャッシング（無担保借入）は、総量規制の対象となり、合計で年収の3分の2以内となっている。

▶ ✕「3分の2以内」ではなく、「3分の1以内」である。

CHAPTER **02**

リスクマネジメント

SECTION 01 保険の基本

このSECTIONで学習すること

1 リスクと保険

・私的保険 ┬ 生命保険（第一分野）
　　　　　├ 損害保険（第二分野）
　　　　　└ 第三分野の保険

> 生命保険でも
> 損害保険でもない保険が
> 第三分野の保険です

2 保険の原則

・大数の法則
・収支相等の原則

> それぞれの内容を
> 確認しておこう！

3 契約者等の保護

・保険契約者保護機構
・クーリングオフ制度
・ソルベンシー・マージン比率

> ソルベンシー・
> マージン比率の
> 目安は200％！

---

1 リスクと保険

Ⅰ リスクマネジメントとは

　日常生活には、事故や病気などのリスクがつきものです。**リスクマネジメント**とは、これらのリスクが生じたときに、そのダメージを回避・軽減するよう対策を立てることをいいます。

Ⅱ リスクと保険

　日常生活におけるリスクには、次のようなものがあります。

日常生活におけるリスク

人に関するリスク	物に関するリスク	損害賠償に関するリスク
・死亡リスク ・長生きによるリスク ・病気やケガに関するリスク	・住まいのリスク ・自動車のリスク ・動産(現金、商品など)のリスク	・他人の物に対するリスク ・他人のケガや死亡に対するリスク

これらのリスクに備える役割を果たすのが保険です。

Ⅲ 公的保険と私的保険

　保険には、国や地方公共団体が運営している **公的保険**(CHAPTER01で学習)と、今回学ぶ民間の保険会社が運営している **私的保険** があります。

　私的保険は大きく、**生命保険** と **損害保険** に分かれます。なお、どちらにも属さない保険を **第三分野の保険** といいます。

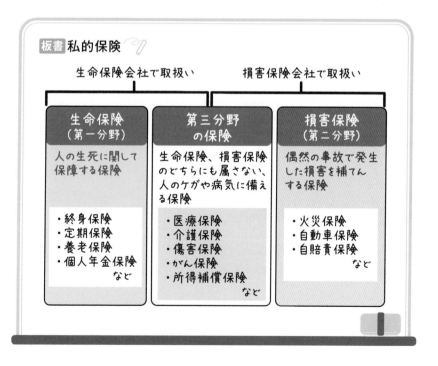

板書 私的保険

生命保険会社で取扱い　　　損害保険会社で取扱い

生命保険 (第一分野)	第三分野 の保険	損害保険 (第二分野)
人の生死に関して保障する保険	生命保険、損害保険のどちらにも属さない、人のケガや病気に備える保険	偶然の事故で発生した損害を補てんする保険
・終身保険 ・定期保険 ・養老保険 ・個人年金保険 　など	・医療保険 ・介護保険 ・傷害保険 ・がん保険 ・所得補償保険 　　　　など	・火災保険 ・自動車保険 ・自賠責保険 　　　など

2 保険の原則

保険制度は、**大数の法則**と**収支相等の原則**の2つの原則を基盤として成り立っています。

Ⅰ 大数の法則

大数の法則とは、少数では何の法則も見出せないことでも、大数でみると一定の法則があることをいいます。

ひとこと

たとえばサイコロを1回振って、たまたま「6」が出たのは偶然にすぎませんが、1,000回、1万回と振れば「1」から「6」まで、ほぼ均等に出ます。このように大数でみると一定の法則があることを**大数の法則**といいます。

Ⅱ 収支相等の原則

保険料は、保険契約者全体でみると、保険契約者が払い込む保険料(および運用収益)が、保険会社が支払う保険金(および経費)と等しくなるように算定されます。これを**収支相等の原則**といいます。

ひとこと

保険会社の収入(保険料総額＋運用収益) ＝ 保険会社の支出(保険金総額＋経費) となるように保険料が算定されていて、この原則を**収支相等の原則**といいます。

3 契約者等の保護

Ⅰ 保険契約者保護機構

保険契約者保護機構は、保険会社が破綻した場合に契約者を保護するために設立された法人です。

国内で営業する生命保険会社・損害保険会社は、それぞれ生命保険契約者保護機構・損害保険契約者保護機構への加入が義務づけられていますが、**少**

額短期保険業者や共済は加入対象外です。

なお、銀行の窓口で加入した保険も補償の対象となります。

板書 保険契約者保護機構の補償内容

生命保険契約者保護機構

破綻時点の**責任準備金の90%**まで補償

損害保険契約者保護機構

- ・自賠責保険
- ・地震保険

→ 保険金の**100%**まで補償

- ・自動車保険
- ・火災保険　など

→ 破綻後**3カ月間**は保険金の**100%**まで、それ以降は保険金の**80%**まで補償

- その他の疾病、傷害保険

→ 保険金の**90%**まで補償

ポイント

☆ **少額短期保険業者**や**共済**は加入対象外
☆ 銀行の窓口で加入した保険も補償の対象となる

例題

国内銀行の窓口において加入した個人年金保険は、生命保険契約者保護機構による補償の対象とならない。

▶× 銀行の窓口で加入した保険も生命保険契約者保護機構の補償の対象となる。

【少額短期保険業者】

少額短期保険業者とは、保険金額が少額で、保険期間が**1**年（損害保険では**2**年）以内の商品のみ取り扱うことができる保険業者をいいます。

1人の被保険者から引き受ける保険金額の総額は原則として**1,000**万円以内です。

Ⅱ クーリングオフ制度

クーリングオフ制度とは、一度契約をしたあとでも一定の要件を満たせば消費者側から契約を取り消すことができる制度をいいます。

板書 **クーリングオフ制度(保険契約の場合)**

手続き

契約の申込日 または クーリングオフについて記載された書面を受け取った日 のいずれか

遅い日から8日以内に、申込みの撤回や解除を**書面**または**電磁的記録**で行う
電子メールなど

クーリングオフができない場合

☆ 保険会社の営業所に出向いて契約をした場合
☆ 保険期間が**1**年以内の保険の場合
☆ 契約にあたって医師の診査を受けた場合　など

例題

生命保険契約を申し込んだ者は、契約の申込日から8日以内であれば、口頭により申込みの撤回等をすることができる。

▶ × 契約の申込日またはクーリングオフについて記載された書類を受け取った日のいずれか遅い日から8日以内であれば、申込みの撤回等をすることができるが、その方法は口頭ではなく書面等で行う必要がある。

Ⅲ ソルベンシー・マージン比率

ソルベンシー・マージン比率は、通常予測できないリスクが発生した場合に、保険会社が対応できるかどうか（支払い能力があるかどうか）を判断する指標です。

ソルベンシー・マージン比率は、数値が高いほど安全性が高く、**200**％以上が健全性の目安となります。また、**200**％を下回ると、金融庁から早期是正措置が発動されます。

ひとこと

早期是正措置とは、経営の健全性を回復するための措置をいいます。

例題

生命保険会社のソルベンシー・マージン比率が100％を超えていれば、通常の予測を超えるリスクに対する保険金等の支払余力が十分にあるとされ、金融庁による早期是正措置の対象とならない。

▶ ✕ ソルベンシー・マージン比率の目安は**200**％である。200％を下回ると、金融庁による早期是正措置の対象となる。

プラスワン　保険法

保険法は、保険契約に関するルール（当事者間のルール）を定めた法律で、共済契約についても適用されます。

保険法の規定には次のようなものがあります。

保険法の規定	・保険契約時の告知に関する規定
	・保険金の支払時期に関する規定
	・保険契約の終了（解除）に関する規定
	・契約者に不利な内容は無効とする規定
	・時効に関する規定 ☆ 保険給付請求権は **3** 年、保険料請求権は **1** 年

保険業法は、保険契約者等の保護を目的として、保険会社や保険募集人など、保険業を行う者に対するルール（適切な運営、公正な保険募集等を行うためのルール）を定めた法律です。なお、共済については適用除外となっています。

保険業法の規定には次のようなものがあります。

登　録	・保険業を行う者は、内閣総理大臣の登録を受ける必要がある
保険募集に関する禁止事項	・保険契約者等に対して、虚偽のことを告げたり、保険契約のうち、重要事項を告げない行為
	・保険契約者等に対して、不利益な事実を告げず、既存の保険契約を消滅させ、新たな保険契約を申込みさせる行為
	・断定的判断を提供する行為 利益が出ることが確実であるかのように誤解させることを告げること
	・保険契約者等に対して特別な利益の提供をする行為 　　　　　　　　　 保険料の割引、保険料の立替払いなど
情報提供、意向把握	・保険会社等は、顧客の意向を把握し、これに沿った保険商品を販売しなければならない
	・保険募集のさい、顧客が保険に加入するかどうかを判断するために必要な情報の提供をしなければならない

ひとこと

共済は保険業法ではなく、**各種協同組合法が適用されます**（保険法は共済にも適用されます）。

保険業法…共済には適用されない（各種協同組合法が適用されるから）

保 険 法…共済にも適用される

CHAPTER 02
リスクマネジメント

CH
02
リスクマネジメント

SEC
02
生命保険

生命保険のしくみ

SECTION
02

生命保険

このSECTIONで学習すること

1 生命保険のしくみ
・生命保険の基本用語
・生命保険の種類

ここは軽く
みておこう

2 保険料のしくみ
・保険料算定の基礎
・保険料の構成

3つの基礎率
に注目！

3 配当金のしくみ
・剰余金が発生する
　原因
・配当金の支払いが
　ある保険とない保険

ここはざっと
目を通す
程度でOK

4 契約の手続き
　　〜ポイント〜
・告知義務
・責任開始日

責任開始日は
しっかり内容を
確認！

5 保険料の払込み
・猶予期間
・契約の失効と復活

保険料の支払い
がなくても、すぐに
失効とはならない！

6 必要保障額の計算
・概要

生命保険等で
カバーする必要が
ある金額は…？

7 主な生命保険
　　〜基本的なもの〜
・定期保険
・終身保険
・養老保険

定期保険は
よく出題される！

8 主な生命保険〜その他〜
・定期保険特約付終身保険
・アカウント型保険
・団体保険
・こども保険
・変額保険

それぞれの
保険の内容を
確認しておこう

9 個人年金保険と
変額個人年金保険

・個人年金保険
・変額個人年金保険

個人年金保険の
イメージ図を
おさえておこう！

10 主な特約

・特定疾病保障保険特約
・リビングニーズ特約
　など

「リビングニーズ」
ときたら、
「余命６カ月以内」

11 契約を継続させるための
制度、方法

・自動振替貸付制度
　と契約者貸付制度
・払済保険と延長
　保険

払済保険→保険
金が少なくなる
延長保険→保険期間
が短くなる

12 契約の見直し

・契約転換制度
・増額・減額

契約転換制度は
保険の下取りの
ようなもの！

13 生命保険と税金

・生命保険料控除
・死亡保険金と税金
・満期保険金と税金
・非課税となる
　保険金や給付金

契約者、被保険
者、受取人が誰か
によって、かかる
税金が違う！

14 法人契約の保険

・事業必要資金の準備
・法人が支払った生命保険料の
　経理処理
・法人が受け取った
　保険金等の経理
　処理

『金財』の「保
険顧客資産相談業
務」を受ける人は
読んでおいて！

1　生命保険のしくみ

Ⅰ 生命保険の基本用語

はじめに、生命保険の基本用語をおさえておきましょう。

生命保険の基本用語

契　約　者	保険会社と契約を結ぶ人（契約上の権利と義務がある人）
被 保 険 者	保険の対象となっている人
受　取　人	保険金等の支払いを受ける人
保　険　料	契約者が保険会社に払い込むお金
保　険　金	被保険者が死亡、高度障害のときまたは満期まで生存した場合に、保険会社から受取人に支払われるお金
給　付　金	被保険者が入院や手術をしたさいに保険会社から支払われるお金
解約返戻金	保険契約を途中で解約した場合に、契約者に払い戻されるお金
主　契　約	生命保険の基本となる部分
特　　　約	主契約に付加して契約するもの（単独では契約できない）

Ⅱ 生命保険の種類

生命保険には、**死亡保険**、**生存保険**、**生死混合保険** の３種類があります。

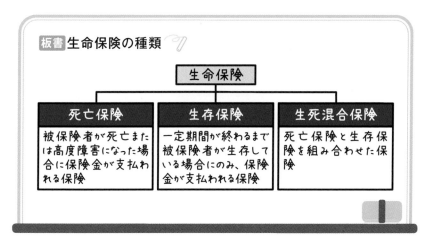

板書 生命保険の種類

生命保険

死亡保険	生存保険	生死混合保険
被保険者が死亡または高度障害になった場合に保険金が支払われる保険	一定期間が終わるまで被保険者が生存している場合にのみ、保険金が支払われる保険	死亡保険と生存保険を組み合わせた保険

2 保険料のしくみ

I 保険料算定の基礎

保険料は、次の3つの **予定基礎率** にもとづいて算定されます。

板書 保険料算定の基礎

1 予定死亡率

…統計にもとづいて、性別・年齢ごとに算出した死亡率

【死亡保険の場合】

☆ 予定死亡率が低い ⟶ 保険料は **下がる**
　　　↳死亡する人が少ないなら、支払う保険金が減るから…

☆ 予定死亡率が高い ⟶ 保険料は **上がる**
　　　↳死亡する人が多いなら、支払う保険金が増えるから…

2 予定利率

…保険会社があらかじめ見込んでいる運用利回り

☆ 予定利率が高い ⟶ 保険料は **下がる**
　　　↳運用がうまくいって収益があがれば…

☆ 予定利率が低い ⟶ 保険料は **上がる**
　　　↳運用がうまくいかず収益があがらなければ…

3 予定事業費率

…保険会社が事業を運営するうえで必要な費用

☆ 予定事業費率が低い ⟶ 保険料は **下がる**
　　　↳事業経費があまりかからなければ…

☆ 予定事業費率が高い ⟶ 保険料は **上がる**
　　　↳事業経費がかかると予想されると…

ひとこと

　死亡保険（死亡によって保険金が支払われる契約）の場合には、前記のように予定死亡率が低ければ、保険料は下がります。なお、個人年金保険など、生存を前提とした保険の場合には、予定死亡率が低いと（生存によって支払う保険金が増えるので）保険料は上がります。

Ⅱ 保険料の構成

　保険料は、**純保険料** と **付加保険料** で構成されています。また、純保険料は **死亡保険料** と **生存保険料** に分かれます。

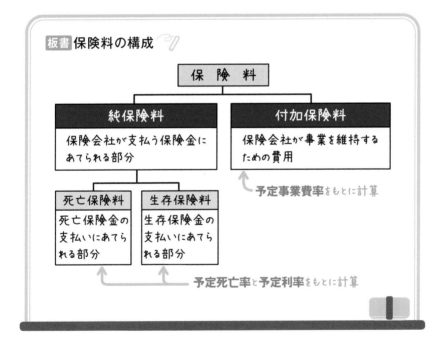

板書 保険料の構成

```
                    保 険 料
        ┌──────────────┴──────────────┐
      純保険料                     付加保険料
  保険会社が支払う保険金に       保険会社が事業を維持する
  あてられる部分                 ための費用
  ┌────────┴────────┐              ↑
死亡保険料      生存保険料      予定事業費率をもとに計算
死亡保険金の    生存保険金の
支払いにあて    支払いにあて
られる部分      られる部分
  ↑            ↑
  予定死亡率と予定利率をもとに計算
```

例題

生命保険の保険料は純保険料と付加保険料で構成されるが、このうち付加保険料は保険会社が支払う保険金にあてられる部分である。

　▶ ✕ 付加保険料は保険会社が事業を維持するための費用にあてられる。

3 配当金のしくみ

I 剰余金と配当金

　3つの予定基礎率をもとに算出された保険料と、実際にかかった費用では差額が生じます。予定基礎率は余裕をもたせた値で設定しているため、通常、保険料(保険会社が受け取った金額)のほうが、実際にかかった費用よりも多くなります。この場合の差益を**剰余金**といいます。

　剰余金が発生する原因には、次の3つがあります。

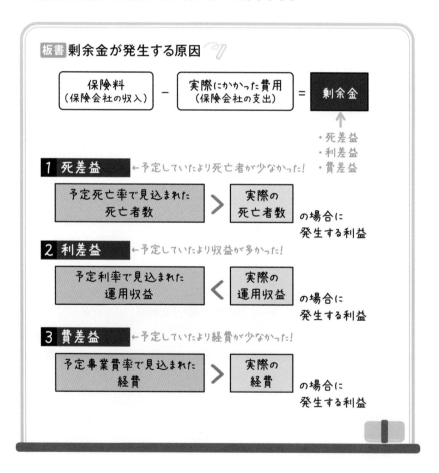

保険会社は剰余金を財源として、契約者に配当金を支払います。

Ⅱ 配当金の支払いがある保険とない保険

配当金の支払いのある保険を **有配当保険** といい、配当金の支払いのない保険を **無配当保険** といいます。また、有配当保険のうち、利差益のみを配当金として支払う保険を **準有配当保険**(利差配当付保険) といいます。

板書 配当金の支払いがある保険とない保険

高 **1 有配当保険**（3利源配当型）

死差益、利差益、費差益の3つから配当金が支払われる保険

2 準有配当保険（利差配当付保険）

利差益のみから配当金が支払われる保険

安 **3 無配当保険**

配当金が支払われない保険

一般的に、配当金の支払いがある保険のほうが、
配当金の支払いがない保険よりも、保険料が**高く**なる！

保険料

4 契約の手続き~ポイント~

Ⅰ 告知義務

保険契約を申し込むとき、契約者または被保険者は、保険会社が申込みを承諾するかどうかを判断するための材料となる重要事項(健康状態や過去の病歴など)について、保険会社が定めた質問に答えなければなりません。これを **告知義務** といいます。

なお、告知を受ける権利(告知受領権)は、**保険会社** と **診査医**(保険会社が指定した医師)にあります。

生命保険募集人には告知受領権はありません。したがって、生命保険募集人に口頭で説明しても、告知をしたことになりません。

　告知義務違反があった場合には、保険会社は契約を解除することができます。この解除権は、保険法の規定によると、❶保険会社が解除の原因があることを知った時から**1**カ月間行使しないとき、または❷保険契約の締結の時から**5**年を経過したときに消滅します。

　また、生命保険募集人が告知義務違反を勧めた場合や保険会社が契約締結時に告知義務違反を知っていた場合等にも、保険会社は保険契約を解除できません。

Ⅱ 契約の責任開始日

　責任開始日とは、保険会社が契約上の責任(保険金等の支払い)を開始する日をいいます。

　要するに、契約した保険の保障が始まる日のことです。

　保険契約の責任開始日は、(保険会社の承諾を前提として)❶**申込み**、❷**告知**、❸**第1回の保険料払込み**がすべてそろった日となります。

> **例題**
> 保険契約の責任開始日は、契約者が保険会社に保険契約の申込みをした日となる。
>
> ▶ × 保険契約の責任開始日は、保険会社の承諾を前提として、❶**申込み**、❷**告知**、❸**第1回の保険料払込み**がすべてそろった日となる。

5 保険料の払込み

Ⅰ 保険料の払込方法

保険料の払込方法には、一時払い、年払い、半年払い、月払いなどがあります。

Ⅱ 保険料を支払わなかった場合の猶予期間

保険料を支払わなかった場合、すぐに契約が失効するわけではなく、一定の猶予期間が設けられています。

猶予期間は、保険料の支払いが月払いの場合には、払込期月の**翌月初日**から**末日**までとなります。また、保険料の支払いが年払いや半年払いの場合には、払込期月の**翌月初日**から**翌々月の契約応当日**までとなります。

> **ひとこと**
>
> 契約応当日とは、保険期間中に迎える契約日に対応する日のことをいいます。
> たとえば、契約日が5月10日であった場合、月単位の契約応当日は6月10日、7月10日…となります。

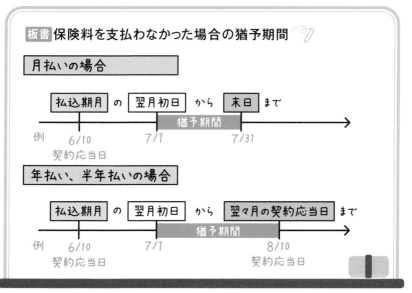

板書 保険料を支払わなかった場合の猶予期間

月払いの場合

払込期月 の 翌月初日 から 末日 まで

例　6/10　　　　7/1　　　　　7/31
　契約応当日　　　　　　猶予期間

年払い、半年払いの場合

払込期月 の 翌月初日 から 翌々月の契約応当日 まで

例　6/10　　　　7/1　　　　　8/10
　契約応当日　　　　猶予期間　　契約応当日

Ⅲ 契約の失効と復活

1 失効

猶予期間を過ぎても保険料を支払わなかった場合、保険契約は効力を失います。これを **失効** といいます。

2 復活

いったん失効した契約でも、一定期間内に所定の手続きを行うことにより、契約を元の状態に戻すことができます。これを **復活** といいます。

復活の場合、未払いの保険料（復活時の保険料は **失効前** の保険料率が適用されます）をまとめて支払う必要があります。また、健康状態によっては復活できないこともあります。

> **例題**
>
> 失効した生命保険契約の復活では、健康状態にかかわらず復活することができる。
>
> ▶ ✕ 健康状態によっては復活できないこともある。

6 必要保障額の計算

必要保障額とは、世帯主が死亡した場合に、遺族保障のために必要な金額のことで、死亡後の支出総額から総収入を差し引いて求めます。

板書 必要保障額の計算 ✐

※ 割合は仮定

支出総額	末子独立までの 遺族生活費	末子独立後の 配偶者生活費	その他必要資金
	現在の生活費の70%※	現在の生活費の50%※	・葬儀費用 ・子供の教育費 ・住居費 ・緊急予備費 など

総収入	社会保障、企業保障	保有金融資産	
	・遺族年金 ・死亡退職金 など	・預貯金 ・株式 など	**必要保障額**

生命保険等でカバーする必要がある金額。
この金額をもとに保険の内容を検討する!

たとえば、次の条件において、Aさんが死亡した場合の必要保障額は…

[条件]
① 現在の毎月の生活費は20万円であり、Aさん死亡後の妻Bさんの生活費は現在の生活費の50%とする。

② Aさん死亡時の妻Bさんの余命は35年とする。

③ Aさんの葬儀費用等は200万円とする。

④ 緊急予備資金は100万円とする。

⑤ Aさん死亡時の住宅ローンの残高は500万円とする。ただし、団体信用生命保険に加入している。
　　住宅ローンの債務者が住宅ローンの返済途中で死亡した場合、生命保険会社が残りの住宅ローンを（保険金として）支払うという契約の保険

⑥ 死亡退職金と保有金融資産の合計は1,000万円とする。

⑦ 妻Bさんが受け取る公的年金等は2,000万円とする。

■支出総額■
生活費：20万円×50%×12カ月×35年＝4,200万円
　　　　　　　　　　　　　　余命

葬儀費用等：200万円
緊急予備資金：100万円
住居費：0円 ← 住宅ローンは、団体信用生命保険の死亡保険金で
　　　　　　　　弁済されるから…

支出総額：4,200万円＋200万円＋100万円＋0円＝4,500万円

必要保障額は、通常、**末子が誕生した**ときが最大で、その後時間の経過とともに**逓減**します。

7 主な生命保険～基本的なもの～

基本的な生命保険のタイプには、 定期保険 、 終身保険 、 養老保険 があります。

Ⅰ 定期保険

定期保険 は、一定の期間内に死亡または高度障害状態となった場合に、保険金が支払われるというタイプの保険です。

保険料は**掛捨て**で、満期保険金はないため、ほかのタイプに比べて保険料が**安く**なっています。

定期保険には、 平準定期保険 、 逓減定期保険 、 逓増定期保険 、 収入保障保険 があります。

板書 定期保険

ポイント
☆ 保険料は掛捨て
☆ 満期保険金はない ｝→ 保険料が安い

平準定期保険
保険金額が一定の定期保険

死亡保険金

契約　　　　　満期

逓減定期保険
保険金額が一定期間ごとに減少する定期保険

死亡保険金

契約　　　　　満期

☆ 保険料は一定

逓増定期保険
保険金額が一定期間ごとに増加する定期保険

死亡保険金

契約　　　　　満期

☆ 保険料は一定

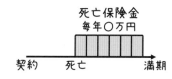

収入保障保険
保険金額が年金形式で（複数年に分けて）支払われる定期保険

死亡保険金
毎年○万円

契約　死亡　　満期

☆ 年金形式ではなく、一時金で受け取ることもできるが、一時金の場合、年金形式の受取総額よりも少なくなる

例題

定期保険は一定の期間内に死亡した場合は死亡保険金が支払われ、満期まで生存していた場合は満期保険金が支払われるというタイプの保険である。

▶× 定期保険には満期保険金はない。

例題

逓増定期保険は、保険期間の経過にともない保険料が所定の割合で増加するが、死亡保険金額は保険期間を通じて一定である。

▶× 逓増定期保険は、保険期間の経過にともない、**死亡保険金額**が所定の割合で増加するが、**保険料**は保険期間を通じて一定である。

111

収入保障保険の死亡保険金は、年金形式で受け取るほか一時金で受け取ることもできる。

▶○ ただし、受取総額は、年金形式で受け取るときよりも少なくなる。

II 終身保険

終身保険は、保障が一生涯続くタイプの保険です。

満期保険金はありませんが、解約時の解約返戻金が多く、貯蓄性の高い商品です。

ただし、一時払終身保険の場合、早期に解約すると解約返戻金が払込保険料を下回るため、注意が必要です。

一時払終身保険は、解約返戻金が払込保険料を下回ることはない。

▶× 一時払終身保険は、早期に解約すると、解約返戻金が払込保険料を下回ることがある。

III 養老保険

養老保険は、一定の期間内に死亡した場合には**死亡保険金**を受け取ることができ、満期時に生存していた場合には**満期保険金**(死亡保険金と同額)を受け取ることができるタイプの保険(生死混合保険)です。

8 主な生命保険〜その他〜

定期保険、終身保険、養老保険以外の生命保険のタイプには、以下のようなものがあります。

Ⅰ 定期保険特約付終身保険

定期保険特約付終身保険は、終身保険を主契約とし、これに定期保険特約を付けることによって、一定期間の死亡保障を厚くした保険です。

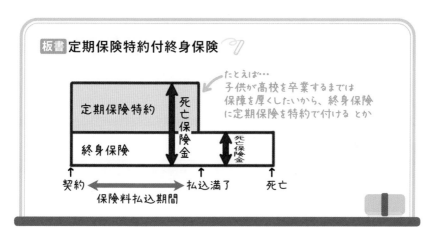

定期保険の期間を、終身保険(主契約)の保険料支払期間と同じ期間で設定した**全期型**と、定期保険の期間を、終身保険(主契約)の保険料支払期間よりも短く設定した**更新型**の2つのタイプがあります。

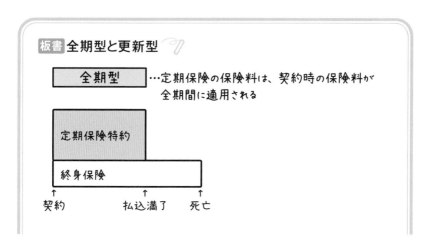

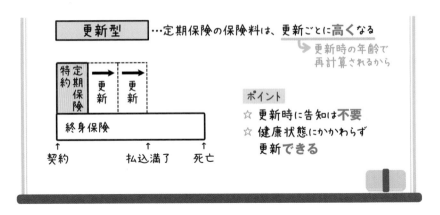

Ⅱ 利率変動型積立終身保険（アカウント型保険）

アカウント型保険は、支払った保険料を**積立**部分と**保障**部分に、一定の範囲内で自由に設定できる保険です。

ひとこと

アカウントとは口座のことです。保険に、銀行口座と同じ役割を果たす積立部分がくっついているので、**アカウント型保険**といいます。

保険料払込期間が満了したあとは、積立金を終身保険や年金に移行することができます。

Ⅲ 団体保険

団体保険は、団体（企業や組合など）が契約するタイプの保険です。集団で加入するため、保険料は割安となります。

❶ 総合福祉団体定期保険

総合福祉団体定期保険とは、従業員等の遺族保障を目的とした、法人を保

114

険契約者、役員・従業員を被保険者とする保険期間1年の定期保険をいいます。

保険金の受取人は、被保険者(役員・従業員)の遺族または法人となりますが、法人の場合には、被保険者の承諾が必要です。

2 ヒューマンヴァリュー特約

役員・従業員が死亡等した場合、法人は、その役員・従業員が生み出していた利益を喪失してしまいます。また、他の従業員等を雇用する費用が必要となります。そのような事態に備えて、**ヒューマンヴァリュー特約**(役員・従業員が死亡等した場合に、法人に死亡保険金等が支払われる特約)があります。

IV こども保険(学資保険)　　　　　🎵Review CH01.SEC03 1 I

こども保険(学資保険) は、子供の進学に合わせた祝い金や、満期に満期保険金を受け取ることができる保険です。

原則として、親が契約者、子供が被保険者となります。

親が死亡した場合は、それ以降の保険料は免除され、進学祝い金や満期保険金は当初の契約どおり支払われる点が、この保険の特徴です。

例題

こども保険(学資保険)において、保険期間中に契約者(＝保険料負担者)である親が死亡した場合、一般に、既払込保険料相当額の死亡保険金が支払われて契約は消滅する。

▶ × こども保険では、保険期間中に契約者である親が死亡した場合は、それ以降の保険料の支払いは免除され、進学祝い金や満期保険金は当初の契約どおり支払われる。なお、被保険者である子が死亡した場合には、死亡保険金が支払われ、契約が終了する。

V 変額保険

1 変額保険とは

変額保険 とは、保険会社が株式や債券等を運用し、その運用成果に応じて保険金や解約返戻金の額が変動する保険をいいます。

変額保険の資産は、定額保険(保険金や解約返戻金が一定の保険)の資産 (**一般勘定**)とは別の口座(**特別**勘定)で運用されます。

❷ 変額保険の種類

変額保険には、一生涯保障が続く**終身**型と、保険期間が一定の**有期**型があります。

いずれも、死亡保険金と高度障害保険金には最低保証(**基本保険金**といいます)がありますが、解約返戻金や満期保険金には、最低保証はありません。

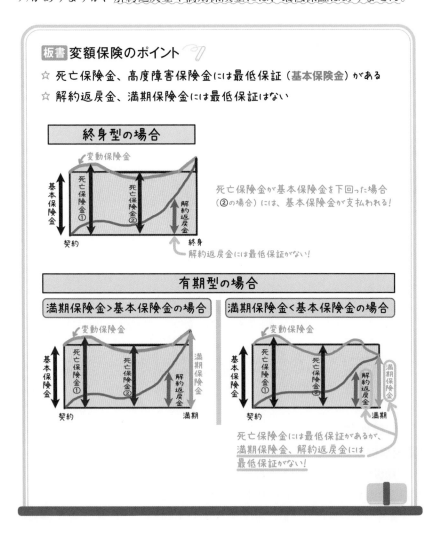

9 個人年金保険と変額個人年金保険

I 個人年金保険

個人年金保険 は、契約時に決めた一定の年齢に達すると年金を受け取ることができるという保険で、年金の受取り方によって次のように分類されます。

板書 個人年金保険の受取り方による分類

→ 保険料払込期間
⟷ 年金受取期間

終身年金

生存している間、年金が受け取れるタイプ

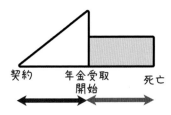

契約　年金受取開始　死亡

保証期間付終身年金

保証期間中は生死に関係なく、保証期間後は生存している間、年金が受け取れるタイプ

保証期間

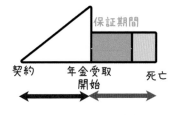

契約　年金受取開始　死亡

有期年金

生存している間の一定期間、年金を受け取れるタイプ

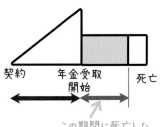

契約　年金受取開始　死亡

この期間に死亡した場合は打ち切られる

保証期間付有期年金

保証期間中は生死に関係なく、保証期間後は生存している間の一定期間、年金を受け取れるタイプ

保証期間

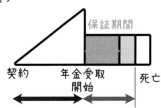

契約　年金受取開始　死亡

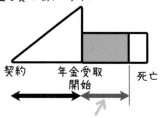

確定年金

生死に関係なく、一定期間、年金を受け取れるタイプ

契約　　年金受取　死亡
　　　　開始

この期間に死亡した場合は遺族が年金を受け取る

夫婦年金

夫婦いずれかが生存している限り年金を受け取れるタイプ

夫　　妻

例題

保証期間付終身年金では、保証期間中については被保険者の生死にかかわらず年金を受け取ることができ、保証期間経過後については被保険者が生存している限り年金を受け取ることができる。

▶ ○

例題

個人年金保険において、確定年金は、年金支払期間中に被保険者が生存している場合に限り、契約で定めた一定期間、年金が支払われる。

▶ × 確定年金は、**生死に関係なく**一定期間、年金が支払われる。

前記のように、個人年金保険では、年金受取期間中に被保険者が死亡した場合の取扱いは、個人年金保険の種類によって異なりますが、年金受取開始前に被保険者が死亡した場合は、**既払込保険料**(すでに払い込んだ保険料)相当額が死亡保険金として支払われます。

Ⅱ 変額個人年金保険

変額個人年金保険とは、保険会社が株式や債券等を運用し、その運用成果に応じて年金や解約返戻金の額が変動する保険をいいます。

年金支払開始前に死亡した場合に受け取る**死亡給付金**には、一般的に最低

保証がありますが、**解約返戻金**には最低保証がありません。

ひとこと

最低保証の内容等は変額保険（**8** **V** 参照）と同様です。

10 主な特約

　病気やケガをしたときの保障として、生命保険に特約を付加することができます。

　なお、特約は単独で契約することはできず、主契約に付加して契約します。したがって、主契約を解約すると、特約も解約されることになります。

　生命保険の主な特約には、次のようなものがあります。

板書 主な特約①

1 特定疾病保障保険特約（三大疾病保障保険特約）

…がん、**急性心筋梗塞**、脳卒中（三大疾病）の診断があり、所定の状態になった場合に、生存中に死亡保険金と同額の保険金（特定疾病保険金）が支払われる

ポイント

☆ 特定疾病保険金を受け取った時点で契約が終了し、その後死亡しても死亡保険金は支払われない

☆ 特定疾病保険金を受け取らずに死亡した場合には、死亡原因にかかわらず死亡保険金が支払われる

2 リビングニーズ特約

…被保険者が余命6カ月以内と診断された場合、生前に死亡保険金が（前倒しで）支払われる

ポイント

☆ 特約保険料は不要

---

3 先進医療特約

…療養時において、公的医療保険の対象となっていない先進的な医療技術のうち、厚生労働大臣が定める施設で、厚生労働大臣の定める先進医療を受けたとき、給付金が支払われる

 例題

定期保険に特定疾病保障保険特約を付していた場合、糖尿病を患ったときは、特定疾病保険金を受け取ることができる。

▶ × 糖尿病は特定疾病保障保険特約の保障の対象になっていない。

例題

特定疾病保障定期保険特約では、特定疾病以外の原因により死亡した場合には、保険金は支払われない。

▶ × 特定疾病保障定期保険特約では、被保険者が特定疾病保障保険金を受け取らずに死亡した場合は、死亡原因にかかわらず死亡保険金が支払われる。

例題

リビングニーズ特約を生命保険に付加した場合、余命3カ月以内と診断されたときに所定の保険金が支払われる。

▶ × 「余命3カ月以内」ではなく、「余命6カ月以内」である。

例題

先進医療特約では、申込時点において厚生労働大臣により定められている先進医療が給付の対象となる。

▶ × 先進医療特約では、「**申込時点**」ではなく「**療養時**」において厚生労働大臣により定められている先進医療が給付の対象となる。

主な特約②

傷害・死亡	災害割増特約	不慮の事故で、180日以内に死亡または高度障害になったとき等に、保険金が支払われる
	傷害特約	不慮の事故で、180日以内に死亡または所定の身体障害状態になったとき等に、保険金または給付金が支払われる
入院	災害入院特約	不慮の事故で、180日以内に入院したとき、給付金が支払われる
	疾病入院特約	病気で入院したとき、給付金が支払われる
通院	通院特約	病気やケガで入院し、退院後も治療のために通院をした場合に給付金が支払われる

11 契約を継続させるための制度、方法

保険料の払込みが困難となった場合でも、契約を継続させるために、いくつかの方法があります。

Ⅰ 自動振替貸付制度と契約者貸付制度

解約返戻金がある保険契約で、保険料の支払いが困難になった場合、**自動振替貸付制度** や **契約者貸付制度** があります。

自動振替貸付制度と契約者貸付制度

◆ **自動振替貸付制度**…保険料の払込みがなかった場合に、保険会社が解約返戻金を限度として、自動的に保険料を立て替えてくれる制度

◆ **契約者貸付制度**…解約返戻金のうち一定範囲内で、保険会社から資金の貸付けを受けられる制度

Ⅱ 払済保険と延長保険

保険料の払込みが全くできなくなった場合には、以後の保険料の支払いを中止して契約を継続する制度（**払済保険**や**延長保険**）があります。

ひとこと

払済保険や延長保険は、保険の見直しのさいにも利用されます。

1 払済保険

払済保険とは、保険料の払込みを中止して、その時点の解約返戻金をもとに、一時払いで元の契約と同じ種類の保険（または養老保険等）に変更することをいいます。

この場合、**保険期間**は元の契約と同じですが、保険金額は元の契約よりも**少なく**なります。また、**特約**部分は消滅します。

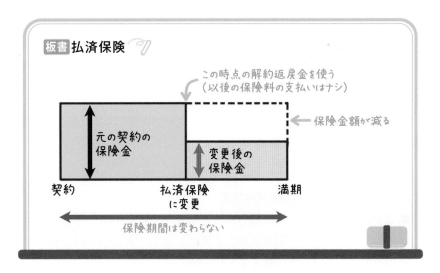

122

❷ 延長保険

延長保険とは、保険料の払込みを中止して、その時点の解約返戻金をもとに、元の契約の**保険金額**を変えないで、一時払いの定期保険に変更することをいいます。

この場合、**保険金額**は元の契約と同じですが、保険期間は元の契約よりも**短く**なります。また、**特約**部分は消滅します。

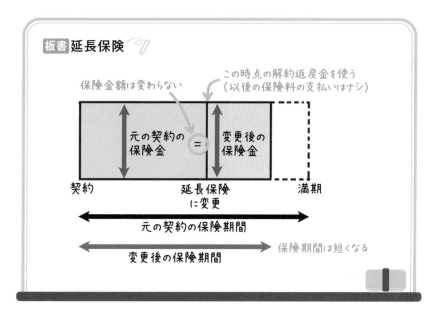

板書 延長保険

保険金額は変わらない

この時点の解約返戻金を使う
（以後の保険料の支払いはナシ）

元の契約の
保険金 ＝ 変更後の
保険金

契約　　　　　　延長保険　　　　　満期
　　　　　　　　に変更

元の契約の保険期間

変更後の保険期間　　　　保険期間は短くなる

例題

払済保険とした場合、保険金額は元の契約の保険金額と変わらないが、保険期間は元の契約より短くなる。

▶ × 払済保険とした場合、保険金額は元の契約より**少なくなる**が、保険期間は元の契約と**変わらない**。

例題

定期保険特約付終身保険の保険料の払込みを中止して、払済終身保険に変更した場合、元契約に付加していた入院特約等の各種特約はそのまま継続する。

▶ × 払済保険や延長保険に変更した場合、特約は消滅する。

12 契約の見直し

保険契約の見直しのさい、次のような制度を利用できます。

Ⅰ 契約転換制度

契約転換制度 は、現在契約している保険の責任準備金や配当金を利用して、新しい保険に加入する方法です(元の契約は消滅します)。

ひとこと

保険の下取りのようなものです。なお、払済保険や延長保険は、契約自体は変えない制度であったのに対し、契約転換制度は契約自体を変える制度です。

転換のさいには、告知または医師による診査が必要です。また、保険料は転換時の年齢、保険料率により計算されます。

Ⅱ 増額・減額

現在の保険金額を増額(特約を付加)したり、減額することもできます。特約を付加する場合、特約の保険料は付加時の年齢で計算されます。

13 生命保険と税金

Ⅰ 生命保険料を支払ったときの税金(生命保険料控除)

1年間(1月1日から12月31日)に支払った保険料は、金額に応じて **生命保険料控除** として、その年の所得から控除することができます。

【生命保険料控除額】

2011年12月31日以前に締結した契約（旧契約）と2012年1月1日以降に締結した契約（新契約）では、区分および控除額が異なります。

旧契約では、一般の生命保険料控除と個人年金保険料控除に区分し、最高控除額はそれぞれ所得税50,000円、住民税35,000円です（2つの控除の適用を受ける場合は、合計の最高控除額は所得税100,000円、住民税70,000円となります）。

新契約では、**一般の生命保険料控除、個人年金保険料控除、介護医療保険料控除**に区分し、最高控除額はそれぞれ所得税**40,000**円、住民税**28,000**円です（3つの控除の適用を受ける場合は、合計の最高控除額は所得税120,000円、住民税70,000円となります）。

新契約の区分

一 般 の 生命保険料控除	生存・死亡に基因して保険金・給付金が支払われる部分に係る保険料→終身保険や定期保険の保険料など
個 人 年 金 保 険 料 控 除	個人年金保険料税制適格特約が付加された個人年金保険契約に係る保険料
介 護 医 療 保 険 料 控 除	入院・通院等に基因して保険金等が支払われる保険契約に係る保険料→医療保険、がん保険、介護保障保険、先進医療特約の保険料など

ポイント

☆ 新契約では、**災害割増特約**や**傷害特約**など、身体の傷害のみに基因して保険金が支払われる契約の保険料は生命保険料控除の**対象外**

☆ 少額短期保険の保険料は生命保険料控除の**対象外**

例題

2024年中に契約した傷害特約に係る保険料は、一般の生命保険料控除の対象となる。

▶ ✕ 新契約では、傷害特約の保険料は生命保険料控除の対象外である。

例題

2024年中に個人が締結した生命保険契約に基づく支払保険料のうち、先進医療特約に係る保険料は、介護医療保険料控除の対象となる。

▶ ○ 先進医療特約の保険料は介護医療保険料控除の対象となる。

		一般の生命保険料控除	個人年金保険料控除	介護医療保険料控除	合　計
2011年以前の契約（旧契約）	所得税	最高 50,000 円	最高 50,000 円	－	最高 100,000 円
	住民税	最高 35,000 円	最高 35,000 円	－	最高 70,000 円
2012年以降の契約（新契約）	所得税	最高40,000円	最高40,000円	最高40,000円	最高120,000円
	住民税	最高 28,000 円	最高 28,000 円	最高 28,000 円	最高 70,000 円

例題

2024年中に保険契約を締結した場合の、所得税の一般の生命保険料控除額は最高50,000円である。

▶ ✕「最高 50,000 円」ではなく、「最高 **40,000 円**」である。

プラスワン　個人年金保険料控除が受けられる保険契約

個人年金保険料控除の対象となるのは、個人年金保険料税制適格特約が付加された個人年金保険（下記のすべての要件を満たした保険契約）にかかる保険料です。

個人年金保険料控除が受けられる保険契約の要件
❶年金受取人が契約者または配偶者のどちらかであること
❷年金受取人＝被保険者であること
❸保険料の払込期間が **10** 年以上あること　← 一時払いは✕
❹確定年金・有期年金の場合は、年金受給開始日の被保険者の年齢が 60 歳以上で、年金受取期間が 10 年以上であること

上記の要件を満たさない場合は、**一般の生命保険料控除**の対象となります。

Ⅱ 生命保険金を受け取ったときの税金

保険金を受け取った場合、契約者、被保険者、受取人が誰かによって、課される税金(所得税、相続税、贈与税)が異なります。

1 死亡保険金の課税関係

死亡保険金の課税関係は次のとおりです。

板書 **死亡保険金と税金** 🖊

契約者	被保険者	受取人	税　金
(A)	(A)	(B)	**相続税**
Aさん（自身が被保険者）が亡くなって、ほかの人が死亡保険金を受け取る場合			
(A)	(B)	(A)	**所得税（一時所得）、住民税**
Aさんが保険料を支払っていた保険契約の保険金を自分（Aさん）が受け取る場合			
(A)	(B)	(C)	**贈与税** 「Aさんからもらった」というイメージ
Aさんが保険料を支払っていた保険契約（被保険者はAさんではない）の保険金を他人（Cさん）が受け取る場合			

例題

契約者および被保険者がAさん、保険金受取人がAさんの妻（Bさん）である生命保険契約において、Aさんが死亡した場合、妻（Bさん）が受け取る死亡保険金は所得税の課税対象となる。

▶ ✕ この場合、相続税の課税対象となる。

例題

契約者および保険金受取人がAさん、被保険者がAさんの妻（Bさん）である生命保険契約において、妻（Bさん）が死亡した場合、Aさんが受け取る死亡保険金は所得税の対象となる。

▶ ○

127

2 満期保険金の課税関係

満期保険金の課税関係は次のとおりです。

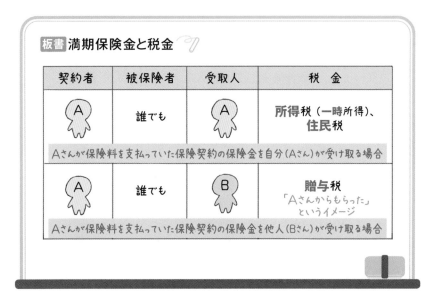

契約者	被保険者	受取人	税　金
A	誰でも	A	**所得税（一時所得）、住民税**
Aさんが保険料を支払っていた保険契約の保険金を自分（Aさん）が受け取る場合			
A	誰でも	B	**贈与税** 「Aさんからもらった」というイメージ
Aさんが保険料を支払っていた保険契約の保険金を他人（Bさん）が受け取る場合			

板書 満期保険金と税金

3 源泉分離課税の対象となる一時払養老保険等の満期保険金、解約返戻金

契約者＝受取人で、保険期間が**5年以下**の一時払い養老保険等の満期保険金（または保険期間が5年超の一時払養老保険等を5年以内に解約した場合の解約返戻金）は、（一時所得ではなく）金融類似商品として利子所得と同様、**20.315**％（所得税15％、復興特別所得税0.315％、住民税5％）の源泉分離課税となります。

金融類似商品として取り扱われる保険契約は、保険期間が5年以下（保険期間が5年超で、5年以内に解約した場合を含む）や、保険料の払込方法が一時払いであることなどの要件を満たしたものでなければなりません。

4 個人年金保険と税金

契約者＝受取人となる個人年金保険契約において、契約者が受け取った年金は、**雑**所得として所得税の課税対象となります。なお、年金形式ではなく、

一時金で受け取る場合には**一時**所得として所得税の課税対象となります。

5 非課税となる保険金や給付金

　保険金や給付金のうち、下記のものについて、受取人が本人、配偶者、直系血族、あるいは生計を一にする親族の場合には、非課税となります。

板書 **非課税となる保険金や給付金** 📎

☆ **入院給付金**
☆ **高度障害保険金**
☆ **手術給付金**
☆ **介護保険金・給付金**
☆ **特定疾病保険金**

治療等にお金がかかるのに、
税金を課してしまうのは酷
→非課税

☆ （被保険者が受け取る）**リビングニーズ特約保険金**　など

「余命わずか」と診断されているのに、
税金を課してしまうのはあんまりだ！→非課税

例題

被保険者が受け取る入院給付金は非課税となる。

▶ ○

14 法人契約の保険

　法人(会社)が契約者、従業員や役員が被保険者となる保険を**法人契約の保険**といいます。

Ⅰ 事業必要資金の準備

中小企業は、経営者(社長)の個人的な信用等で成り立っていることが多いので、経営者が死亡すると、会社の信用力が低下し、経営の存続が困難になる場合があります。

そのため、経営者の死亡によって会社が倒産してしまうことを防ぐために、当面必要となる資金(事業必要資金)を準備しておく必要があります。

この事業必要資金は、次の計算式によって求めます。

$$\text{事業必要資金} = \underset{(\text{短期借入金}+\text{買掛金}+\text{支払手形})}{\text{短期債務額}} + \underset{1\text{年分の給料}}{\text{全従業員の}}$$

Ⅱ 法人が支払った生命保険料の経理処理

法人が支払った生命保険料は、保険の種類および契約形態によって経理処理が異なります。

基本的に、保険料が掛捨てで、あとでお金が戻ってこない保険(貯蓄性のない保険:定期保険など)の生命保険料は**損金**として処理します。一方、満期保険金や年金など、あとでお金を受け取れる保険(貯蓄性のある保険:養老保険、終身保険、年金保険など)の生命保険料は**資産**として処理します。

ひとこと

例外もありますが、一般的には上記のように考えて処理します。

板書 法人が支払った保険料の経理処理(基本的な考え方)

損金…経費のこと

保険の種類等	保険金の受取人	
	法人	被保険者または その遺族
定期保険[※]など 貯蓄性のない商品	原則として 損金算入	原則として 損金算入
養老保険、**終身**保険、 **年金**保険など 貯蓄性の高い商品	資産計上	損金算入
特　約	特約の内容に応じる	

※ 最高解約返戻率が50%超で保険期間3年以上のもの(以下**2**)を除く

ひとこと

「損金」とは「経費」のことをいいます。保険料を損金計上できると、法人税等の圧縮につながります。一方、支払った保険料を資産計上すると、法人税等の圧縮にはつながりません。そのため、節税対策の面からは損金(経費)で処理できるほうが法人にとってメリットがあるということになります。

プラスワン　終身保険の保険料を支払ったときの処理（仕訳）

終身保険の保険料を支払ったときの仕訳を示すと、次のようになります。

例：終身保険の年間保険料が 50 万円(保険金の受取人は法人)の場合

借　方		貸　方	
保険料積立金［資産］	50万円	現金・預金	50万円

プラスワン 個人事業主が支払った保険料

個人事業主が支払った保険料については、次の取扱いとなります。

1 被保険者が事業主本人やその親族以外である場合

従業員など(事業主本人やその親族以外の人)を被保険者とする保険契約の保険料を事業主が支払った場合は、支払った保険料を必要経費とすることができます。

2 被保険者が事業主本人やその親族である場合

事業主本人やその親族を被保険者とする保険契約の保険料は、必要経費とすることができません。ただしこの場合、事業主本人の生命保険料控除の対象となります。

1 1/2養老保険(ハーフタックスプラン、福利厚生プラン)

「契約者=法人、被保険者=役員・従業員」とする養老保険のうち、一定の要件を満たしたものは、支払保険料の2分の1を損金(福利厚生費)とすることが認められます。これを **1/2養老保険(ハーフタックスプラン、福利厚生プラン)** といいます。

板書 1/2養老保険(ハーフタックスプラン、福利厚生プラン)

契約者	被保険者	満期保険金の受取人	死亡保険金の受取人	経理処理
法人	役員・従業員の全員	法人	役員・従業員の遺族	$\frac{1}{2}$は資産計上「保険料積立金」 $\frac{1}{2}$は損金算入「福利厚生費」

という契約の養老保険

ひとこと

　　役員・従業員が死亡しなかった場合は、（満期）保険金が法人に入るため、保険料に資産性があるといえます。
　　一方、役員・従業員が死亡した場合には、（死亡）保険金が法人に入らないため、保険料に資産性がありません。
　　だから、支払保険料の半分は資産計上し、半分は損金算入する（＝ハーフタックスプラン）のです。

例題

養老保険の福利厚生プランでは、契約者（＝保険料負担者）を法人、被保険者を従業員全員、死亡保険金受取人を被保険者の遺族、満期保険金受取人を法人とすることにより、支払保険料の全額を福利厚生費として損金の額に算入することができる。

▶ × 支払保険料の「全額」ではなく、「**2分の1**」を福利厚生費として損金の額に算入することができる。

プラスワン 1/2 養老保険の保険料を支払ったときの処理（仕訳）

1/2 養老保険の保険料を支払ったときの仕訳を示すと、次のようになります。

例：1/2 養老保険の支払保険料が 100 万円の場合

借　　方		貸　　方	
保険料積立金［資産］	50万円	現金・預金	100万円
福利厚生費［損金］	50万円		

2 最高解約返戻率が50％超で保険期間が3年以上の定期保険等
（2019年7月8日以後の契約分）

　法人が、「契約者＝法人、被保険者＝役員・従業員」とする保険期間が**3**年以上の定期保険（または第三分野保険）で、最高解約返戻率が**50**％超であるものの保険料を支払った場合は、当期分の支払保険料の額について、次の区分に応じて処理します。

最高解約返戻率が50%超で保険期間が3年以上の定期保険等

最高解約返戻率	資産計上期間	資産計上期間の処理
50%超70%以下	保険期間の当初**4割**相当期間	・支払保険料の**40%**を資産計上 ・**60%**を損金算入
70%超85%以下	保険期間の当初**4割**相当期間	・支払保険料の**60%**を資産計上 ・**40%**を損金算入
85%超	原則として保険期間開始日から最高解約返戻率となる期間の終了日まで	保険期間開始日から**10**年間 ・「支払保険料×最高解約返戻率×**90%**」を資産計上 ・残りは損金算入 それ以降 ・「支払保険料×最高解約返戻率×**70%**」を資産計上 ・残りは損金算入

2019年7月7日以前に契約した**長期平準定期保険**（下記 プラスワン 参照）の保険料などは、ひきつづき従来の処理（通常の定期保険とは異なる処理）が適用されます。

プラスワン　長期平準定期保険

　長期平準定期保険とは、保険期間満了時の年齢が**70**歳を超えており、かつ、「契約時の年齢＋保険期間×2」が**105**を超えている（期間の長い）定期保険をいいます。

　2019年7月7日以前に契約した長期平準定期保険の保険料の経理処理は次のとおりです。

期間の区分	支払保険料の処理
保険期間の前半**6**割の期間	・支払保険料の$\frac{1}{2}$は**損金算入**[※1] ・残りの$\frac{1}{2}$は**資産計上**[※2]
保険期間の後半**4**割の期間	支払保険料の**全額**を**損金算入**[※1]し、前半で資産計上した金額を残りの期間で取り崩して損金算入する

※1「定期保険料」で処理
※2「前払保険料」で処理

また、保険料を支払ったときの仕訳を示すと、次のようになります。

例：年間保険料が24万円、保険期間が30年の場合

①当初18年（保険期間の前半6割）

借　　方		貸　　方	
定期保険料［損金］	12万円	現金・預金	24万円
前払保険料［資産］	12万円		

②残りの12年（保険期間の後半4割）

借　　方		貸　　方	
定期保険料［損金］	24万円	現金・預金	24万円
定期保険料［損金］	18万円※	前払保険料［資産］	18万円

> ※前半18年間で毎年12万円ずつ資産計上されているので、資産計上されている金額は総額216万円（12万円×18年）です。これを後半12年間で取り崩すので、1年間の取崩額は18万円（216万円÷12年）となります。

Ⅲ 法人が受け取った保険金等の経理処理

法人が保険金を受け取った場合は、全額、「雑収入」として**益金**（収益のこと）に算入され、**法人**税の課税対象となります。

ただし、その保険料が資産計上されている場合には、保険金から資産計上されている保険料を差し引くことができます。

プラスワン　法人が保険金を受け取ったときの処理（仕訳）

たとえば、法人（契約者＝保険金受取人）が、終身保険（既払込保険料の総額は200万円）を解約して解約返戻金220万円を受け取った場合の仕訳は次のようになります。

借　　方		貸　　方	
現金・預金	220万円	保険料積立金［資産］	200万円※1
		雑　収　入［益金］	20万円※2

> ※1　保険料積立金として資産計上されている（借方に計上されている）既払込保険料を取り崩す。
> ※2　受け取った解約返戻金220万円と、取り崩した保険料積立金200万円の差額20万円は「雑収入」として益金に算入する。

SECTION
03

損害保険

このSECTIONで学習すること

1 損害保険の基本用語
・損害保険の基本用語

まずは用語を軽くチェック！

2 損害保険料のしくみ
・損害保険独自の基本原則
・損害保険料の構成

損害保険独自の基本原則は2つ！

3 超過保険、全部保険、一部保険
・超過保険
・全部保険
・一部保険

保険価額よりも保険金額のほうが大きければ「超過」、小さければ「一部」

4 火災保険
・住宅火災保険と住宅総合保険
・保険金の支払額
・失火責任法

地震による損害は火災保険では補てんされない！

5 地震保険
・地震保険のポイント

地震保険は単独では加入できない！

6 自動車保険
・自賠責保険
・任意加入の自動車保険

自賠責保険の内容をしっかりおさえよう！

7 傷害保険
・普通傷害保険
・交通事故傷害保険
・国内旅行傷害保険
・海外旅行傷害保険

細菌性食中毒が補償の対象となるかどうかをチェック！

8 賠償責任保険
・個人賠償責任保険　・PL保険
・施設所有（管理）者賠償責任保険
・受託者賠償責任保険

特にPL保険の内容をおさえておこう！

9 損害保険と税金
・地震保険料控除
・保険金を受け取ったときの税金

受け取った損害保険金は原則として非課税！

1 損害保険の基本用語

Ⅰ 損害保険とは

損害保険は、偶然のリスク(事故、災害等)で発生した損害を補てんするための保険です。

Ⅱ 損害保険の基本用語

損害保険の基本用語をおさえておきましょう。

損害保険の基本用語

契　約　者	保険会社と契約を結ぶ人(契約上の権利と義務がある人)
被 保 険 者	保険事故(保険の対象となる事故)が発生したときに、補償を受ける人または保険の対象となる人
保険の対象	保険を掛ける対象
保 険 価 額	保険事故が発生した場合に被るであろう損害の最高見積額
保 険 金 額	契約時に決める契約金額(保険事故が発生したときに保険会社が支払う最高限度額となる)
保　険　金	保険事故が発生したときに、保険会社から被保険者に支払われるお金
再調達価額	保険の対象と同等のものを現時点で建築または購入するのに必要な金額
時　　　価	再調達価額から使用・経過による消耗分を差し引いた金額
告 知 義 務	契約時に契約者が保険会社に事実を告げる義務
通 知 義 務	契約後に変更が生じた場合に保険会社にその事実を通知する義務

2 損害保険料のしくみ

Ⅰ 損害保険独自の基本原則

損害保険も生命保険と同様、**大数の法則**と**収支相等の原則**で成り立っていますが、これに加えて次の2つの基本原則があります。

1 給付・反対給付均等の原則（レクシスの原則）

　保険契約者が負担する保険料と保険事故が生じたときに支払われる保険金は、それぞれの事故発生リスクの大きさや発生確率に見合ったものでなければならないとする考え方を**給付・反対給付均等の原則（レクシスの原則）**といいます。

2 利得禁止の原則

　損害保険では、保険金の受取りによって儲けを得ることを禁止しています。これを**利得禁止の原則**といいます。

　そのため、実際の損失額を限度に保険金が支払われることになっています（**実損払い**）。

Ⅱ 損害保険料の構成

　損害保険料の構成は次のとおりです。

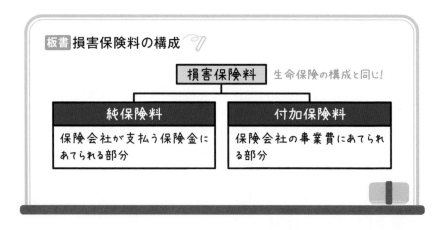

板書　損害保険料の構成

損害保険料　　生命保険の構成と同じ！

純保険料	付加保険料
保険会社が支払う保険金にあてられる部分	保険会社の事業費にあてられる部分

3　超過保険、全部保険、一部保険

　損害保険の保険金額と保険価額の関係によって、**超過保険**、**全部保険**、**一部保険**に分けられます。

板書 超過保険、全部保険、一部保険 📎

1　超過保険

保険金額が保険価額よりも大きい保険
→ 実損てん補
　　↳ 損害額は全額支払われる
　　（保険価額を超えては支払われない）

2　全部保険

保険金額と保険価額が同じ保険
→ 実損てん補
　　↳ 損害額は全額支払われる

3　一部保険

保険金額が保険価額よりも小さい保険
→ 比例てん補
　　↳ 保険金額と保険価額の割合により
　　　保険金が削減される

例題

超過保険とは、保険金額が保険価額よりも小さい保険をいう。

▶× 超過保険とは、保険金額が保険価額よりも**大きい**保険をいう。

4　火災保険

I　火災保険とは

火災保険は、火災によって生じた建物や家財の損害を補てんするための保険です。

火災保険では、火災のほか、落雷、**風災**、**消防活動による水濡れ**などにより、保険の対象となっている建物や家財などが被った損害が補償されます。

　なお、**地震**、噴火、津波による損害については火災保険では補償されません。また、自宅に保管してあった現金が焼失した場合のその現金も補償されません。

Ⅱ 保険金の支払額

　火災保険では、契約時の保険金額が保険価額の**80**％以上であるかどうかによって支払額の算定方法が異なります。

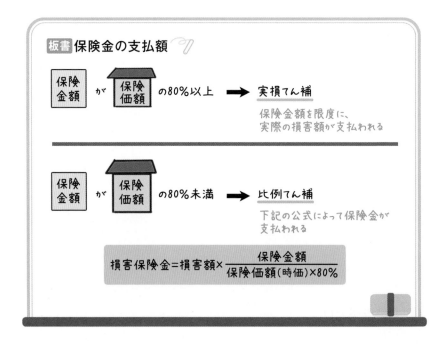

Ⅲ 失火責任法

失火責任法により、軽過失によって火災を起こして隣家に損害を与えたとしても、隣家に対して賠償責任を負わなくてよいことが定められています。

ひとこと

あくまでも「軽過失の場合」なので、重過失や故意によって火災を起こした場合には損害賠償責任が生じます。

ただし、借家人が借家(賃貸住宅)を焼失させた場合、家主に対しては損害賠償責任を負います。

5 地震保険

火災保険では、地震、噴火、津波によって生じた火災については補償の対象外なので、これを補てんするためには地震保険に加入しなければなりません。

地震保険のポイントは次のとおりです。

板書 地震保険のポイント

☆ 単独では加入できず、火災保険とセットで契約する
　　　↳ 火災保険の加入が前提

☆ 住宅(居住用建物)と住宅内の家財が補償の対象となる
　　　↳ ただし、1個または1組の価格が**30万円**を超える貴金属や宝石などは補償の対象外

☆ 保険金額は火災保険(主契約)の**30〜50%**の範囲で設定できる。
　　ただし、上限あり(建物**5,000万円**、家財**1,000万円**)

☆ 損害の程度に応じて保険金が支払われる
　　　↳ 全損、大半損、小半損、一部損の4段階

☆ 保険料の割引制度がある。ただし、**重複適用**はできない
　　　↳ ①免震建築物割引、②耐震診断割引、
　　　　③耐震等級割引、④建築年割引の4つ

☆ 保険料は所在地、建物の構造によって異なるが、保険会社が異なっても、所在地、建物の構造が同じであれば保険料は<u>同一</u>となる

例題

地震保険は、火災保険の特約として加入することも、単独で加入することもできる。

▶ ✕ 地震保険は単独では加入できない。

例題

地震保険における保険金額の上限は建物 5,000 万円、家財 2,000 万円である。

▶ ✕ 地震保険における保険金額の上限は建物 **5,000** 万円、家財 **1,000** 万円である。

例題

地震保険における保険料の割引制度は 4 種類あるが、重複して適用することができる。

▶ ✕ 地震保険における保険料の割引制度は重複して適用することができない。

6 自動車保険

　自動車保険には、強制加入の自動車保険(自賠責保険)と、任意加入の自動車保険(民間の保険)があります。

I 自賠責保険(自動車損害賠償責任保険)

　自賠責保険 は、すべての自動車(原動機付自転車を含む)の所有者と運転者が、必ず加入しなければならない保険です。

　自賠責保険のポイントは次のとおりです。

板書 自賠責保険のポイント

補償対象

対人 賠償事故のみ

↳ 死傷した相手側の運転者とその同乗者、あるいは歩行者など

☆ 被害者のみ補償。加害者のケガや自動車の破損は対象外

保険金の限度額（死傷者1人あたり）

死亡…最高**3,000万円**

傷害…最高**120万円**

後遺障害…75万〜**4,000万円**
（障害の程度によって決まる）

例題

自動車損害賠償責任保険（自賠責保険）では、対物賠償のみが補償の対象となる。

▶ ✕ 自賠責保険では、対人賠償のみが補償の対象となる。

例題

自賠責保険の保険金の限度額は、死亡事故の場合、死亡者1人につき最高5,000万円である。

▶ ✕ 自賠責保険の保険金の限度額は、死亡事故の場合、死亡者1人につき最高**3,000**万円である。

Ⅱ 任意加入の自動車保険

任意加入の自動車保険には次のようなものがあります。

1 対人賠償保険

自動車事故で他人を死傷させ、法律上の損害賠償責任を負った場合に<u>自賠責保険の支払額を超える部分</u>の金額が支払われる

2 対物賠償保険

自動車事故で他人のもの（財物）に損害を与え、法律上の損害賠償責任を負った場合に保険金が支払われる

3 搭乗者傷害保険

被保険自動車に乗車中の人（運転者や同乗者）が死傷した場合などに保険金が支払われる

4 自損事故保険

運転者が自賠責保険では補償されない単独事故などを起こしたときに保険金が支払われる

5 無保険車傷害保険

自動車事故により乗車中の人（運転者や同乗者）が死亡したり、後遺障害を被った場合に、事故の相手方（加害者）が無保険であったり、十分な賠償ができないとき、保険金が支払われる

6 車両保険

<u>偶然の事故によって自分の自動車が損害を受けたときに保険金が支払われる</u>

↳ 交通事故だけでなく、盗難、火災、爆発、台風、洪水、いたずらなどによって自分の自動車が損害を受けたときも保険金が支払われる

☆ 地震・噴火、これらによる津波による損害の場合には特約を付していないと保険金が支払われない

7　人身傷害補償保険

自動車事故により被保険者が死傷した場合に、**過失の有無にかかわ**
らず、保険金額の範囲内で**実際の損害額が支払われる**

 示談を待たずに支払われる

例題

自動車保険の車両保険では、一般に、洪水により自動車が水没したことによって被
る損害は補償の対象とならない。

▶ × 洪水によって自動車が水没したことによって被る損害は、車両保険の補償の対象となる。な
お、地震が原因となる津波による水没は、車両保険の補償の対象とならない。

例題

人身傷害補償保険では、被保険者が自動車事故により負傷した場合、実際の損害額
から自己の過失割合に相当する部分を差し引いた額が補償される。

▶ × 人身傷害補償保険では、被保険者の過失の有無にかかわらず、実際の損害額が支払われる。

7　傷害保険

Ⅰ　傷害保険とは

傷害保険 は、日常生活におけるさまざまなケガ（急激かつ偶然な外来の事故に
より、身体に傷害を被った状態）に対して保険金が支払われます。

Ⅱ　主な傷害保険

主な傷害保険には次のようなものがあります。

板書 主な傷害保険 ✐

1 普通傷害保険

国内外を問わず、日常生活で起こる傷害を補償する保険

補償の対象とならないもの
× 細菌性食中毒　　× 熱中症
× 地震、噴火、津波による傷害

☆ 1つの契約で家族全員が補償される「家族傷害保険」もある

■家族の範囲■
・本人　　・配偶者
・生計を一にする同居親族
・生計を一にする別居の未婚の子

2 交通事故傷害保険

国内外で起きた交通事故、乗り物（電車、自動車、エスカレーターなど）に搭乗中の事故等による傷害を補償する保険

☆ 1つの契約で家族全員が補償される「ファミリー交通事故傷害保険」もある

3 国内旅行傷害保険

国内旅行中（家を出てから帰宅するまで）の傷害を補償する保険

補償の対象とならないもの
× 　地震、噴火、津波による傷害

☆ 細菌性食中毒は補償される

4 海外旅行傷害保険

海外旅行中（家を出てから帰宅するまで）の傷害を補償する保険

☆ 細菌性食中毒も補償される
☆ 地震、噴火、津波による傷害も補償される

例題

普通傷害保険は、細菌性食中毒によって通院した場合も補償する。

▶ × 普通傷害保険は、細菌性食中毒は補償の対象外である。

146

例題

国内旅行傷害保険は、地震による傷害についても補償する。

▶ ✕ 国内旅行傷害保険は、地震などによる傷害は補償の対象外である。

例題

海外旅行傷害保険は、細菌性食中毒、地震による傷害についても補償する。

▶ ○

8 賠償責任保険

Ⅰ 賠償責任保険とは

賠償責任保険 は、偶然の事故によって、損害賠償責任を負ったときに補償される保険です。

Ⅱ 主な賠償責任保険

主な賠償責任保険には次のようなものがあります。

板書 主な賠償責任保険

1 個人賠償責任保険

日常生活における事故によって、他人にケガをさせたり、他人のものを壊した場合の賠償責任に備える保険

ポイント

☆ 1つの契約で家族全員（本人、配偶者、生計を一にする同居親族、生計を一にする別居の未婚の子）が補償対象となる

例：飼い犬が他人にかみついてケガをさせた場合
自転車で他人をケガさせてしまった場合

補償の対象とならないもの

✕ 業務遂行中の賠償事故 ✕ 自動車の運転による事故
✕ 地震、噴火、津波による損害 ✕ 借りた物に対する賠償責任

2 PL保険（生産物賠償責任保険）

企業が製造、販売した製品の欠陥によって、他人に損害を与えた場合の賠償責任に備える保険

例：レストランで食中毒を出した場合
製品として販売した扇風機から出火し、やけどを負わせた場合

3 施設所有（管理）者賠償責任保険

施設の不備による事故または施設内外で業務遂行中に生じた事故の賠償責任に備える保険

例：店内に積んであった商品が崩れ、客にケガを負わせた場合

4 受託者賠償責任保険

他人から預かった物を壊したり、なくしてしまった場合の賠償責任に備える保険

例題

個人賠償責任保険では、業務遂行中の賠償事故についても補償される。

▶×個人賠償責任保険では、業務遂行中の賠償事故については補償されない。

例題

スーパーマーケットを経営する企業が、店舗内で調理・販売した食品が原因で食中毒を発生させた場合、施設所有管理者賠償責任保険による補償の対象となる。

▶×本問の場合、生産物賠償責任保険（PL保険）の補償の対象となる。

例題

スーパーマーケットを経営する企業が、店舗内に積み上げられていた商品が倒れ、顧客の頭にぶつかってケガをさせ、顧客に対して法律上の損害賠償責任を負うことによって被る損害は、施設所有（管理）者賠償責任保険の補償の対象となる。

▶○

9 損害保険と税金

Ⅰ 地震保険料を支払ったときの税金（地震保険料控除）

1年間（1月1日から12月31日）に支払った地震保険料は、**地震保険料控除** として、その年の所得から控除することができます。

控除額は次のとおりです。

板書 地震保険料控除額

所得税	地震保険料の全額（最高**50,000**円）
住民税	地震保険料×$\frac{1}{2}$（最高25,000円）

例題

所得税において、個人が支払う地震保険の保険料は、25,000円を限度として年間支払保険料の2分の1相当額が地震保険料控除の対象となる。

▶ ✕ 所得税における地震保険控除額は、**5万円**を限度として年間支払保険料の全額である。

Ⅱ 保険金を受け取ったときの税金

損害保険の場合、保険金は損失補てんを目的としている（実損払い）ため、原則として**非課税**です。

ただし、死亡保険金（傷害保険など）、満期返戻金、年金として受け取る場合の保険金については、生命保険と同様の扱いとなります。

Review SEC02 13 Ⅱ

SECTION

04

第三分野の保険

このSECTIONで学習すること

1 第三分野の保険

・第三分野の保険とは

・主な保険の種類

試験での
出題実績がほとんど
ない分野です

---

1 第三分野の保険

Ⅰ 第三分野の保険とは

　生命保険（第一分野の保険）、損害保険（第二分野の保険）のいずれのカテゴリーにも属さない種類の保険を **第三分野の保険** といいます。

　第三分野の保険は、病気、ケガ、介護などに備えるための保険です。医療保障は、生命保険の特約としてつける場合と医療保険として単体で契約する場合があります。

Ⅱ 主な保険の種類

1 医療保険

　医療保険 は、病気やケガによる入院、手術などに備える保険です。

　医療保険は、1回の入院について支払日数の限度（60日、120日など）があります。また、通算しての支払日数の限度もあります。

　なお、退院日の翌日から **180** 日以内に同じ病気で再入院した場合は、前回の入院とあわせて1回の入院と数えます。

2 がん保険

がん保険は、保障の対象をがんに限定した保険です。

がんと診断されたときに支払われる **がん診断給付金** や **がん入院給付金**、**がん手術給付金** などがあります。

なお、がん保険には、一般的に加入後**90**日間（**3**ヵ月間）程度の免責期間（待機期間）が設けられています。

また、入院給付金の支払日数には制限がありません。

板書 がん保険のポイント

☆ 一般的に加入後90日間（3ヵ月間）程度の免責期間が設けられて
いる ➡ この期間にがんになっても給付金は支払われない

☆ がん保険の入院給付金の支払日数は無制限

例題

がん保険では、一般に、責任開始日前に180日程度の免責期間が設けられており、その期間中にがんと診断されたとしてもがん診断給付金は支払われない。

▶ ✕ がん保険の免責期間は、90日間（3ヵ月間）程度である。

3 介護保障保険

介護保障保険は、寝たきりや認知症の症状が一定期間続く場合に給付金が支払われる保険です。

（民間の）介護保険には、公的介護保険（社会保険の介護保険）の要介護度に連動して給付されるもの（**連動型**）と、各保険会社が独自で基準を定めて給付されるもの（**非連動型**）があります。

4 所得補償保険

所得補償保険は、病気やケガによって仕事ができなくなった場合に、喪失する所得に対して保険金が支払われる保険です。

CHAPTER **03**

金融資産運用

SECTION
01

金融・経済の基本

このSECTIONで学習すること

1 主な経済・景気の指標

- GDP
- 経済成長率
- 景気動向指数
- 日銀短観
- マネーストック統計
- 物価指数

> GDPの内容は
> しっかり
> おさえておこう

2 景気とその影響

- インフレとデフレ
- 景気、金利、物価、為替、株価、
  内外金利差の関係

> 景気が良くなると
> 金利や物価は
> 上がる？下がる？

3 金融の基本

- 金融市場(インターバンク市場、オープン市場)
- 新発10年国債利回り
- 金融政策(公開市場操作、預金準備率操作)
- 財政政策

> 仲間内で→インターバンク市場
> だれでも→オープン市場

1 主な経済・景気の指標

　景気が良い(好況)か、悪い(不況)かを判断するための指標には、次のような
ものがあります。

代表的な経済・景気の指標

◆ 国内総生産(GDP)…**I**

◆ 経済成長率…**II**

◆ 景気動向指数…**III**

◆ 日銀短観…**IV**

◆ マネーストック統計…**V**

◆ 物価指数…**VI**

I 国内総生産(GDP)

1 GDPとは

GDP とは、国内の経済活動によって新たに生み出された財・サービスの付加価値の合計をいいます。

ひとこと

　付加価値とは、経済活動を通じて新たに付け加えられた価値のことをいいます。

なお、GDPは**内閣府**が年**4**回発表します。

2 GDPと三面等価の原則

　経済活動は、生産→分配→支出という流れを繰り返しますが、生産・分配・支出は同一の価値の流れを異なる面からみただけにすぎません。そのため、生産＝分配＝支出となり、これを **三面等価の原則** といいます。

板書 GDP（国内総生産）

☆ GDP：国内の経済活動によって新たに生み出された
　財・サービスの付加価値の合計

　　＜ひっかけ注意！＞
　　　…だから、企業が海外で生産した財・サービスの付加価値
　　　はGDPには含まれない！

☆ 内閣府が年4回発表する

☆ 三面等価の原則：生産＝分配＝支出

例題

GDP には、企業が海外で生産した財・サービスの付加価値も含まれる。

▶ ✕ GDP には、企業が海外で生産した財・サービスの付加価値は含まれない。

例題

GDP は内閣府が毎月発表する。

▶ ✕ GDP は内閣府が年4回発表する。

Ⅱ 経済成長率

　経済成長率とは、一国の経済規模の1年間における成長率をいい、一般的にはGDP（実質GDP）の伸び率をいいます。

ひとこと

　実質GDPとは、**名目GDP**（GDPを時価で評価したもの）から物価変動の影響を取り除いたものをいいます。

Ⅲ 景気動向指数

景気動向指数とは、景気の状況を総合的にみるために、複数の指標を統合した景気指標です。

景気動向指数のポイントは次のとおりです。

板書 景気動向指数のポイント

☆ **内閣府**が**毎月**発表する

☆ 景気動向指数には、景気に先行して動く**先行**指数、ほぼ一致して動く**一致**指数、遅れて動く**遅行**指数がある

	景気動向指数に使われる主な指標
先行指数	◆新規求人数 　↳求人が増える→これから 景気が良くなる 見込み ◆新設住宅着工床面積 　↳新設住宅が増える→これから 景気が良くなる 見込み ◆実質機械受注　など 　↳これから製品をたくさん作るから 機械受注が増える 　　→ 景気が良くなる 見込み
一致指数	◆鉱工業生産指数 　↳いま生産している→いまの景気を表す ◆有効求人倍率　など 　↳いまの求職者1人あたりの求人数→いまの景気を表す
遅行指数	◆法人税収入 　↳ 景気が良くなる →モノが売れる→企業の収益が増える 　　→ 法人税が増える …だから遅行指数 ◆家計消費支出 　↳ 景気が良くなる →企業の収益が増える→給料が増える 　　→ 消費者がモノを買う → 家計消費が増える …だから遅行指数 ◆完全失業率　など 　↳ 景気が良くなる →企業が人を雇う→ 失業率が減る 　　…だから遅行指数

☆ 景気動向の判断には、**一致**指数が使われる

景気動向指数にはCI（コンポジット・インデックス）とDI（ディフュージョン・インデックス）があり、現在はCIを中心に発表されています。

CIとDI

CI（コンポジット・インデックス）	景気変動のテンポや大きさを把握するための指標。一致指数が上昇しているときは景気の拡張局面
DI（ディフュージョン・インデックス）	景気変動の各経済部門への波及度合いを表す指標

Ⅳ 日銀短観（全国企業短期経済観測調査）

日銀短観とは、**日本銀行**が年**4**回、上場企業や中小企業に対して現状と3カ月後の景気動向に関する調査（アンケート）を行い、それを集計したものをいいます。

特に注目されるのが**業況判断DI**です。

> 　　　　　　　（現状よりも3カ月後の）　　　（現状よりも3カ月後の）
> **業況判断DI ＝** 業況が「良い（であろう）」 － 業況が「悪い（であろう）」
> 　　　　　　　と答えた企業の割合　　　　と答えた企業の割合

Ⅴ マネーストック統計

マネーストック統計とは、個人や法人（金融機関以外）、地方公共団体などが保有する通貨の総量をいいます。なお、国や金融機関が保有する通貨は含みません。

マネーストック統計は**日本銀行**が**毎月**発表しています。

例題

マネーストック統計は、個人や法人、地方公共団体などが保有する通貨の総量をいい、金融機関が保有する通貨も含む。

- -

▶ ✕ マネーストック統計には、国や金融機関が保有する通貨は**含まない**。

Ⅵ 物価指数

物価指数とは、ある分野についての総合的な物価水準を指数によって表したものをいいます。

物価指数には、**企業物価指数**と**消費者物価指数**があります。

板書 企業物価指数と消費者物価指数 📝

1 企業物価指数

☆ 企業間で取引される商品などの価格変動を表す指数

☆ **日本銀行**が**毎月**発表

☆ 原油価格や為替相場の変動の影響を受けるため、消費者物価指数より変動が激しい

2 消費者物価指数

☆ 全国の一般消費者が購入する商品やサービスの価格変動を表す指数

☆ **総務省**が**毎月**発表

---

2 景気とその影響

Ⅰ 景気のサイクル

景気は「不景気→景気の拡大→好景気→景気の下降→不景気」というサイクルを繰り返しています。

Ⅱ インフレとデフレ

インフレとは、物価が継続的に上昇し、その分、貨幣価値が下がった状態をいいます。

ひとこと

　いままで100円だったモノが150円になったということは、お金の価値が下がった（貨幣価値が下がった）から、お金がたくさん必要になった、ということになるのです。

デフレとは、物価が継続的に下落し、その分、貨幣価値が上がった状態をいいます。

ひとこと

いままで100円だったモノが80円になったということは、お金の価値が上がった（貨幣価値が上がった）から、少しのお金で買えるようになった、ということになるのです。

Ⅲ 景気、金利、物価、為替、株価の関係

景気、金利、物価、為替、株価は関連しながら動きます。

1 景気と金利

景気が良くなると、モノを買うためにお金を借りる人が増える（資金需要が増える）ので、金利は**上昇**（☝）します。反対に、景気が悪くなると、金利は**下落**（☟）します。

ひとこと

資金需要が増えると、借り手が増えるため、金利が高くなります。
金利が高くなると、「じゃあ、借りるのをやめようか」という人も出てくるので、資金需要をおさえることができるのです。

2 物価と金利

物価が上がる（インフレになる）と、モノを買うためにお金がたくさん必要になる（資金需要が増える）ので、金利は**上昇**（☝）します。反対に、物価が下がる（デフレになる）と、金利は**下落**（☟）します。

3 為替と金利

為替が円高になると、輸入製品の価格が下がる（物価が下がる）ので、結果として金利は**下落**（☟）します。

ひとこと

　たとえば、1ドル100円から1ドル90円になった（円高になった）とすると、20ドルの商品は国内価格が2,000円（20ドル×100円）から1,800円（20ドル×90円）に下落します。

　2で説明したとおり、国内価格が下落する（物価が下がる）と金利が下落するので、円高になると金利が下落するのです。

　反対に、円安になると、輸入製品の価格が上がる（物価が上がる）ので、金利は**上昇**（↗）します。

例題

　為替が円高になると金利は上昇し、円安になると金利は下落する。

　▶ ✕ 為替が円高になると金利は**下落**し、円安になると金利は**上昇**する。

4 景気と株価

　景気が良くなると、企業の業績が良くなるので、株価は**上昇**（↗）します。反対に、景気が悪くなると、企業の業績が悪くなるので、株価は**下落**（↘）します。

5 内外金利差と為替

　たとえば、日本の金利が一定のとき、米国の金利が上昇すると、米国にお金を預けようとして、円貨が売られ、米ドルが買われます（米ドルの需要が高まります）。そのため、円**安**ドル**高**に進行します。

　反対に、日本の金利が上昇すると、円貨が買われ、ドルが売られます。そのため、円**高**ドル**安**に進行します。

例題

　一般に、日本の金利が上昇すると、米ドルを円に換える動きが強まり、円安ドル高が進行する要因となる。

　▶ ✕ 日本の金利が上昇すると、米ドルを円に換える動きが強まり、円高ドル**安**が進行する要因となる。

3 金融の基本

I 金融市場

金融市場とは、お金の貸し借りをしている場をいいます。

金融市場は、取引期間が1年未満の**短期金融市場**と、取引期間が1年以上の**長期金融市場**があります。短期金融市場はさらに**インターバンク市場**（金融機関のみ参加できる市場。**手形市場**や**コール市場**などがある）と**オープン市場**（一般企業も参加できる市場）に分かれます。

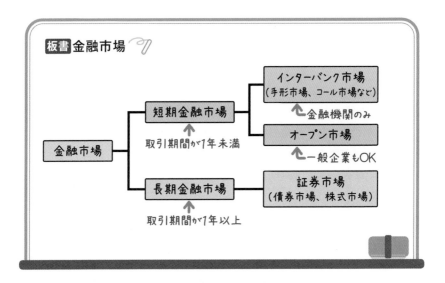

板書 金融市場

金融市場 ─┬─ 短期金融市場 ─┬─ インターバンク市場（手形市場、コール市場など）
　　　　　　　　↑　　　　　　　　　↑金融機関のみ
　　　　　　取引期間が1年未満　　オープン市場
　　　　　　　　　　　　　　　　　↑一般企業もOK
　　　　　　　└─ 長期金融市場 ─── 証券市場（債券市場、株式市場）
　　　　　　　　↑
　　　　　　取引期間が1年以上

例題

短期金融市場のうち、インターバンク市場は金融機関だけでなく、一般企業も参加できる市場である。

▶ ✖ インターバンク市場は金融機関しか参加できない。

II 新発10年国債利回り

新発10年国債利回りとは、新規に発行された、償還期間10年の国債の流通利回りのことをいいます。

新発10年国債利回りは、長期金利の指標として利用されており、住宅ロー

162

ン金利や企業の長期資金借入利率の基準となります。

Ⅲ 金融政策

金融政策 とは、物価の安定などを目的として、日本銀行が行う政策をいいます。主な金融政策には次のようなものがあります。

1 公開市場操作

公開市場操作 とは、日本銀行が短期金融市場において、手形や国債などの売買を行い、金融市場の資金量を調整することをいいます。公開市場操作には、売りオペレーション と 買いオペレーション があります。

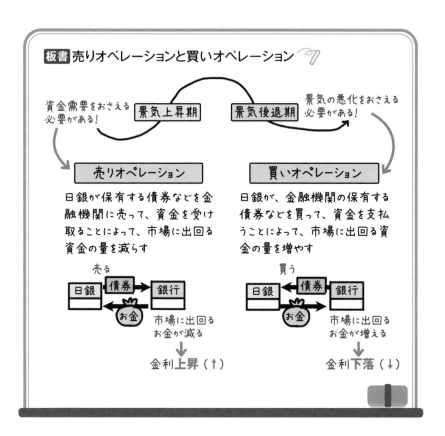

板書 売りオペレーションと買いオペレーション

資金需要をおさえる必要がある！　景気上昇期　景気後退期　景気の悪化をおさえる必要がある！

売りオペレーション

日銀が保有する債券などを金融機関に売って、資金を受け取ることによって、市場に出回る資金の量を減らす

売る
日銀 ←債券 銀行
お金→
市場に出回るお金が減る

金利上昇（↑）

買いオペレーション

日銀が、金融機関の保有する債券などを買って、資金を支払うことによって、市場に出回る資金の量を増やす

買う
日銀 債券← 銀行
お金→
市場に出回るお金が増える

金利下落（↓）

日本銀行が売りオペレーションを行うと、市場の資金量が増加する。

> ▶ × 売りオペは日本銀行が債券等を金融機関に売って、資金を受け取る（市場の資金を吸収する）ため、市場に出回る資金量が減少する。

日本銀行が買いオペレーションをすると、金利は上昇する。

> ▶ × 買いオペにより、市中の資金の量は増加し、金利は下落する。

② 預金準備率操作

金融機関は、準備預金として一定割合の預金を日本銀行に預けることが義務づけられています。この一定割合を **預金準備率** といいます。預金準備率を引き上げたり、引き下げたりすることによって、金融市場の資金量を調整することを **預金準備率操作**(支払準備率操作、法定準備率操作)といいます。

Ⅳ 財政政策

財政 とは、国や地方公共団体が行う経済活動をいい、財政には資源配分(消防や警察などのサービスを行ったり、道路や公園などを作るために投資すること)、所得再分配(徴収した税金を再分配すること)、経済の安定化の３つの機能があります。

財政政策 とは、国や地方公共団体が行う政策をいい、財政政策には、たとえば不景気のときに行う公共投資や減税などがあります。

SECTION 02 セーフティネットと関連法規

このSECTIONで学習すること

1 預金保険制度

・預金保険制度の対象となる預金等となならない預金等

・保護の範囲

> 元本1,000万円のほか、その利息も保護の対象となる！

2 日本投資者保護基金

・概要

・日本投資者保護基金の補償対象となるものとならないもの

> 1人あたりの最大補償額は1,000万円

3 金融サービス提供法

・金融サービス提供法のポイント

> 金融商品販売業者には、重要事項を説明する義務がある

4 消費者契約法

・消費者契約法のポイント

> 消費者契約法で保護されるのは、個人のみ。企業は保護されない！

5 金融商品取引法

・金融商品取引法のポイント

・金融ADR制度

> 適合性の原則
> …顧客の投資経験や目的等に照らして不適切な勧誘は行ってはダメ、という原則

1 預金保険制度

I セーフティネットとは

金融商品における **セーフティネット**（安全網）とは、顧客の資産を守るしくみのことをいい、代表的なものに **預金保険制度** があります。

II 預金保険制度の概要

預金保険制度 は、金融機関が破綻した場合に預金者を保護する制度です。

日本国内に本店がある銀行、信用金庫、信用組合などの金融機関（ゆうちょ銀行も含む）に預け入れた預金等は保護の対象となります。

ひとこと

上記の金融機関の海外支店や、外国銀行の日本支店に預け入れた預金は保護の対象外となります。

III 預金保険制度の対象となる預金等とならない預金等

預金保険制度の対象となる預金等とならない預金等は次のとおりです。

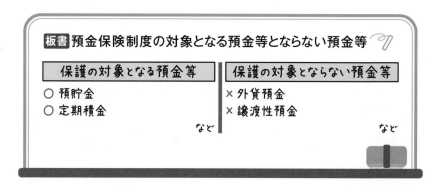

板書 預金保険制度の対象となる預金等とならない預金等

保護の対象となる預金等	保護の対象とならない預金等
○ 預貯金	× 外貨預金
○ 定期積金	× 譲渡性預金
など	など

例題

日本に本店がある銀行に預け入れた外貨預金は預金保険制度の保護対象となる。

▶ × 外貨預金は保護の対象とならない。

Ⅳ 保護の範囲

決済用預金については、全額保護の対象となります。

また、決済用預金以外の預金等については、1金融機関ごとに預金者1人あたり元本**1,000**万円までとその**利息**が保護されます。

板書 保護の範囲

☆ **決済用預金**（当座預金、利息のつかない普通預金など）
　→**全額保護**

☆ **決済用預金以外**（利息のつく普通預金、定期預金など）
　→1金融機関ごとに預金者1人あたり元本**1,000**万円までと
　その利息

> 決済用預金とは、以下の3つの要件を満たした預金をいう
> ① 無利息
> ② 要求払い ← 預金者の要求にしたがって、いつでも引出し可能なこと
> ③ 決済サービスに利用できる ← 引落し等ができる口座であること

例題

預金保険制度では、普通預金（利息がつく預金）については、1金融機関ごとに預金者1人あたり1,000万円までとその利息等が保護されるが、当座預金については全額保護される。

▶ ○ 決済用預金（当座預金）は預入金額にかかわらず、全額保護される。

---

2 日本投資者保護基金

証券会社は、投資家から預かった金融資産（証券や現金など）を、証券会社の資産とは分けて管理することが義務づけられています（**分別管理義務**）。そのため、証券会社が破綻した場合、投資家は証券会社に預けている金融資産を返してもらうことができます。

しかし、証券会社が分別管理を行っていなかった場合（違法行為があった場

合)には、投資家が損失を被ってしまいます。

このような事態に備えて**日本投資者保護基金**が設立されており、証券会社には日本投資者保護基金への加入が義務づけられています。

証券会社の破綻等により投資家が損害を被った場合、日本投資者保護基金によって1人あたり最大**1,000**万円まで補償されます。

板書 日本投資者保護基金の補償対象となるものとならないもの

補償の対象となるもの	補償の対象とならないもの
証券会社が取り扱っている ○ 株式※ ○ 公社債※ ○ 投資信託※ ○ 株式の信用取引に係る保証金 　　　　　　　　　　　　など ※海外で発行されたものを含む	× 銀行で購入した投資信託 　→銀行は日本投資者保護基金の 　　会員ではないから。ただし、銀行 　　でも分別管理の義務はある × 外国為替証拠金取引（FX取引） 　の証拠金　　　　　　　　など

例題

銀行で購入した投資信託も日本投資者保護基金の補償の対象となる。

▶ × 証券会社で購入した投資信託は日本投資者保護基金の補償の対象となるが、銀行で購入した投資信託は日本投資者保護基金の補償の対象とならない。

3 金融サービス提供法

金融サービス提供法は、金融サービスの提供について、顧客を保護するための法律です。

金融サービス提供法の主なポイントは次のとおりです。

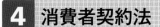

板書 金融サービス提供法の主なポイント

☆ 金融商品販売業者は金融商品を販売するさい、
重要事項について説明をする義務がある
┗→ 元本割れするおそれがある場合はそのリスクの内容など

☆ 金融商品販売業者が説明義務を怠り、顧客が損害を被った場合には、金融商品販売業者に**損害賠償責任**が発生する

4 消費者契約法

消費者契約法は、消費者を保護するための法律です。
消費者契約法の主なポイントは次のとおりです。

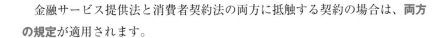

板書 消費者契約法の主なポイント

☆ 消費者契約法で保護されるのは**個人**のみ
☆ 事業者による不適切な行為により、消費者が誤認、困惑して契約の申込みをした場合には、それを**取り消す**ことができる

　金融サービス提供法と消費者契約法の両方に抵触する契約の場合は、**両方の規定**が適用されます。

5 金融商品取引法

I 金融商品取引法

金融商品取引法は、金融商品の取引について、投資家などを保護するための法律です。

金融商品取引法では、投資の知識や経験などから、投資家を**特定投資家**(プロ)と**一般投資家**(アマチュア)に分けて規制しており、以下のような金融商品取引業者が守るべきルールを定めています。

金融商品取引業者が守るべきルール

適合性の原則	顧客の知識、経験、財産の状況および契約を締結する目的に照らして不適切と認められる勧誘を行ってはならない
断定的判断の提供の禁止	利益が生じることが確実であると誤認させるような断定的判断を提供してはならない →「この株(株価)は絶対上がります!」など言ってはダメ
広告等の規制	金融商品取引業者が広告等をするときには、一定の表示を行わなければならず、誇大広告はしてはならない
契約締結前の書面交付義務	契約の概要や手数料、リスク等について、契約締結前交付書面(取引説明書)を交付して説明しなければならない
損失補てんの禁止	顧客に損失が生じた場合に、業者がその損失を補てんすること(補てんする約束をすること)は禁止されている

☆ 特定投資家に対しては一部のルール(適合性の原則や契約締結前の書面交付義務など)が除外される

ひとこと

債券、株式、投資信託のほかに、外貨預金や変額保険・年金など、投資性の強い金融商品についても「金融商品取引法」と同等の販売・勧誘ルールが適用されます。

例題

金融商品取引法に定める適合性の原則により、金融商品取引業者等は、金融商品取引行為について、顧客の知識、経験、財産の状況および金融商品取引契約を締結する目的に照らして、不適切な勧誘を行ってはならないとされている。

▶○

Ⅱ 金融ADR制度（金融分野における裁判外紛争解決制度）

金融ADR制度とは、金融機関と利用者との間で生じたトラブルを、業界ごとに設置された指定紛争解決機関（金融ADR機関）において、裁判外の方法で解決を図る制度をいいます。

板書 金融ADR制度の主なポイント

指定紛争解決機関

…全国銀行協会、生命保険協会、日本損害保険協会、保険オンブズマン、証券・金融商品あっせん相談センターなどが指定されている

ポイント

☆ 指定紛争解決機関に所属する弁護士など、中立・公正な専門家が
和解案を提示し、解決につとめる
　→ 紛争解決委員

☆ 利用手数料は原則として無料

SECTION
03
貯蓄型金融商品

このSECTIONで学習すること

1 貯蓄型金融商品の基本
・利率と利回り
・単利と複利
・固定金利と
　変動金利
・利子と税金

計算問題を
確認しておこう

2 貯蓄型金融商品の種類
・銀行の金融商品
・ゆうちょ銀行の
　金融商品

全部おさえるのは
大変だから、
各表の赤字部分だけ
おさえておこう

1 貯蓄型金融商品の基本

I 貯蓄型金融商品とは

貯蓄型金融商品とは、預貯金のことをいい、元本が保証されていて、いつでも引き出せるというのが特徴です。

ひとこと

預貯金とは、預金と貯金を合わせた用語です。銀行に預け入れた場合は預金といい、ゆうちょ銀行や農協に預け入れた場合には貯金といいますが、両者に違いはありません。

II 利率と利回り

1 利率

利率とは、元本に対する利子の割合をいいます。

❷ 利回り（年平均利回り）

利回り（年平均利回り）とは、元本に対する１年あたりの収益をいいます。具体的には、一定期間の収益合計を１年あたりに換算し、それを当初の元本で割って計算します。

$$利回り（年平均利回り）＝\frac{収益合計÷預入年数}{当初の元本}×100$$

板書 利回り（年平均利回り）

たとえば、
100万円を預け入れ、1年目の利息が2万円、2年目の利息が2.04万円であった場合の利回りは…

$$利回り（年平均利回り）＝\frac{（2万円＋2.04万円）÷2年}{100万円}×100＝2.02\%$$

Ⅲ 単利と複利

利子の計算方法には **単利** と **複利** があります。

❶ 単利

単利 は、預け入れた当初の元本についてのみ利子がつく計算方法です。

元利合計＝元本×（１＋年利率×預入期間）

❷ 複利

複利 は、一定期間ごとに支払われる利子も元本に含め、これを新しい元本とみなして次の利子を計算する方法です。利子が１年に一度つくものを **1年複利**、半年に一度つくものを **半年複利** といいます。

$$元利合計＝元本×（1＋年利率）^{年数}$$

$$元利合計＝元本×\left(1+\frac{年利率}{2}\right)^{年数×2}$$

板書 単利と複利

たとえば、
100万円を年利率3％で3年間預けた場合は…

単 利 の 場 合

1年後の元利合計：100万円×(1+0.03×1)＝103万円
2年後の元利合計：100万円×(1+0.03×2)＝106万円
3年後の元利合計：100万円×(1+0.03×3)＝109万円

1年複利の場合

1年後の元利合計：100万円×(1+0.03)＝103万円×(1+0.03)
2年後の元利合計：100万円×(1+0.03)²＝106.09万円×(1+0.03)
3年後の元利合計：100万円×(1+0.03)³＝109.2727万円

半年複利の場合

3年後の元利合計：100万円×$\left(1+\frac{0.03}{2}\right)^{3×2}$＝109.3443・・・万円

ひとこと

電卓で2乗、3乗を計算する方法は CHAPTER01 を参考にしてください。

♫Review CH01.SEC02 **2** **Ⅳ**

複利とは、預け入れた当初の元本についてのみ利子がつく計算方法をいう。

> ✕ 複利とは、一定期間ごとに支払われる利子も元本に含め、これを新しい元本とみなして次の利子を計算する方法をいう。

5,000,000 円を年利率 2 ％（1 年複利）で 3 年間運用した場合の元利合計額は、5,300,000 円である。

> ✕ 5,000,000 円×(1 + 0.02)³ = 5,306,040 円

Ⅳ 固定金利と変動金利

❶ 固定金利

預け入れた時から満期まで金利が変わらないものを 固定金利 といいます。

❷ 変動金利

市場金利の変化に応じて金利が変動するものを 変動金利 といいます。

❸ 景気と固定金利、変動金利

現在の金利が高く、今後の金利が低くなる（景気が悪くなる）と予想される場合には、いまの高い金利で預け入れたほうが得なので、**固定**金利を選択したほうが有利となります。

また、現在の金利が低く、今後の金利が高くなる（景気が良くなる）と予想される場合には、**変動**金利を選択したほうが有利となります。

Ⅴ 利子と税金 →参照 CH04.SEC02 ❶ 利子所得

預貯金の利子は、**利子**所得として課税され、**20.315**％（所得税**15**％、復興特別所得税**0.315**％、住民税**5**％）の**源泉分離**課税となります。

銀行とゆうちょ銀行の主な金融商品についてみておきましょう。

ひとこと

　金融商品の特徴を全部をおぼえる必要はありません。赤字の部分だけ軽くおさえておきましょう。

銀行の主な金融商品

	種　類	特　徴
流動性預金	普 通 預 金	・変動金利で利払いは半年ごと
	貯 蓄 預 金	・変動金利で利払いは半年ごと ・預金残高が基準残高を上回っていれば、普通預金よりも高い金利が適用される
定期性預金	スーパー定期	・**固定金利** 　預入期間が３年未満→**単利型**のみ 　預入期間が３年以上→単利型と半年複利型の選択可 　　　　　　　→半年複利型は個人のみ ・中途解約の場合は、中途解約利率が適用される
	大 口 定 期 預 金	・預入金額は**1,000万**円以上で１円単位 ・固定金利。**単利型のみ** ・中途解約の場合は、中途解約利率が適用される
	期 日 指 定 定 期 預 金	・預け入れてから１年たてば、満期日（一般的に１年から３年の間）を指定できる定期預金 ・固定金利。１年複利

ひとこと

　流動性預金（貯金）は、満期がなく、いつでも出し入れ可能な金融商品で、定期性預金（貯金）は、満期のある金融商品です。

ゆうちょ銀行の主な金融商品

	種　類	特　徴
流動性貯金	通 常 貯 金	・変動金利で利払いは半年ごと
	通 常 貯 蓄 貯 金	・変動金利で利払いは半年ごと ・貯金残高が基準残高を上回っていれば、通常貯金よりも高い金利が適用される
定期性貯金	定 額 貯 金	・**固定金利。半年複利** ・預入期間に応じた金利（6段階）が預入時にさかのぼって適用される ・6カ月以降自由満期。最長預入期間は **10年** ・6カ月据え置けば、ペナルティなく解約できる
	定 期 貯 金	・**固定金利** 　預入期間が3年未満→**単利型のみ** 　預入期間が3年以上→**半年複利型のみ** ・中途解約の場合は、中途解約利率が適用される

ゆうちょ銀行の預入限度額は **2,600**万円（通常貯金 **1,300**万円、定期性貯金 **1,300**万円）となっています。

例題

ゆうちょ銀行の預入限度額は、通常貯金と定期性貯金のそれぞれで1,000万円、合計で2,000万円である。

▶ × ゆうちょ銀行の預入限度額は、通常貯金 **1,300**万円、定期性貯金 **1,300**万円の合計 **2,600**万円である。

SECTION
04 債 券

このSECTIONで学習すること

1 債券の基本

- ・債券の種類

  利付債と割引債
  新発債と既発債
  円建て債券と
  外貨建て債券

- ・個人向け国債

> 個人向け国債は、
> 10年もの、5年もの、
> 3年ものがある！

2 債券の利回り

- ・直接利回り
- ・応募者利回り
- ・最終利回り
- ・所有期間利回り

> メンドクサイけど
> 公式はおさえて
> おこう

3 債券のリスク

- ・価格変動リスク
- ・信用リスク
- ・信用リスクと格付け、利回り、債券価格

> 市場金利が↑なら、
> 債券価格は↓＆利回り↑
> 市場金利が↓なら、
> 債券価格は↑＆利回り↓

1 債券の基本

I 債券とは

債券とは、国や企業などが、投資家からお金を借りる(資金調達をする)さいに発行する借用証書のようなものです。

債券には、国が発行する**国債**、地方公共団体が発行する**地方債**、一般事業会社が発行する**社債**、金融機関が発行する**金融債**などがあります。

Ⅱ 債券に関する用語の説明

債券に関する用語を確認しておきましょう。

債券に関する用語の説明

用　語	意　味
償 還 期 限	返済期限。満期ともいう
発 行 価 格	借入金額。債券が新規発行されるときの価格
額 面 金 額	債券に記載された金額
表 面 利 率	額面金額に対する利率。クーポンレートともいう

Ⅲ 債券の種類

債券をいくつかの側面で分類すると、次のようになります。

板書 債券の種類

	利付債	定期的に一定の利子が支払われる債券。償還時に額面金額で償還される
利払の方法による分類	割引債	利子の支払いがない代わりに、額面金額より低い金額で発行される債券。償還時に額面金額で償還されることにより、額面金額と発行価格の差額（償還差益）が利子の代わりとなる
新規発行かどうかによる分類	新発債	新たに発行される債券
	既発債	すでに発行され、市場で取引されている債券
円貨か外貨かによる分類	円建て債券	払込み、利払、償還が円貨で行われる債券
	外貨建て債券	払込み、利払、償還が外貨で行われる債券

Ⅳ 債券の発行価格

債券の発行価格は額面100円あたりの価格で表示されます。額面100円あたり100円（額面金額と同じ金額）で発行される場合を **パー発行** 、100円未満（額面金額より低い金額）で発行される場合を **アンダー・パー発行** 、100円超（額面金額より高い金額）で発行される場合を **オーバー・パー発行** といいます。

Ⅴ 個人向け国債

個人向け国債 は、購入者を個人に限定した国債です。

償還期限10年の **変動** 金利型、償還期限5年の **固定** 金利型、償還期限3年の **固定** 金利型があります。各商品の特徴は次のとおりです。

板書 個人向け国債の特徴

商品	個人向け国債		
	変動10年	固定5年	固定3年
償還期限	10年	5年	3年
金利方式	変動金利	固定金利	固定金利
適用利率	基準金利×0.66	基準金利−0.05%	基準金利−0.03%
最低保証金利	0.05%		
購入単位	1万円以上1万円単位		
中途換金	1年経過後なら換金可能		
中途換金時の調整額	直前2回分の利息相当額（税引前）×(100%−20.315%※) が差し引かれる		
発行頻度	毎月		

※ 所得税15%、復興特別所得税0.315%、住民税5%

個人向け国債には、償還期間が 10 年、5 年、3 年のものがあるが、金利はすべて固定金利である。

▶ × 個人向け国債の 5 年、3 年ものは固定金利であるが、10 年ものは**変動金利**である。

個人向け国債の最低保証金利は 0.03％である。

▶ × 個人向け国債の最低保証金利は **0.05**％である。

2 債券の利回り

債券の利回りとは、当初の投資額に対する利息と償還差損益の割合をいいます。

債券の利回りには、**直接利回り**、**応募者利回り**、**最終利回り**、**所有期間利回り**があります。

板書 債券の利回り

1 直接利回り

…投資金額（購入価格）に対する毎年の利息収入の割合

$$直接利回り(\%) = \frac{表面利率}{購入価格} \times 100$$

たとえば、表面利率1％の債券を102円で購入した場合は…
（小数点以下第3位を四捨五入）

$$\frac{1}{102円} \times 100 \fallingdotseq 0.98\%$$

2 応募者利回り

…債券の発行時に購入し、
　償還まで所有した場合の利回り

発行　途中購入　　　途中売却　償還

$$応募者利回り(\%)=\dfrac{表面利率+\dfrac{額面(100円)-発行価格}{償還期限(年)}}{発行価格}\times100$$

たとえば、表面利率1%、発行価格98円、償還期限5年の債券を購入した場合は…（小数点以下第3位を四捨五入）

$$\dfrac{1+\dfrac{100円-98円}{5年}}{98円}\times100≒1.43\%$$

3 最終利回り

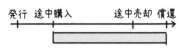

…すでに発行されている債券を時価で購入し、償還まで所有した場合の利回り

$$最終利回り(\%)=\dfrac{表面利率+\dfrac{額面(100円)-購入価格}{残存年数(年)}}{購入価格}\times100$$

たとえば、表面利率1%、償還期限5年、発行価格99円の債券を残存年数3年の時点で99円で購入した場合は…
（小数点以下第3位を四捨五入）

$$\dfrac{1+\dfrac{100円-99円}{3年}}{99円}\times100≒1.35\%$$

4 所有期間利回り

…新規発行の債券または既発行の債券を購入し、償還前に売却した場合の利回り

$$所有期間利回り(\%)=\dfrac{表面利率+\dfrac{売却価格-購入価格}{所有期間(年)}}{購入価格}\times100$$

たとえば、表面利率1%、償還期限5年、発行価格98円の債券を
発行時に購入し、4年後に103円で売却した場合は…
（小数点以下第3位を四捨五入）

$$\frac{1+\dfrac{103円-98円}{4年}}{98円}\times100≒2.30\%$$

利回りの計算をするときは、分子と分母を分けて計算してみましょう。

例題

表面利率3%、償還期限3年の利付債券を額面100円あたり101.5円で購入した
場合の応募者利回りは2.96%である（小数点以下第3位四捨五入）。

▶ ✕ 分子：$3+\dfrac{100円-101.5円}{3年}=2.5$ 円

分母：101.5円

応募者利回り：$\dfrac{2.5円}{101.5円}\times100≒2.46\%$

例題

表面利率2%、償還期限8年、残存年数6年の利付債券を額面100円あたり99円
で購入した場合の最終利回りは1.85%である（小数点以下第3位四捨五入）。

▶ ✕ 分子：$2+\dfrac{100円-99円}{6年}=2.1666\cdots$ 円

分母：99円

最終利回り：$\dfrac{2.166\cdots円}{99円}\times100≒2.19\%$

例題

表面利率4%、償還期限8年の利付債券を額面100円あたり101円で購入し、4
年後に額面100円あたり103円で売却した場合の所有期間利回りは4.12%である
（小数点以下第3位四捨五入）。

▶ ✕ 分子：$4+\dfrac{103円-101円}{4年}=4.5$ 円

分母：101円

所有期間利回り：$\dfrac{4.5円}{101円}\times100≒4.46\%$

3 債券のリスク

　債券のリスクには、**価格変動リスク**、**信用リスク**、**流動性リスク**、**為替変動リスク**などがありますが、ここでは価格変動リスクと信用リスクについてみておきます。

Ⅰ 価格変動リスク（金利変動リスク）

　価格変動リスク（金利変動リスク）とは、市場金利の変動にともなって、債券の価格が変動するリスクをいいます。

　一般に市場金利が上昇すると、債券価格が**下落**し、利回りは**上昇**します。

　一方、市場金利が下落すると、債券価格が**上昇**し、利回りは**下落**します。

板書 市場金利と債券の価格、利回り

☆ | 市場金利 ↗ | → | 債券価格 ↘ | → | 債券の利回り ↗ |

市場金利が上昇すると、（金利が低い時代に買った）債券を持っているよりも銀行にお金を預けたほうが得なので、債券が売られ、その結果、債券価格は下落する

最終利回り（前述）の公式をみると、分子が「100円－購入価格」であるため、債券価格が下落した債券を購入した場合、最終利回りは上昇する。だから、債券価格が下落すると、利回りは上昇する!!

☆ | 市場金利 ↘ | → | 債券価格 ↗ | → | 債券の利回り ↘ |

市場金利が下落すると、銀行にお金を預けるよりも、（金利が高い時代に発行された）債券のほうが得なので、債券が買われ、その結果、債券価格は上昇し、利回りが下落する!!

例題

価格変動リスクとは、市場金利の変動にともなって、債券の価格が変動するリスクをいい、一般に市場金利が上昇すると、債券価格も上昇し、利回りは下落する。

▶ ✕ 一般に市場金利が上昇すると、債券価格が**下落**し、利回りは**上昇**する。

Ⅱ 信用リスク

信用リスクとは、債券の元本や利子の支払いが遅延したり、その一部または全部が支払われないリスクをいい、**デフォルトリスク**、**債務不履行リスク**ともいいます。

ひとこと

債券を発行した会社の財政状態が悪化すると、元本や利子の支払いが遅れたり、支払えなくなったりします。

信用リスクの目安として**格付け**があります。

ひとこと

主な格付け機関には、ムーディーズやS&P（スタンダード・アンド・プアーズ）などがあります。

債券の格付けは「ＡＡＡ」や「Ｃ」といった記号で表され、格付けの高い（信用リスクが**低い**）債券ほど利回りが**低く**、債券価格は**高く**なります。また、格付けの低い（信用リスクが**高い**）債券ほど利回りが**高く**、債券価格は**低く**なります。

また、「**BBB**（トリプルB）」以上の債券を**投資適格債**といいます。

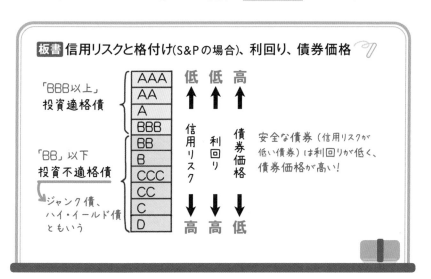

板書 信用リスクと格付け(S&Pの場合)、利回り、債券価格

		信用リスク	利回り	債券価格
「BBB以上」投資適格債	AAA / AA / A / BBB	低	低	高
「BB」以下 投資不適格債	BB / B / CCC	↑	↑	↑
ジャンク債、ハイ・イールド債ともいう	CC / C / D	高	高	低

安全な債券（信用リスクが低い債券）は利回りが低く、債券価格が高い！

例題

一般に、格付けの高い債券ほど利回りが高く、格付けの低い債券ほど利回りが低くなる。

▶✗ 一般に格付けの高い債券ほど利回りが**低く**、格付けの低い債券ほど利回りが**高く**なる。

例題

信用リスクの目安として用いられるＳ＆Ｐ社の格付けにおいて、一般にＢ以上が投資適格債とされる。

▶✗ 一般に**BBB**格以上が投資適格債とされる。

SECTION 05 株 式

このSECTIONで学習すること

1 株式の基本
・株主の権利
・株式の単位
・株式累積投資と株式ミニ投資
・証券取引所

概要を
把握しておこう

2 株式の取引
・指値注文と成行注文
・決済

決済は
3営業日目！

3 株式の指標

相場指標
・日経平均株価（日経225）
・東証株価指数（TOPIX）
・東証プライム市場指数
・売買高（出来高）

株式投資に用いる指標
・PER
・PBR
・ROE
・配当利回り
・配当性向
・自己資本比率

PERと配当利回り
はよく出題される！
計算式を確認して
おこう

1 株式の基本

Ⅰ 株式とは

株式とは、株式会社が資金調達のために発行する証券をいいます。

Ⅱ 株主の権利

株式を購入した人を株主といい、株主には次の権利があります。

株主の権利

権　利	意　味
議決権	会社の経営に参加する権利(経営参加権)
剰余金分配請求権	会社が獲得した利益(剰余金)の分配を受ける権利
残余財産分配請求権	会社が解散した場合、持株数に応じて残った財産の分配を受ける権利

Ⅲ 株式の単位(単元株)

株式の取引単位のことを単元株といい、原則として株式の売買は単元株の整数倍で行われます。

ひとこと

現在、1単元は100株に統一されています。

なお、単元未満でも売買できる方法として、株式累積投資(るいとう)や株式ミニ投資があります。

板書 株式累積投資と株式ミニ投資 🖋

1 **株式累積投資**（るいとう）

…毎月、一定額ずつ積立方式で購入する方法

→こういう買い方を**ドル・コスト平均法**という

2 **株式ミニ投資**

…1単元の10分の1の単位で売買する方法

Ⅳ 証券取引所

株式は通常、証券取引所を通して売買されます。

国内の証券取引所は東京や名古屋などにあります。

2022年4月4日以降、東京証券取引所の市場区分が変更され、**プライム市場**、**スタンダード市場**、**グロース市場**の3つの市場となりました。

ひとこと

なお、これ以外にプロ投資家向けの TOKYO PRO Market があります。

板書 東京証券市場の３つの市場(一般投資家向け)

プライム市場	グローバルな投資家との建設的な対話を中心に据えた企業向けの市場
スタンダード市場	公開市場において投資対象として十分な流動性とガバナンス水準を備えた中堅企業向けの市場
グロース市場	高い成長可能性のある企業向けの市場

2 株式の取引

I 注文方法

上場株式(証券取引所に上場されている株式)の注文方法には、指値注文(さしねちゅうもん)と成行注文(なりゆきちゅうもん)があります。

板書 指値注文と成行注文

1 指値注文 …売買価格を指定して注文する方法

↳「A社株式を@2,000円で100株買う」

2 成行注文 …売買価格を指定しないで注文する方法

↳「A社株式をいくらでもいいから100株買う」

ポイント

☆ **指値**注文より、**成行**注文のほうが優先される ➡ 成行注文優先の原則

☆ 同一銘柄について、複数の売り指値注文がある場合はもっとも**低い**価格が優先される。買い指値注文の場合はもっとも**高い**価格が優先される　　　　　　　　　　　　　　　➡ 価格優先の原則

☆ 同一銘柄について、複数の指値注文がある場合は、時間の早い注文が優先される　　　　　　　　　　　　　➡ 時間優先の原則

☆ 指値注文であっても、<u>指定した価格よりも有利な価格で取引が成立することがある</u>

　　　↳ たとえば、80円で買い指値注文を出していたけど、株価は75円であった場合には、75円で買うことができる！

例題

同一銘柄について、指値注文と成行注文があった場合、売買価格を指定して注文する指値注文よりも、売買価格を指定しないで注文する成行注文のほうが優先される。

▶〇 指値注文よりも成行注文のほうが優先される。

Ⅱ 決済（受渡し）

　株式の売買が成立した日（約定日）を含めて**3営業日目**に決済（受渡し）が行われます。

例題

株式の売買代金の決済は、約定日の翌営業日に行われる。

▶✕ 株式の売買代金の決済は、約定日を含めて**3**営業日目に行われる。

3 株式の指標

Ⅰ 相場指標

　株式市場の株価水準や動きをみるための指標として、次のようなものがあります。

板書　相場指標 ✐

1 日経平均株価（日経225）

…東証**プライム**市場に上場されている銘柄のうち、代表的な**225**
　銘柄の<u>平均株価</u>
　　　　⮡単純に平均したものではなく、株価の連続性を
　　　　　保つように修正平均した株価

☆ 値がさ株の影響を受けやすい
　　　⮡株価の高い銘柄

2 東証株価指数（TOPIx）

…東証に上場されている内国普通株式の全銘柄から流通株式総額
　100億円未満の株式を除いた時価総額を指数化したもの（時価総
　額加重型）

3 東証プライム市場指数

…東証プライム市場に上場する内国普通株式の全銘柄を対象に時価
　総額加重方式によって算出される株価指数（浮動株時価総額型）

4 売買高（出来高）

…証券取引所で売買契約が成立した株式の総数

例題

日経平均株価は、東京証券取引市場に上場されている全銘柄を対象とした修正平均
株価である。

▶ ✕ 日経平均株価は、東証**プライム**市場に上場されている銘柄のうち代表的な225銘柄を対象
　　とした修正平均株価である。

Ⅱ 株式投資に用いる指標

株式投資を行うときの判断基準となる指標（個別銘柄の指標）には、次のようなものがあります。

板書 個別銘柄の指標 🖋

1 PER（株価収益率） Price Earnings Ratio

株価が1株あたり純利益の何倍になっているかをみる指標

☆ PERが低い銘柄は割**安**、高い銘柄は割**高**といえる

$$PER（倍）= \frac{株価}{1株あたり純利益}$$

> たとえば、株価が300円、当期純利益が20億円、発行済み株式数が1億株の場合は…

$$1株あたり純利益= \frac{20億円}{1億株} = 20円 \quad PER= \frac{300円}{20円} = 15倍$$

2 PBR（株価純資産倍率） Price Book-value Ratio

株価が1株あたり純資産の何倍になっているかをみる指標

☆ PBRが1倍ということは、その会社の株価が解散価値と同じということ

☆ PBRが低い（1倍に近い）銘柄は割**安**、高い銘柄は割**高**といえる

$$PBR（倍）= \frac{株価}{1株あたり純資産}$$

> たとえば、株価が300円、純資産が100億円、発行済み株式数が1億株の場合は…

$$1株あたり純資産= \frac{100億円}{1億株} = 100円 \quad PBR= \frac{300円}{100円} = 3倍$$

3 ROE（自己資本利益率） Return On Equity

株主が出資したお金（自己資本＝純資産）を使って、どれだけの利益を
あげたかをみる指標

☆ ROEが高い会社は儲け上手な会社！
　　↳ 少しの元手で大きく稼いだということになるから

$$ROE(\%) = \frac{当期純利益}{自己資本（純資産）} \times 100$$

たとえば、当期純利益が20億円、自己資本（純資産）が100億円の場
合は…

$$ROE = \frac{20億円}{100億円} \times 100 = 20\%$$

4 配当利回り

投資額(株価)に対する配当金の割合

$$配当利回り(\%) = \frac{1株あたり配当金}{株価} \times 100$$

たとえば、株価が300円、1株あたり配当金が6円の場合は…

$$配当利回り = \frac{6円}{300円} \times 100 = 2\%$$

5 配当性向

純利益に対する配当金の割合　　稼いだ利益のうち、どれだけ
　　　　　　　　　　　　　　　株主に還元したかを表す

$$配当性向(\%) = \frac{配当金総額}{当期純利益} \times 100$$

たとえば、当期純利益が20億円、年間配当金の総額が4億円の場合
は…

$$配当性向 = \frac{4億円}{20億円} \times 100 = 20\%$$

6 自己資本比率

会社全体の資本（総資本＝総資産）に対する、株主が出資した返済不要のお金（自己資本＝純資産）の割合

$$自己資本比率（\%）＝\frac{自己資本（純資産）}{総資本（総資産）}×100$$

たとえば、自己資本（純資産）が100億円、総資産が500億円の場合は…

$$自己資本比率：\frac{100億円}{500億円}×100＝20\%$$

ひとこと

総資本は負債（他人資本）と純資産（自己資本）を合計したもので、総資産と等しくなります。

ナルホド

例題

株価が 500 円、税引後当期純利益が 5,000 万円、発行済み株式数が 100 万株である場合、その会社の PER は 5 倍である。

▶ ✕ 1 株あたり純利益：$\frac{5,000 万円}{100 万株}＝50$ 円

PER：$\frac{500 円}{50 円}＝10$ 倍

例題

株価が 1,200 円、1 株あたりの配当金が 30 円の場合、配当利回りは 40％である。

▶ ✕ 配当利回り：$\frac{30 円}{1,200 円}×100＝2.5\%$

例題

配当性向とは、当期純利益に占める配当金総額の割合を示す指標である。

▶ ○

SECTION 06 投資信託

このSECTIONで学習すること

1 投資信託の基本
・投資信託の特徴
・投資信託に関する用語
　の説明

> 安全性が非常に高い
> 投資信託だとしても、
> 元本は保証されて
> いない！

2 投資信託のしくみ
・投資信託(契約型)のしくみ
・投資信託のコスト

購入時手数料
信託報酬
信託財産留保額

> 投資信託のコスト
> について、それぞれの
> 内容を確認しておこう

3 投資信託の分類
・投資信託の分類

公社債投資信託と株式投資信託
追加型と単位型
オープンエンド型とクローズドエンド型
インデックス運用とアクティブ運用

・MRF

> 公社債投資信託には、
> 株式は一切組み入れられない。
> 株式投資信託には、
> 公社債が組み入れられる
> こともある

4 上場している投資信託
・ETF
・上場不動産投資信託 (J-REIT)

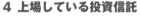

> 投資の仕方は
> 株式の場合と同じ

5 トータルリターン通知制度
・概要

> 投資信託の
> 販売会社に義務づけ
> られている制度

1 投資信託の基本

I 投資信託とは

投資信託とは、多数の投資家から資金を集めて1つの基金とし、この基金を運用の専門家が株式や不動産などに分散投資して、そこで得た利益を投資家に配分するしくみの金融商品をいいます。

板書 投資信託の特徴 ✐

☆ 小口投資が可能
☆ 専門家が投資、運用する
☆ 元本は保証されていない

II 投資信託に関する用語の説明

投資信託に関する用語を確認しておきましょう。

投資信託に関する用語の説明

用　語	意　　味
ファンド	運用資金のこと。一般的には投資信託の商品を指すことが多い
基 準 価 額	投資信託の1口あたりの時価
目論見書	ファンドの説明書。ファンドの目的、特色、投資の方針、投資のリスク、手続きなどが記載されている書類
運用報告書	運用実績や運用状況などが記載されている書類

2 投資信託のしくみ

I 投資信託のしくみ

投資信託には、**会社型**と**契約型**があります。

日本の投資信託は、ほとんどが契約型のため、ここでは契約型投資信託のしくみについて説明します。

契約型投資信託とは、運用会社(ファンドの委託者)と信託銀行等(ファンドの受託者)が信託契約を結ぶ形態の投資信託をいいます。

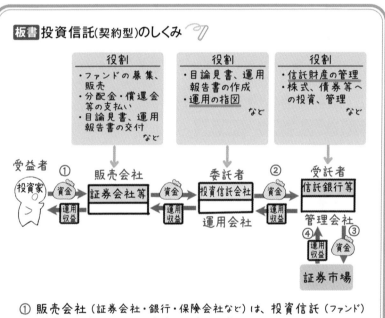

板書 投資信託(契約型)のしくみ

役割
・ファンドの募集、販売
・分配金・償還金等の支払い
・目論見書、運用報告書の交付 など

役割
・目論見書、運用報告書の作成
・運用の指図 など

役割
・信託財産の管理
・株式、債券等への投資、管理 など

① 販売会社(証券会社・銀行・保険会社など)は、投資信託(ファンド)の募集・販売を行い、投資家から資金を集める

② 委託者(運用会社)は、①の資金をもとにファンドを組み、受託者(管理会社)に対して運用の指図を行う

③ 受託者(管理会社)は、②の指図をもとに、受託した資金を株式などに投資して、資金の管理を行う

④ 運用によって得られた収益(分配金、償還金)は、最終的に投資家へ配分される

Ⅱ 投資信託のコスト

投資信託に投資するさいに、投資家が負担するコスト(主なもの)には、次のようなものがあります。

板書 投資信託のコスト ✍

1 購 入 時 手 数 料 ←投資信託の購入時にかかるコスト

…購入時に、販売会社に支払う手数料
☆ 購入時手数料がないファンド（ノーロード）もある
☆ 同じ投資信託でも、販売会社によって購入時手数料が異なる

2 運用管理費用（信託報酬） ←投資信託の保有時にかかるコスト

…販売会社、委託者（運用会社）、受託者（管理会社）のそれぞれの
業務に対する手間賃
☆ **信託財産**から**日々**差し引かれる

3 信 託 財 産 留 保 額 ←投資信託の中途換金時にかかるコスト

…中途解約した投資家の換金代金から差し引かれる

ある投資家がファンドを解約すると、ファンドの株式などを売却する
が、このとき売却手数料がかかる。この売却手数料は他の（残っ
た）投資家が負担するため、他の投資家との公平を図るために、解
約する投資家から信託財産留保額として徴収する

例題

投資信託の受益者が負担するコストのうち、信託財産留保額は、ファンドの運用や
管理の対価として信託財産の中から日々差し引かれる。

▶× 信託財産留保額は、中途換金時に徴収される手数料である。ファンドの運用や管理の対価と
して信託財産の中から日々差し引かれる費用は運用管理費用（信託報酬）である。

3 投資信託の分類

I 投資信託の分類

投資信託をいくつかの観点から分類すると、次のようになります。

板書 投資信託の分類 〰

☆ 投資対象による分類

公社債投資信託	株式を一切組み入れないで運用する投資信託
株式投資信託	株式を組み入れて運用できる投資信託

☆ 購入時期による分類

追加型(オープン型)	いつでも購入できる投資信託
単位型(ユニット型)	募集期間中だけ購入できる投資信託

☆ 解約の可否による分類

オープンエンド型	いつでも解約できる投資信託
クローズドエンド型	解約できない投資信託(換金するときは市場で売却する)

☆ 運用スタイルによる分類

インデックス運用(パッシブ運用)	ベンチマーク※に**連動した**運用成果を目標とする運用スタイル ※ 日経平均株価やTOPIXなど、運用目標とする基準のこと
アクティブ運用	ベンチマークを**上回る**運用成果を目標とする運用スタイル

アクティブ運用の場合、次の投資スタイルがある

トップダウン・アプローチ	マクロ的な投資環境(経済・金利・為替など)を予測し、資産配分や投資する業種を決定したあと、個別銘柄を選ぶという運用スタイル
ボトムアップ・アプローチ	個別企業の調査、分析から、投資対象を決定する運用スタイル

ボトムアップ・アプローチには、次の投資スタイルがある

グロース型	将来的に**成長**が見込める銘柄に投資する運用スタイル
バリュー型	企業の利益や資産などから判断して、**割安**だと思う銘柄に投資する運用スタイル

公社債投資信託は、株式の組入率を 10% 以内におさえた投資信託である。

▶ ✕ 公社債投資信託には、株式をいっさい組み入れることができない。

株式投資信託には、公社債を組み入れることはできない。

▶ ✕ 株式投資信託は、株式を組み入れることができる投資信託であり、公社債を組み入れることもできる。

インデックス運用とは、日経平均株価などのベンチマークを上回る運用成果を目標とする運用スタイルをいう。

▶ ✕ インデックス運用とは、日経平均株価などのベンチマークに**連動する**運用成果を目標とする運用スタイルをいう。

株式投資信託の運用において、個別銘柄の投資指標の分析や企業業績などのリサーチによって投資対象とする銘柄を選定し、運用する手法を、トップダウンという。

▶ ✕ 個別銘柄の投資指標の分析や企業業績などのリサーチによって投資対象とする銘柄を選定して運用する手法は、**ボトムアップ**である。

プラスワン　ブルベアファンド

　ブルベアファンドは、ブル型ファンドとベア型ファンドの総称で、デリバティブ取引（SECTION09 で学習）を活用して、レバレッジ（てこの原理）を使い、投資資金の何倍もの成果を上げることを目標として設計された投資信託です。

ブ ル 型 ファンド	相場が**上昇**したときに利益が出るように設計された投資信託 牛（Bull）の角が上を向いていることから、「ブル型」とよばれる
ベ ア 型 ファンド	相場が**下降**したときに利益が出るように設計された投資信託 熊（Bear）は上から下に手を振り下ろすことから、「ベア型」とよばれる

Ⅱ　MRF

　主な公社債投資信託には、**MRF**（マネー・リザーブ・ファンド）があります。

　MRF はいつでもペナルティなしで解約できます。また、日々収益が計上され、その収益は月末にまとめて再投資されます。

4 上場している投資信託

上場している投資信託には、**ETF**や**上場不動産投資信託(J-REIT)**などがあります。

ひとこと

株式と同様に、証券市場に上場している投資信託です。投資の仕方は上場株式と同様です。

板書 上場している投資信託

1 ETF (Exchange Traded Funds)

…金融商品取引所に上場している投資信託

☆ 日経平均株価やTOPIXなどの指数に連動するように運用される**インデックス型**と、そのような連動対象となる指数を定めない**アクティブ型**がある

2 上場不動産投資信託 (J-REIT) 日本版不動産投資信託の略

…投資家から集めた資金を不動産に投資して、そこから得られた利益を投資家に分配する投資信託

例題

東京証券取引所に上場されている ETF(上場投資信託)には、海外の株価指数などに連動する銘柄もある。

▶○

例題

上場不動産投資信託(J-REIT)は、指値注文によって取引することはできるが成行注文によって取引することはできない。

▶✕ 上場不動産投資信託(J-REIT)は、指値注文でも成行注文でも取引できる。

投資の仕方は上場株式と同様で、指値・成行注文や、信用取引も可能です。

また、分配金や譲渡益にかかる課税関係も上場株式と同様ですが、J-REIT
の分配金は配当控除の対象となりません。

ひとこと

上場株式等の課税関係については SEC08 で学習します。

5 トータルリターン通知制度

販売会社は投資家に対し、投資家が保有している投資信託について、年1
回以上トータルリターンを通知することが義務づけられています（**トータルリ
ターン通知制度**）。

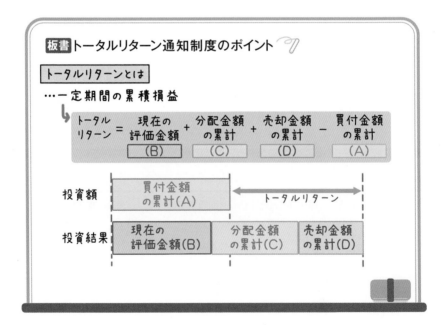

SECTION 07 外貨建て金融商品

このSECTIONで学習すること

1 外貨建て金融商品の基本
・為替レート（TTS、TTB）
・為替リスク

> TTSとTTBは銀行側の立場に立って考えて！

2 主な外貨建て金融商品
・外貨預金
・外貨建てMMF

> ポイントを軽くチェックしておこう

---

1 外貨建て金融商品の基本

Ⅰ 外貨建て金融商品とは

外貨建て金融商品とは、取引価格が外貨建て（米ドル、豪ドル、ユーロなど）で表示されている金融商品をいいます。

Ⅱ 為替レート

外貨建て金融商品を購入するさいには、円貨から外貨に換える必要があります。また、利子や元金を受け取るさいには、外貨から円貨に換える必要があります。

このとき、為替レートを用いますが、円貨を外貨に換えるときの為替レートは**TTS**（Telegraphic Transfer Selling Rate）を、外貨を円貨に換えるときの為替レートは**TTB**（Telegraphic Transfer Buying Rate）を用います。

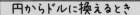

板書 為替レート

円からドルに換えるとき	ドルから円に換えるとき
→ TT**S**	→ TT**B**

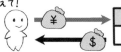

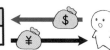

円をドルに換えて!

銀行からみると、
外貨(ドル)を**売っている**
<u>Selling</u>

ドルを円に換えて!

銀行からみると、
外貨(ドル)を**買っている**
<u>Buying</u>

☆ 基準となるレート(仲値)を**TTM** (Telegraphic Transfer Middle Rate) という

III 為替リスク

為替レートは刻々と変動しているため、外貨建て金融商品の取引には、為替レートの変動による影響(為替リスク)があります。

為替レートの変動によって生じた利益を 為替差益 、為替レートの変動によって生じた損失を 為替差損 といいます。

ひとこと

たとえば1ドル100円のときに10ドルを購入し、1ドル120円のときに売却したとします。そうすると、購入時には日本円で1,000円(10ドル×100円)を支払い、売却時に1,200円(10ドル×120円)を受け取ることになるため、200円の為替差益が生じます。

→円安になると為替差益が生じる!

一方、1ドル110円のときに10ドルを購入し、1ドル100円のときに売却したとします。そうすると、購入時には日本円で1,100円(10ドル×110円)を支払い、売却時に1,000円(10ドル×100円)を受け取ることになるため、100円の為替差損が生じます。

→円高になると為替差損が生じる!

わかった!

2 主な外貨建て金融商品

主な外貨建て金融商品には、**外貨預金**、**外国債券**、**外国投資信託** などがあります。なお、外国証券（外国債券、外国株式、外国投資信託）の取引をするためには、証券会社に**外国証券取引口座**を開設する必要があります。

ここでは外貨預金と外貨建てMMFの内容を見ておきましょう。

板書 外貨預金と外貨建てMMF

1 外貨預金

…外貨で行う預金。しくみは円預金と同様
☆ 預金保険制度の**対象外**
☆ 定期預金は原則として<u>中途換金ができない</u>
☆ 利子は<u>利子</u>所得、為替差益は**雑**所得
→ 20.315%の源泉分離課税

2 外貨建てMMF

MMF…マネー・マーケット・ファンド

…外貨建ての公社債投資信託
☆ 売買手数料はかからない
☆ いつでもペナルティなしで換金できる
☆ 譲渡差益（為替差益を含む）は**譲渡**所得として申告分離課税の対象となる

SECTION 08 金融商品と税金

このSECTIONで学習すること

1 預貯金と税金
・預貯金の利子
→利子所得
（源泉分離課税）

預貯金の利子は原則として20.315%の源泉分離課税！

2 債券、株式、投資信託と税金
・特定口座
・債券と税金
・株式と税金
・投資信託と税金

証券税制について確認しておこう

3 NISA
・概要
・つみたて投資枠と成長投資枠

2024年1月からNISA制度が変わったよ！

1 預貯金と税金

　預貯金の利子は、利子所得として課税され、原則として **20.315%**（所得税 **15%**、復興特別所得税 **0.315%**、住民税 **5%**）の源泉分離課税となります。

2 債券、株式、投資信託と税金

I 特定口座

　特定口座とは、投資家が所有する上場株式等から生じる損益にかかる税金

の申告を簡略化するために設けられた制度で、証券会社が投資家にかわって特定口座内の年間の売却損益等の計算を行います。

また、特定口座には、「源泉徴収あり（源泉徴収口座）」と「源泉徴収なし（簡易申告口座）」があり、源泉徴収口座の場合には、売却損益等について確定申告を不要とすることができます。

証券会社の口座

特定口座	源泉徴収あり	証券会社が年間の売却損益等の計算を行い、納税も行う（税額は源泉徴収される）→確定申告をしてもいいし、申告不要としてもいい
	源泉徴収なし	証券会社が年間の売却損益等の計算を行うが、納税は投資家が行う→確定申告が必要
一般口座		投資家が自分で年間の売却損益等の計算を行い、納税を行う→確定申告が必要
NISA口座		NISA（後述 **3**）を利用する場合の非課税口座 →確定申告は不要

II 債券と税金

国債や地方債、公募社債などの一定の公社債を **特定公社債** といいます。

 ひとこと

なお、特定公社債に公募公社債投資信託などを含めた場合には、**特定公社債等** といいます。また、特定公社債以外の公社債（私募債など）を **一般公社債** といいます。

特定公社債にかかる利子、譲渡益、償還差益の課税方法は次のとおりです。

板書 特定公社債の課税方法

利子、収益分配金 ※所得税15%、復興特別所得税0.315%、住民税5%

☆ 利子所得
☆ 税率は**20.315%**※
☆ **申告分離**課税または**申告不要**とすることができる

譲渡益、償還差益

☆ **譲渡**所得
☆ 税率は**20.315%**※
☆ **申告分離**課税

ひとこと

　一般公社債（特定公社債以外の公社債）については上記の課税方法とは異なりますが、3級の試験では特定公社債の課税方法だけおさえておけばよいでしょう。

Ⅲ 株式と税金

1 上場株式等と税金

　上場株式等（上場株式、上場株式投資信託など）の配当金や上場株式等の売却益の課税方法は次のとおりです。

板書 上場株式等と税金（上場株式等の課税方法）

配当金 ※所得税15%、復興特別所得税0.315%、住民税5%

☆ **配当**所得
☆ 税率は**20.315%**※
☆ <u>総合課税</u>
　→**申告分離**課税または**申告不要**とすることもできる

売却益

☆ 譲渡所得
☆ 税率は**20.315%**※
☆ **申告分離課税**

❷ 配当所得と配当控除、損益通算

上場株式等の配当所得について、どの課税方法を選択したかにより、配当控除を適用できるかどうか、上場株式等の譲渡損失と損益通算ができるかどうかが異なります。

ひとこと

損益通算とは、損失（赤字）と利益（黒字）を相殺することをいいます。
損益通算や配当控除については CHAPTER04 で学習します。

上場株式等の配当所得と配当控除、損益通算

総合課税を選択	○ 配当控除の適用あり × 上場株式等の譲渡損失と損益通算することはできない
申告分離課税を選択	× 配当控除の適用なし ○ 上場株式等の譲渡損失と損益通算することができる
申告不要を選択	× 配当控除の適用なし × 上場株式等の譲渡損失と損益通算することはできない

例題

上場株式等の配当所得について申告分離課税を選択した場合、配当控除の適用を受けることができる。

▶× 上場株式等の配当所得について申告分離課税を選択した場合には、配当控除の適用を受けることができない。

❸ 損益通算と損失の繰越し

上場株式等の譲渡所得に損失が生じた場合、**申告分離**課税を選択した配当

所得や申告分離課税を選択した特定公社債の利子所得と損益通算することができます。また、損益通算しても損失が残る場合には、その損失は翌年以降3年間にわたって繰り越すことができます。

ひとこと

今年の損失を来年以降に繰り越して、来年以降3年間の譲渡益と損益通算することができるということです。

Ⅳ 投資信託と税金

1 公募公社債投資信託と税金

公社債投資信託の収益分配金や譲渡益(償還差益)に対する課税方法は、債券(特定公社債)と同じです。

ひとこと

収益分配金は利子所得、譲渡益や償還差益は譲渡所得ですね。

2 公募株式投資信託と税金

株式投資信託の収益分配金には、**普通分配金**(値上がり分)と**元本払戻金**(特別分配金)があります。

ひとこと

たとえば、追加型株式投資信託を10,000円で購入し、決算時に1,000円の分配があった(決算時の基準価額は10,600円)とした場合、収益分配金支払後の基準価額は9,600円(10,600円－1,000円)となります。この場合の、収益分配金の内訳は、値上がり分の600円(10,600円－10,000円)は普通分配金で、残りの400円(1,000円－600円)は元本払戻金(特別分配金)となります。

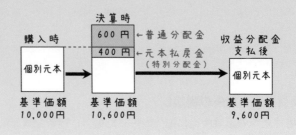

このうち、普通分配金については、**配当**所得として上場株式の配当金と同じ扱いになります。一方、元本払戻金(特別分配金)については**非課税**となります。

 →参照 CH04.SEC02 **2** 配当所得

板書 公募株式投資信託の収益分配金の課税関係

☆ 収益分配金のうち

{ 普通分配金 → **配当所得**
  元本払戻金(特別分配金) → **非課税**

例題

追加型の国内公募株式投資信託の収益分配金のうち普通分配金は、非課税である。

▶ ✕ 収益分配金のうち、普通分配金は配当所得として課税対象となる。なお、**元本払戻金**(特別分配金)は非課税である。

3 NISA

NISA とは、株式や投資信託で得た利益が非課税になる、少額投資のための非課税制度をいいます。

 ひとこと

株式や投資信託等を売買して儲けが出たり、配当等を受けたときには、利益に対して税金がかかりますが、NISA を利用すると、非課税になります。

2023年12月までは、一般NISA、つみたて NISA、ジュニア NISA の3種類がありましたが、2024年1月以降は、NISAが一本化され、その中に**つみたて投資枠**と**成長投資枠**の2つの枠があります。

板書 NISAのポイント ✐

	つみたて投資枠	成長投資枠
投資可能期間	2024年1月からいつでも	
対象年齢	18歳以上	
非課税期間	無期限	
年間非課税投資枠	120万円	240万円
非課税枠上限（総額）	買付残高1,800万円（うち成長投資枠1,200万円）	
対象商品	長期の積立て・分散投資に適した投資信託	一定の上場株式、投資信託、ETF、J-REIT
両制度の併用	可能	
損失の取扱い	NISA口座内で生じた損失は、他の口座で生じた売買益や配当金と損益通算できない	

ポイント

☆ 同一年に利用できる非課税口座は1人1口座（1金融機関）
☆ 年間非課税枠を翌年に繰り越すことはできない

例題

2024年中に、NISA口座の成長投資枠で受け入れることができる新規投資の年間非課税限度額は100万円である。

▶ ✕ 成長投資枠の新規投資の年間非課税限度額は **240** 万円である。

例題

NISA口座の成長投資枠とつみたて投資枠は、同一年においていずれか一方を選択しなければならない。

▶ ✖ 成長投資枠とつみたて投資枠は併用が可能である。

プラスワン 2023年12月以前のNISA制度

2023年12月以前のNISA口座には、一般NISA、つみたてNISA、ジュニアNISAの3種類がありました。

	一般NISA	つみたてNISA	ジュニアNISA
対象年齢	18歳以上		18歳未満
非課税期間	5年間	20年間	5年間
年間非課税投資枠	120万円	40万円	80万円
両制度の併用	不可		―

SECTION 09 ポートフォリオとデリバティブ取引

このSECTIONで学習すること

1 ポートフォリオ
・ポートフォリオ運用とアセット・
　アロケーション
・ポートフォリオの期待収益率
・リスクの低減効果
　と相関係数

相関係数が
−1に近づくほど、
リスクの低減効果が
高くなる

2 デリバティブ取引
・先物取引
・オプション取引

それぞれの概要を
おさえておこう

1 ポートフォリオ

I ポートフォリオとは

ポートフォリオ とは、所有する資産の組合せのことをいいます。

ひとこと

分散投資という意味もあります。

II ポートフォリオ運用とアセット・アロケーション

ポートフォリオ運用 とは、性格の異なる複数の銘柄（金融商品）に投資することによって、安定した運用を行うことをいいます。

ひとこと

　たとえば、A自動車㈱株式のみに投資しているよりも、A自動車㈱株式、B銀行㈱株式、国債といったように、複数の銘柄に投資していたほうが、リスクを減らすことができ、安定した収益を得ることができるのです。

　また、投資資金を国内株式、国内債券、海外債券、不動産などの複数の異なる資産（アセット）に配分（アロケーション）して運用することを**アセット・アロケーション**といいます。

ひとこと

　ポートフォリオが個別銘柄の組合せを指すのに対して、アセット・アロケーションは資産クラス（国内株式、国内債券、海外債券、不動産など）の組合せを指します。

Ⅲ ポートフォリオの期待収益率

　期待収益率とは、予想される状況とその状況が発生するであろう確率を求めて、それぞれの予想投資収益率を加重平均したものです。また、ポートフォリオの期待収益率は、個別証券の期待収益率をポートフォリオの構成比で加重平均したものに等しくなります。

板書 ポートフォリオの期待収益率

たとえば、ポートフォリオの構成比と期待収益率が以下のとおりであった場合のポートフォリオの期待収益率は…

	期待収益率	ポートフォリオの構成比
A証券	0.6%	50%
B証券	3.0%	30%
C証券	9.0%	20%

ポートフォリオの
期待収益率　：0.6%×0.5＋3.0%×0.3＋9.0%×0.2＝3%
　　　　　　　　　A証券　　　　B証券　　　　C証券

A 資産の期待収益率が 4.0%、B 資産の期待収益率が 3.0%の場合に、A 資産を 70%、B 資産を 30%の割合で組み入れたポートフォリオの期待収益率は 3.5%となる。

▶ ✕ ポートフォリオの期待収益率：4.0%× 0.7 ＋ 3.0%× 0.3 ＝ 3.7%

Ⅳ リスクの低減効果と相関係数

投資において リスク とは、不確実性のこと（利益や損失がどの程度発生するかが不確実なこと）をいいます。

ひとこと

リスクというと、損失を被ることを指すように思えますが、投資におけるリスクは損失だけでなく、利益の発生も含みます。

ポートフォリオのリスクを低減させるためには、できるだけ異なる値動きをする資産や銘柄を組み合わせる必要があります。

組み入れる資産や銘柄の値動きが同じ（相関関係がある）か、異なる（相関関係がない）かをみるとき、 相関係数 という係数を用います。

相関係数とは、相関関係を－1 から＋1 までの数値で表したもので、相関係数が－1 に近づくほど、リスク低減効果が期待できます。

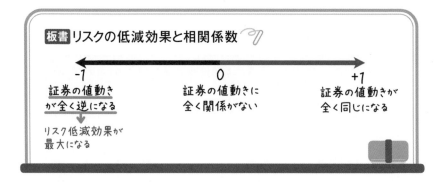

板書 リスクの低減効果と相関係数

-1　証券の値動きが全く逆になる　→　リスク低減効果が最大になる

0　証券の値動きに全く関係がない

+1　証券の値動きが全く同じになる

例題

異なる2資産からなるポートフォリオにおいて、2資産間の相関係数が1である場合、分散投資によるリスクの低減効果は最大となる。

▶ ✕ 相関係数が**−1**である場合、分散投資によるリスクの低減効果は最大となる。

2 デリバティブ取引

デリバティブ取引とは、株式や債券などの金融商品から派生して生まれた金融商品(**デリバティブ**)を扱う取引をいいます。

デリバティブ取引には、**先物取引**や**オプション取引**などがあります。

板書 主なデリバティブ取引 🖋

1 先物取引

…将来の一定時点において、特定の商品を一定の価格で一定の数量だけ売買することを約束する取引

たとえば、5月の時点で、8月に受け渡しする商品の価格をあらかじめ決めてしまうということ

2 オプション取引

…将来の一定時点に、一定の価格で特定の商品を売買する(権利)を売買する取引

☆ 買う権利を**コール・オプション**、売る権利を**プット・オプション**という
　　Call option　　　　　　　　　Put option

お店に行って、モノを買うとき、店員さんを呼ぶよね…
だからコール・オプションは「買う権利」とおぼえておこう

putには、「置く」とか「値段をつける」という意味がある!
値札を置いたり(貼ったり)、値段をつけるのは売り手だよね…
だからプット・オプションは「売る権利」とおぼえておこう

☆ 満期までの残存期間が長いほど、オプション料(オプションプレミアム)は**高く**なる

オプション取引において、特定の商品を将来の一定期日に、あらかじめ決められた価格（権利行使価格）で売る権利のことをコール・オプションという。

▶ ✕ オプション取引において、特定の商品を将来の一定期日に、あらかじめ決められた価格（権利行使価格）で売る権利のことを**プット**・オプションという。

オプション取引において、他の条件が同じであれば、満期までの残存期間が短いほど、プレミアム（オプション料）は高くなる。

▶ ✕ 満期までの残存期間が長いほど、プレミアム（オプション料）は高くなる。

プラスワン　金投資

　金は、国際的には**1トロイオンスあたりの米ドル価格**で表示されます。

1 金への投資方法

　金への投資方法には、**金地金**（現物の金の延べ棒）、**金貨**（カナダのメイプルリーフやオーストラリアのカンガルーなど）、**純金積立**（毎月一定額ずつ金を購入する。積み立てた金を現物で受け取ることができる）があります。

2 金投資の課税関係

　金地金や金貨を売却したときの売却益は、**譲渡所得**として所得税が課税されます。
　純金積立の売却益は、**譲渡所得**（個人が年に数回売却する場合）または**雑所得**（個人が営利目的でひんぱんに売却する場合）として所得税が課税されます。

ひとこと

　譲渡所得の場合、所有期間が5年以内の場合には短期譲渡所得、5年超の場合は長期譲渡所得となります。　　　→参照 CH04.SEC02 **8** 譲渡所得

CHAPTER **04**

タックス
プランニング

SECTION 01 所得税の基本

このSECTIONで学習すること

1 税金の分類
・国税と地方税
・直接税と間接税
・申告納税方式と
　賦課課税方式

所得税は
国税で直接税で、
申告納税方式！

2 所得税の基本
・所得税の納税義務者と範囲
・所得税が非課税となるもの
・所得税の計算の流れ
・総合課税と
　分離課税

所得税の
計算の流れは
4 Step！

1 税金の分類

　税金は、性質や納付方法などによっていくつかに分類することができます。

I 国税と地方税

　誰が課税するのかといった面から、税金は **国税**（国が課税）と **地方税**（地方公共団体が課税）に分かれます。

II 直接税と間接税

　直接税 とは、税金を負担する人が直接自分で納める税金をいい、**間接税** とは、税金を負担する人と納める人が異なる税金をいいます。

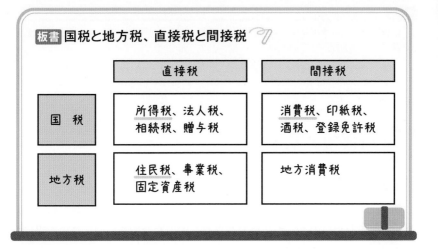

例題

登録免許税と固定資産税はいずれも国税である。

▶ × 登録免許税は国税であるが、固定資産税は**地方**税である。

Ⅲ 申告納税方式と賦課課税方式

　税金の納付方法には、納税者が自分で税額を計算して申告する**申告納税方式**と、課税する側である国や地方公共団体が税額を計算して納税者に通知する**賦課課税方式**があります。

板書 申告納税方式と賦課課税方式

申告納税方式 … 納税者が自分で税額を計算して申告
　　➡ 所得税、法人税、相続税など

賦課課税方式 … 国や地方公共団体が税額を計算して、納税者に通知
　　➡ （個人）住民税、固定資産税など

2 所得税の基本

Ⅰ 所得税とは

　所得とは、個人が1年間(1月1日から12月31日までの1年間)に得た収入から、
これを得るためにかかった必要経費を差し引いた金額をいい、この所得に対
してかかる税金を**所得税**といいます。

ひとこと

　　所得＝収入－必要経費 です。

Ⅱ 所得税の納税義務者と範囲

　所得税法における**居住者**とは、日本国内に住所を有する、または現在まで
引き続いて1年以上、日本国内に居所がある個人をいいます。なお、居住者
は、**非永住者以外の居住者**と**非永住者**に分かれます。

　このうち、非永住者以外の居住者は、国内および国外で生じたすべての所
得に対して所得税が課税されます。

ひとこと

　　一般的にはほとんどこのケースです。非永住者や非居住者は課税の範囲が
狭くなります。

Ⅲ 所得税が非課税となるもの

次のものには、所得税は課されません。

所得税が非課税となるもの

❶ 社会保険の給付金（雇用保険、健康保険などの保険給付、障害年金、遺族年金など）

❷ 通勤手当（月 **15** 万円まで）

❸ 生活用動産（**30** 万円超の貴金属等を除く）の譲渡による所得

❹ 損害または生命保険契約の保険金で身体の傷害に起因して支払われるもの

❺ 損害保険契約の保険金で資産の損害に起因して支払われるもの

など

Ⅳ 所得税の計算の流れ

所得税の税額は、次の流れで計算します。

板書 所得税の計算の流れ

Step1 所得を10種類に分け、それぞれの**所得金額**を計算

①利子所得　②配当所得　③不動産所得
④事業所得　⑤給与所得　⑥退職所得
⑦山林所得　⑧譲渡所得　⑨一時所得　⑩雑所得

Step2 各所得金額を合算して、**課税標準**を計算

☆ 損益通算、損失の繰越控除を行う

Step3 課税標準から**所得控除**を差し引いて**課税所得金額**を計算

Step4 ① 課税所得金額に税率を掛けて**所得税額**を計算

↓

② 所得税額から**税額控除**を差し引いて申告納税額
を計算

→ 住宅ローン控除、配当控除など

Ⅴ 総合課税と分離課税

各所得金額(**Step1**で計算した金額)は、原則として合算されて課税(**総合課税**)されますが、一部の所得については、ほかの所得と分離して課税(**分離課税**)されます。

なお、分離課税には、所得を得た人が自分で税額を申告するタイプの分離課税(**申告分離課税**)と、所得から税額が天引きされるタイプの分離課税(**源泉分離課税**)があります。

板書 総合課税と分離課税

総合課税
①利子所得※1　②配当所得　③不動産所得　④事業所得
⑤給与所得　⑥退職所得　⑦山林所得
⑧譲渡所得(土地、建物、株式の譲渡所得以外)
⑨一時所得　⑩雑所得

分離課税
①利子所得※2　②配当所得　③不動産所得　④事業所得
⑤給与所得　⑥退職所得　⑦山林所得
⑧譲渡所得(土地、建物、株式の譲渡所得)

← 申告分離課税

⑨一時所得　⑩雑所得

※1　預貯金の利子など。ただし、原則として支払いを受けるときに20.315%の税率で源泉徴収され、納税が完結する源泉分離課税の対象となっている

※2　特定公社債の利子や公募公社債投資信託の収益分配金などについては、20.315%の税率で源泉徴収されたうえで申告分離課税または申告不要とすることができる

例題

所得税において源泉分離課税の対象となる所得については、他の所得金額と合計せず、分離して税額を計算し、確定申告によりその税額を納める。

▶ ✕ 源泉分離課税は所得から税額が天引きされて納税関係が完了するため、確定申告は不要である。

SECTION 02 各所得の計算

このSECTIONで学習すること

ここ➡ **Step1** 所得を10種類に分け、それぞれの**所得金額**を計算

Step2 各所得金額を合算して、課税標準を計算

Step3 課税標準から所得控除を差し引いて課税所得金額
を計算

Step4 ① 課税所得金額に税率を掛けて所得税額を計算

⬇

② 所得税額から税額控除を差し引いて申告納税額
を計算

㊩…青色申告できる所得

---

1 利子所得

・税率は 20.315%
　（所 15%、復 0.315%、住 5%）

---

2 配当所得

・源泉徴収される場合、税率は 20.315%
　（所 15%、復 0.315%、住 5%）

---

3 不動産所得…㊩

・不動産所得＝総収入金額－必要経費
　　　　　　（－青色申告特別控除額）

---

4 事業所得…㊩

・事業所得＝総収入金額－必要経費
　　　　　　（－青色申告特別控除額）

---

5 給与所得

・年末調整が行われることによって、
　確定申告は不要。ただし、一部の人
　は確定申告が必要

---

6 退職所得

・退職所得
　＝（収入金額－退職所得控除額）
　　$\times \dfrac{1}{2}$

---

7 山林所得…書

・山林所得＝総収入金額－必要経費
　　　　　　　　　－特別控除額
　　　　　（－青色申告特別控除額）

8 譲渡所得

・総合短期譲渡所得
・総合長期譲渡所得
・分離短期譲渡所得
・分離長期譲渡所得
・株式等に係る譲渡所得

9 一時所得

・一時所得＝総収入金額－支出金額
　　　　　　　　　－特別控除額
・課税方法は総合課税。ただし、所得
　金額の$\frac{1}{2}$だけを合算

10 雑所得

・雑所得＝公的年金等の雑所得
　　　　　＋公的年金等以外の雑所得

1 利子所得

Ⅰ 利子所得とは

利子所得 とは、預貯金や公社債の利子などによる所得をいいます。

> **利子所得**
> ◆ 預貯金の利子
> ◆ 公社債の利子
> ◆ 公社債投資信託の収益分配金　など

Ⅱ 利子所得の計算

利子所得の金額は収入金額となります。

利子所得＝収入金額

Ⅲ 課税方法

❶ 預貯金の利子

預貯金の利子については、原則として利子等を受け取るときに**20.315**％（所得税**15**％、復興特別所得税**0.315**％、住民税**5**％）が源泉徴収されて課税関係が終了します（源泉分離課税）。

❷ 公社債等の利子

♫ Review CH03. SEC08 ❷ Ⅲ

特定公社債の利子や公募公社債投資信託の収益分配金については、**20.315**％（所得税**15**％、復興特別所得税**0.315**％、住民税**5**％）の**申告分離課税**となります。なお、**申告不要**とすることもできます。

ひとこと

特定公社債等には、特定公社債（国債、地方債、外国債、上場公社債、公募公社債）、公募公社債投資信託、外貨建て MMF などがあります。

2 配当所得

Ⅰ 配当所得とは

配当所得とは、株式配当金や投資信託（公社債投資信託を除く）の収益分配金などによる所得をいいます。

Ⅱ 配当所得の計算

借入金によって株式等を取得した場合、配当所得の計算上、その借入金にかかる利子（負債利子）を収入金額から差し引くことができます。

> **配当所得＝収入金額－株式等を取得するための負債利子**

Ⅲ 課税方法

配当所得は原則として、総合課税の対象となり、確定申告によって差額の税額を精算します。

１ 上場株式等の場合

上場株式等の配当等については、原則として配当等を受け取るときに**20.315**%（所得税15%、復興特別所得税0.315%、住民税5%）が源泉徴収されます。

> **ひとこと**
>
> 上場株式等とは、証券市場に上場している株式や上場投資信託（ETF、J-REIT）、株式投資信託などをいいます。

配当所得は原則として**総合課税**ですが、上場株式等の配当所得については、**申告分離課税**を選択することもできます。また、金額にかかわらず、**申告不要**とすることもできます。この場合は源泉徴収だけで課税関係が終了します。

例題

上場株式等に係る配当等は、金額にかかわらず、申告不要とすることができる。

▶ ○

上場株式等の配当所得について、総合課税の場合、申告分離課税の場合、申告不要とした場合の違いは次のとおりです。

板書 上場株式等の配当所得の課税方法 🎵

原則として**20.315%**（所得税**15%**、復興特別所得税**0.315%**、住民税**5%**）で源泉徴収

その①　確定申告&総合課税を選択した場合

○配当控除の適用を受けられる　　　→参照 SEC05 2 Ⅱ 配当控除

✕上場株式等の譲渡損失との損益通算はできない

→参照 SEC03 2 損益通算

その②　確定申告&申告分離課税を選択した場合

✕配当控除の適用は受けられない

○上場株式等の譲渡損失との損益通算ができる

　　↰上場株式等を売却して損失が生じた場合、配当所得等（プラスの所得）からその譲渡損失を差し引くことができる

その③　申告不要を選択した場合（またはNISA口座※の場合）

✕配当控除の適用は受けられない

✕上場株式等の譲渡損失との損益通算はできない

※　NISA口座についてはCHAPTER03を参照してください

🎧 Review CH03. SEC08 3

例題

上場株式等の配当所得について申告分離課税を選択した場合、上場株式等の譲渡損失の金額と損益通算することはできないが、配当控除の適用を受けることはできる。

▶✕ 上場株式等の配当所得について申告分離課税を選択した場合、上場株式等の譲渡損失の金額と損益通算することは**できる**が、配当控除の適用を受けることは**できない**。

2 上場株式等以外（非上場株式等）の場合

　上場株式等以外の配当等については、20.42％（所得税20％、復興特別所得税0.42％）が源泉徴収されます。

3 不動産所得

Ⅰ 不動産所得とは

不動産所得とは、不動産の貸付けによる所得をいい、土地の賃貸料、マンションやアパートの家賃収入などがあります。

ひとこと

　不動産所得は、不動産の貸付けによる所得をいうので、不動産を売却したときの売却収入は不動産所得には該当しません。この場合の所得は譲渡所得となります。

Ⅱ 不動産所得の計算

不動産所得は次の計算式によって求めます。

> **不動産所得＝総収入金額－必要経費（－青色申告特別控除額）**

ひとこと

　青色申告特別控除については、SECTION06 を参照してください。

　　　　　　　　　　　　　　　　　　　　　　→参照 SEC06 **2**

　なお、試験で『事業的規模（貸家なら5棟以上、アパート等なら10室以上）の貸付けの場合、「不動産所得」ではなく、「事業所得」に分類される』といった○×問題がよく出題されます。「事業的規模」かどうかにかかわらず、不動産の貸付けによる所得であれば「不動産所得」に分類されますので、注意してください（なお、不動産の貸付けが事業的規模かどうかによって、所得金額の計算上の取扱いが異なります）。

例題

所得税において、事業的規模で行われている賃貸マンションの貸付けによる所得は、事業所得となる。

　▶ ✕ 賃貸マンションの貸付けによる所得は「事業所得」ではなく、「**不動産所得**」に該当する。

総収入金額と必要経費の例

総収入金額に含めるものの例

☆ 家賃収入、地代収入、礼金、更新料、一定の場合の権利金

☆ 敷金や保証金のうち、返還を要しないもの

     → 返還を要するものは
       総収入金額に算入しない

必要経費の例

☆ 固定資産税、都市計画税、不動産取得税

☆ 修繕費、損害保険料、減価償却費

☆ 賃貸不動産にかかる（賃貸開始後の）借入金の利子　など

    元本は必要経費にならない！

例題

不動産の賃貸にともない受け取った敷金は、不動産の貸付期間が終了したさいに賃借人に返還を要するものも含めて、受け取った年分の不動産所得の金額の計算上、総収入金額に算入する。

▶ ✕ 敷金のうち、賃借人に返還を要する部分は、受け取った年分の不動産所得の金額の計算上、総収入金額に算入しない。

Ⅲ 課税方法

不動産所得の課税方法は、**総合課税**（ほかの所得と合算して税額を計算する方法）で、確定申告が必要です。

4 事業所得

Ⅰ 事業所得とは

事業所得とは、農業、漁業、製造業、卸売業、小売業、サービス業、その

他の事業から生じる所得をいいます。

Ⅱ 事業所得の計算

1 事業所得の計算

事業所得は次の計算式によって求めます。

事業所得＝総収入金額－必要経費（－青色申告特別控除額）

板書 総収入金額のポイントと必要経費の例

総収入金額のポイント

☆ 総収入金額は、実際の現金収入額ではなく、その年に確定した金額である
　　　未収額も含む!

必要経費の例

☆ 収入金額に対する売上原価
　　　物品販売業の場合、
　　　「期首棚卸高＋当期仕入高－期末棚卸高」
　　　で計算

☆ 給与、減価償却費、広告宣伝費、水道光熱費　など

例題

所得税における事業所得の金額は、その年中の事業所得に係る総収入金額である。

▶× 事業所得の金額は、「総収入金額－必要経費」で計算した金額である。

2 減価償却

建物や備品、車両などの固定資産（長期にわたって事業で使用する資産）は、使用しているうちにその価値が年々減少していきます。

その価値の減少分を見積って費用計上する手続きを **減価償却**（げんかしょうきゃく）といいます。

土地は、使用によって価値が減らないと考えられるので、減価償却資産で
はありません。

減価償却の方法には、**定額法**と**定率法**があり、選定した方法によって減価
償却費を計算します。

[板書] **減価償却の方法**

定額法

毎年同額を費用として計上
する方法

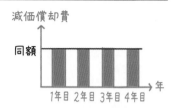

計算方法（2007年4月以降に取得した資産の場合）

$$減価償却費 = 取得価額 \times 定額法の償却率 \times \frac{使用月数}{12カ月}$$

たとえば、次のような場合は…
・取得価額：60,000,000円
・使用開始年月：2024年3月（当期は2024年分）
・耐用年数：47年
・耐用年数が47年の場合の定額法の償却率：0.022

3月から12月まで

$$減価償却費 = 60,000,000円 \times 0.022 \times \frac{10カ月}{12カ月} = 1,100,000円$$

☆ 2007年3月以前に取得した資産の場合については、重要性が乏しいので
　説明を省略します

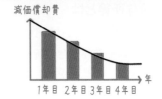

定率法

当初の費用（減価償却費）が多く
計上され、年々費用計上額が
減少する方法

☆ 定率法の計算式は少々複雑なため、
　説明を省略します

減価償却費

1年目 2年目 3年目 4年目　年

選定できる減価償却方法

① 建物…**定額**法
② 建物付属設備・構築物（鉱業用を除く）…**定額**法
　↑ 2016年4月1日以後に取得したもの
③ その他の減価償却資産…**定額**法または**定率**法
　（法定減価償却方法は**定額**法）
　↑ 減価償却方法を選定しなかった場合

例題

2024年中に取得した建物は定率法によって減価償却を行う。

▶ × 建物の減価償却方法は**定額法**である。

　なお、使用期間が**1年未満**のものや、取得価額が**10万円未満**のもの（少額減価償却資産）については減価償却を行わず、取得価額（購入金額）を全額、その年の必要経費とします。

Ⅲ 課税方法

　事業所得の課税方法は、**総合課税**（ほかの所得と合算して税額を計算する方法）で、確定申告が必要です。

5 給与所得

Ⅰ 給与所得とは

給与所得とは、会社員やアルバイト、パートタイマーなどが、会社から受け取る給料や賞与などの所得をいいます。

給与所得のうち、次のものは所得税がかかりません（非課税となります）。

非課税となるもの

◆ 通勤手当（非課税の限度額は月**15**万円）

◆ 出張旅費　など

例題

交通機関を利用して通勤している給与所得者に対し、勤務先から通常の給与に加算して支払われるべき通勤手当は、最も経済的かつ合理的と認められる運賃等の額で、月額**5**万円を限度に非課税とされる。

　　▶ ✕ 通勤手当は月額**15**万円を限度に非課税とされる。

Ⅱ 給与所得の計算

給与所得は次の計算式によって求めます。

給与所得＝収入金額−給与所得控除額※

※	給与所得控除額

給与の収入金額	給与所得控除額
162.5万円以下	**55万円**
162.5万円超 180 万円以下	収入金額×40％− 10万円
180 万円超 360 万円以下	収入金額×30％＋ 8万円
360 万円超 660 万円以下	収入金額×20％＋ 44万円
660 万円超 850 万円以下	収入金額×10％＋110万円
850 万円超	**195万円**（上限）

ひとこと

計算式はおぼえる必要はありません。
「最低55万円」と「850万円超の場合は195万円」ということだけ、おぼえておきましょう。

板書 給与所得の計算例

> たとえば、年収650万円の会社員の給与所得は・・・

① 収入金額：650万円
② 給与所得控除額：650万円×20%+44万円=174万円
③ 給与所得：650万円−174万円=476万円

Ⅲ 所得金額調整控除－子育て・介護世帯

以下の要件に該当する場合には、総所得金額を計算する段階で、給与所得の金額から一定額を所得金額調整控除額として控除することができます。

所得金額調整控除が適用される要件

◆ その年の給与収入が**850**万円超

　　かつ

◆ 次のいずれかに該当すること

❶本人が**特別障害者**であること

❷**23**歳未満の扶養親族を有すること

❸特別障害者である同一生計配偶者または扶養親族を有すること

所得金額調整控除額＝(給与等の収入金額−850万円)×10%

　　　　　　　　　　　　　↳最高**1,000**万円

Ⅳ 課税方法

　給与所得の課税方法は、**総合課税**(ほかの所得と合算して税額を計算する方法)で、基本的には確定申告が必要です。

　しかし、毎月の給与支給時に税金が源泉徴収され、年末調整を行うことで確定申告が不要となります。ただし、年収が**2,000**万円超の人、給与所得、退職所得以外の所得が**20**万円超ある人、複数の会社から給与を受けている人などは確定申告が必要となります。

→参照 SEC06 **1** Ⅱ 給与所得者で確定申告が必要な場合

6 退職所得

Ⅰ 退職所得とは

　退職所得とは、退職によって勤務先から受け取る退職金などの所得をいいます。

ひとこと

退職金を一時金で受け取った場合は退職所得、年金形式(年払い)で受け取った場合は雑所得(**10**で学習)となります。

例題

定年退職時に退職手当として一時金を受け取ったことによる所得は、退職所得である。

▶○

Ⅱ 退職所得の計算

退職所得は次の計算式によって求めます。

$$退職所得 ＝ (収入金額 － 退職所得控除額^※) × \frac{1}{2}$$

※ 退職所得控除額	
勤 続 年 数	退職所得控除額
20年以下	**40万円×勤続年数**（最低80万円）
20年超	**800万円＋70万円×（勤続年数－20年）**

40万円×20年

☆ 勤続年数で1年未満の端数が生じる場合は1年に切り上げます。

板書 退職所得の計算例

たとえば、勤続年数が35年6カ月、退職金が2,500万円である人の退職所得は・・・

① 35年6カ月→36年で計算
② 退職所得控除額：800万円+70万円×（36年－20年）=1,920万円
③ 退職所得：(2,500万円－1,920万円) × $\frac{1}{2}$ =290万円

退職金にたくさん税金をかけてしまうのは酷なので、所得を半分にして税金を計算する！

例題

勤続年数が20年を超える定年退職者が退職手当等を受け取る場合、所得税における退職所得の金額の計算上、退職所得控除額は、70万円にその勤続年数を乗じた金額となる。

▶ × 勤続年数が20年超の場合の退職所得控除額は、「**800万円＋70万円×（勤続年数－20年）**」で計算する。

ひとこと

前記の計算が基本となり、勤続年数が5年以下の場合には、下記の プラスワン の取扱いになります。

プラスワン　**特定役員退職手当等に係る退職所得**

　役員等として勤務した期間の勤続年数が**5年以下**の人が、その役員等勤続年数に対応する退職手当等として支払いを受けるもの（**特定役員退職手当等**）については、退職所得の計算上、2分の1を掛けないで算出します。

$$退職所得＝（収入金額－退職所得控除額）\times \cancel{\frac{1}{2}}$$

プラスワン　**短期退職手当等に係る退職所得**

　役員等以外の者として勤務した期間の勤続年数が**5年以下**（1年未満の端数は1年に切上げ）の人が、その短期勤続年数に対応する退職手当等として支払いを受けるもの（**短期退職手当等**）については、「収入金額－退職所得控除額」が**300万円**を超えた場合に、その超過額については、退職所得の計算上、2分の1を掛けないで算出します。

　「収入金額－退職所得控除額」が300万円以下の場合と、300万円超の場合の退職所得の計算式は次のようになります。

❶「収入金額－退職所得控除額」≦ 300万円の場合←通常の計算

$$退職所得＝（収入金額－退職所得控除額）\times \frac{1}{2}$$

❷「収入金額－退職所得控除額」＞ 300万円の場合

$$退職所得＝150万円＋\{収入金額－（300万円＋退職所得控除額）\}$$

　　　　　300万円以下の部分
　　　　　＝300万円×$\frac{1}{2}$　　　　　　　　300万円超の部分は
　　　　　　　　　　　　　　　　　　　　　×$\frac{1}{2}$しない

Ⅲ 課税方法

退職所得の課税方法は、**分離課税**（ほかの所得と合算せずに税額を計算する方法）です。

1 「退職所得の受給に関する申告書」を提出した場合

退職時に「退職所得の受給に関する申告書」を提出した場合は、退職金等の支払いが行われるときに適正な税額が源泉徴収されるため、確定申告の必要はありません。

2 「退職所得の受給に関する申告書」を提出しなかった場合

退職時に「退職所得の受給に関する申告書」を提出しなかった場合は、収入金額（退職金の額）に対して一律**20.42**％（所得税20％、復興特別所得税0.42％）の源泉徴収が行われるため、確定申告を行い、適正な税額との差額を精算します。

7 山林所得

Ⅰ 山林所得とは

山林所得とは、山林（所有期間が5年を超えるもの）を伐採して売却したり、立木のままで売却することによって生じる所得をいいます。

Ⅱ 山林所得の計算

山林所得は次の計算式によって求めます。

山林所得＝総収入金額－必要経費－特別控除額（－青色申告特別控除額）
→最高**50万円**

Ⅲ 課税方法

山林所得の課税方法は**分離課税**（ほかの所得と合算せずに税額を計算する方法）で、確定申告が必要です。

8 譲渡所得

Ⅰ 譲渡所得とは

譲渡所得とは、土地、建物、株式、公社債、公社債投資信託、ゴルフ会員権、書画、骨とうなどの資産を譲渡(売却)することによって生じる所得をいいます。

なお、資産の譲渡による所得のうち、以下の所得については非課税となります。

非課税となるもの

◆ 生活用動産(家具、通勤用の自動車、衣服など)の譲渡による所得
　→ただし!貴金属や宝石、書画、骨とうなどで、1個(または1組)の価額が**30**万円を超えるものの譲渡による所得は課税される!

◆ 国または地方公共団体に対して財産を寄附した場合等の所得

ひとこと

　ちなみに、商品等、商売で扱う資産の販売による所得は **事業** 所得となります。また、山林の売却による所得は **山林** 所得となります。

Ⅱ 譲渡所得の計算

❶ 譲渡所得の計算

　譲渡所得は譲渡した資産および所有期間によって、計算方法や課税方法が異なります。

板書 譲渡所得の計算方法と課税方法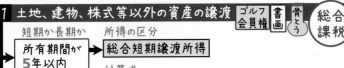

1 土地、建物、株式等以外の資産の譲渡 ゴルフ会員権 書画 骨とう 〔総合課税〕

短期か長期か
所有期間が **5年以内**

所得の区分
→ 総合短期譲渡所得

計算式
総収入金額−(取得費+譲渡費用)−特別控除額
短期と長期を合計して最高**50万円**←

短期か長期か
所有期間が **5年超**

所得の区分
→ 総合長期譲渡所得

計算式
総収入金額−(取得費+譲渡費用)−特別控除額
短期と長期を合計して最高**50万円**←

2 土地、建物の譲渡 土地 建物 〔分離課税〕

短期か長期か
譲渡した年の
1月1日時点
の所有期間
が**5年以内**

所得の区分
→ 分離短期譲渡所得

計算式
総収入金額−(取得費+譲渡費用)−特別控除額

短期か長期か
譲渡した年の
1月1日時点
の所有期間
が**5年超**

所得の区分
→ 分離長期譲渡所得

計算式
総収入金額−(取得費+譲渡費用)−特別控除額

3 株式等の譲渡等 株式 公社債 投資信託 〔分離課税〕

短期、長期の区分はなし

所得の区分
→ 株式等に係る譲渡所得

計算式
総収入金額−(取得費+譲渡費用+負債の利子)

借入金によって購入した株式等を譲渡した場合、その借入金にかかる利子を総収入金額から控除することができる

土地・建物の譲渡に係る所得については、譲渡時における所有期間が5年を超えるものは長期譲渡所得に区分され、5年以下であるものは短期譲渡所得に区分される。

▶ ✗ 土地・建物の譲渡に係る所得については、**譲渡した年の1月1日時点**における所有期間が5年を超えるものは長期譲渡所得に区分され、5年以下であるものは短期譲渡所得に区分される。

2 特別控除額

総合課税の譲渡所得(土地、建物、株式等以外の資産の譲渡による所得)については、短期と長期を合計して最高**50万円**の特別控除が認められています。

なお、同じ年に短期譲渡所得と長期譲渡所得の両方がある場合には、さきに短期譲渡所得から控除します。

3 取得費と譲渡費用

取得費と譲渡費用について、ポイントをまとめると次のとおりです。

板書 取得費と譲渡費用

取得費 = 購入代金 + 資産を取得するためにかかった付随費用
↳ 購入時の仲介手数料、登録免許税、印紙代など

☆ 取得費が不明な場合や、取得費が収入金額の5%に満たない場合には、収入金額の**5%**を取得費とすることができる
↳ 概算取得費

譲渡費用 = 資産を譲渡するために直接かかった費用
↳ 譲渡時の仲介手数料、印紙代、取壊し費用など

Ⅲ 課税方法

総合短期譲渡所得と総合長期譲渡所得は、**総合課税**（ほかの所得と合算して税額を計算する方法）で、確定申告が必要です。

なお、総合長期譲渡所得については、所得金額の**2分の1**だけをほかの所得と合算します。

分離短期譲渡所得、分離長期譲渡所得、株式等に係る譲渡所得は**分離課税**（ほかの所得と合算せずに税額を計算する方法）です。

各所得の税率は次のとおりです。

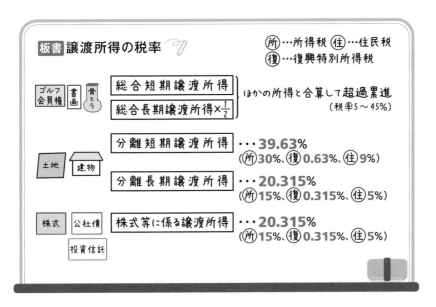

9 一時所得

Ⅰ 一時所得とは

一時所得 とは、利子所得、配当所得、不動産所得、事業所得、給与所得、退職所得、山林所得、譲渡所得以外の所得のうち、一時的なものをいいます。

主な一時所得には次のようなものがあります。

一時所得の例

☆ 懸賞、福引、クイズの賞金

☆ 競馬、競輪などの払戻金

☆ 生命保険の満期保険金や損害保険の満期返戻金　など

→ 保険料の負担者＝満期保険金の受取人
の場合で、満期保険金を一時金で受け取ったとき

ひとこと

一時所得でも、宝くじの当選金やノーベル賞の賞金などは非課税となります。

Ⅱ 一時所得の計算

一時所得は次の計算式によって求めます。

一時所得＝総収入金額－支出金額－特別控除額

→最高**50万円**

Ⅲ 課税方法

一時所得の課税方法は、**総合課税**（ほかの所得と合算して税額を計算する方法）で、確定申告が必要です。

ただし、一時所得の金額の**2分の1**だけを合算（総所得金額に算入）します。

例題

所得税における一時所得に係る総収入金額が 500 万円で、その収入を得るために支出した金額が 400 万円である場合、総所得金額に算入される一時所得の金額は、50 万円である。

▶ ✗ 一時所得：500 万円－ 400 万円－ 50 万円＝ 50 万円

総所得金額に算入される一時所得：50 万円× $\frac{1}{2}$ ＝ 25 万円

ひとこと

　実技を金財の「保険顧客資産相談業務」で受検する方は、以下の点も確認しておいてください。

プラスワン　一時払の養老保険等の満期保険金、解約返戻金

　「契約者（保険料の負担者）＝保険金の受取人」とする、保険期間が5年以下の一時払養老保険等の満期保険金（または保険期間が5年超の一時払養老保険等を5年以内に解約した場合の解約返戻金）は、金融類似商品として20.315％（所得税15％、復興特別所得税0.315％、住民税5％）の源泉分離課税となります。

　ただし、保険の種類が終身保険の場合、解約返戻金は**一時所得**として課税されます。

10 雑所得

I 雑所得とは

　雑所得とは、前記 1 ～ 9 の9種類のどの所得にもあてはまらない所得をいいます。

　雑所得には次のようなものがあります。

板書 雑所得の例

1. 公的年金等の雑所得

☆ 国民年金、厚生年金などの公的年金

☆ 国民年金基金、確定拠出年金などの年金

2. 公的年金等以外の雑所得

☆ 生命保険などの個人年金保険（年金払いのもの）

☆ 講演料や作家以外の原稿料　など

☆ 為替予約を付していない外貨預金の満期による為替差益　など

Ⅱ 雑所得の計算

雑所得は次の計算式によって求めます。

雑所得＝公的年金等の雑所得＋公的年金等以外の雑所得

収入金額－公的年金等控除額※　　　**総収入金額－必要経費**

※ 公的年金等控除額

受給者の年齢	公的年金等の収入金額（年額）	公的年金等に係る雑所得以外の所得に係る合計所得金額		
		1,000万円以下	1,000万円超 2,000万円以下	2,000万円超
65歳未満	130万円未満	**60万円**	50万円	40万円
	130万円以上 410万円未満	年金額×25% +275,000円	年金額×25% +175,000円	年金額×25% +75,000円
	410万円以上 770万円未満	年金額×15% +685,000円	年金額×15% +585,000円	年金額×15% +485,000円
	770万円以上 1,000万円未満	年金額×5% +1,455,000円	年金額×5% +1,355,000円	年金額×5% +1,255,000円
	1,000万円以上	1,955,000円	1,855,000円	1,755,000円
65歳以上	330万円未満	**110万円**	100万円	90万円
	330万円以上 410万円未満	年金額×25% +275,000円	年金額×25% +175,000円	年金額×25% +75,000円
	410万円以上 770万円未満	年金額×15% +685,000円	年金額×15% +585,000円	年金額×15% +485,000円
	770万円以上 1,000万円未満	年金額×5% +1,455,000円	年金額×5% +1,355,000円	年金額×5% +1,255,000円
	1,000万円以上	1,955,000円	1,855,000円	1,755,000円

例題

所得税において、公的年金等に係る雑所得の金額は、その年中の公的年金等の収入金額から公的年金等控除額を控除した残額に2分の1を乗じて計算する。

▶ ✕ 公的年金等に係る雑所得は、「収入金額－公的年金等控除額」で計算する（2分の1を乗じない）。

Ⅲ 課税方法

雑所得の課税方法は、**総合課税**（ほかの所得と合算して税額を計算する方法）で、確定申告が必要です。

CHAPTER 04
タックスプランニング

CH 04 タックスプランニング

SEC 03
課税標準の計算

課税標準の計算の流れ

SECTION 03 課税標準の計算

このSECTIONで学習すること

Step1 所得を10種類に分け、それぞれの所得金額を計算

ここ→ **Step2** 各所得金額を合算して、**課税標準**を計算
☆損益通算、損失の繰越控除を行う

Step3 課税標準から所得控除を差し引いて課税所得金額を計算

Step4 ① 課税所得金額に税率を掛けて所得税額を計算
↓
② 所得税額から税額控除を差し引いて申告納税額を計算

---

1 課税標準の計算の流れ

・課税標準の計算の流れ

流れをおさえておこう!

2 損益通算

・損益通算できる損失と例外

キーワードは「富士山上」!

3 損失の繰越控除

・純損失の繰越控除…ⓐ
・雑損失の繰越控除…ⓑ

ⓐは青色申告者のみ適用できる
ⓑは白色申告者も適用できる

課税標準とは、税金の課税対象となる所得の合計額をいいます。

SECTION02で計算した10種類の各所得を、一定のものを除き、合算します。課税標準の計算の流れは次のとおりです。

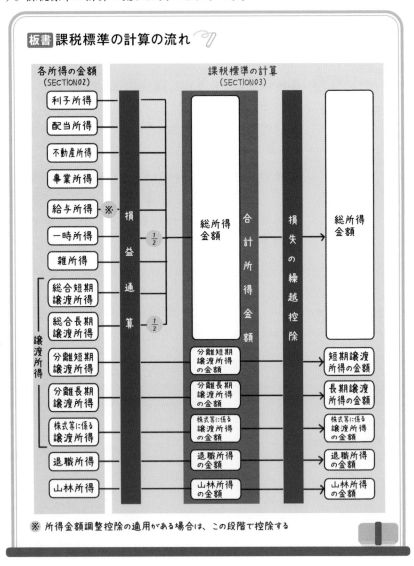

板書 課税標準の計算の流れ

2 損益通算

Ⅰ 損益通算とは

損益通算とは、損失(赤字)と利益(黒字)を相殺することをいいます。なお、損益通算できる損失(赤字)とできない損失(赤字)があります。

Ⅱ 損益通算できる損失

損益通算できる損失は、**不動産**所得、**事業**所得、**山林**所得、**譲渡**所得で生じた損失に限定されています。ただし、損益通算できる損失でも、以下の損失は例外として損益通算ができません。

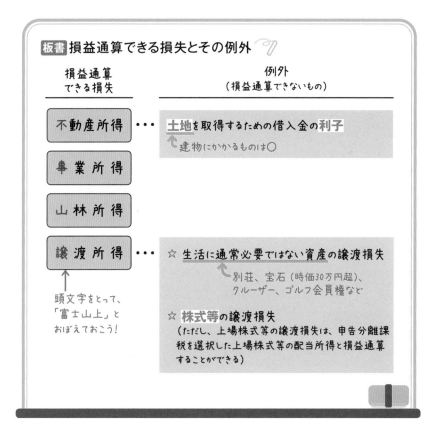

板書 損益通算できる損失とその例外

損益通算 できる損失	例外 (損益通算できないもの)
不動産所得	··· **土地**を取得するための借入金の**利子** ↑建物にかかるものは○
事業所得	
山林所得	
譲渡所得	··· ☆ 生活に通常必要ではない資産の譲渡損失 ↑別荘、宝石(時価30万円超)、クルーザー、ゴルフ会員権など ☆ 株式等の譲渡損失 (ただし、上場株式等の譲渡損失は、申告分離課税を選択した上場株式等の配当所得と損益通算することができる)

頭文字をとって、「富士山上」とおぼえておこう!

所得税において、雑所得の金額の計算上生じた損失の金額は、他の各種所得の金額と損益通算することができる。

▶ ✕ 雑所得の損失は他の所得と損益通算することはできない。

不動産所得の金額の計算上生じた損失 100 万円のうち、土地等を取得するために要した負債の利子が 10 万円であった場合、損益通算の対象となる金額は 110 万円である。

▶ ✕ 不動産所得の損失のうち、土地を取得するための負債の利子の額は損益通算の対象とならない。したがって、損益通算の対象となる金額は 90 万円（100 万円 − 10 万円）である。

所得税において、上場株式等の譲渡により生じた損失の金額は、総合課税を選択した上場株式等に係る配当所得の金額から控除することができる。

▶ ✕ 上場株式等の譲渡により生じた損失の金額は、「総合課税」ではなく、「申告分離課税」を選択した上場株式等に係る配当所得の金額から控除することができる。

3 損失の繰越控除

Ⅰ 損失の繰越控除

損失の繰越控除には、**純損失の繰越控除** と **雑損失の繰越控除** があります。

Ⅱ 純損失の繰越控除

損益通算をしても控除しきれなかった損失額を **純損失** といいます。青色申告者の場合（一定の要件を満たした場合）、純損失を翌年以後 **3** 年間にわたって繰り越し、各年の黒字の所得から控除することができます。

ひとこと

白色申告の場合は、繰り越せる損失が一定のものに限られます。

Ⅲ 雑損失の繰越控除

雑損控除をしても控除しきれなかった金額（雑損失）は、翌年以後**3**年間にわたって繰り越すことができます。

災害や盗難等によって損失が生じた場合、その損失は所得から控除することができます。これを雑損控除といいます。

→参照 SEC04 2 X プラスワン 雑損控除

雑損失の繰越控除は、白色申告者の場合でも適用できます。

SECTION 04 所得控除

このSECTIONで学習すること

Step1 所得を10種類に分け、それぞれの所得金額を計算

Step2 各所得金額を合算して、課税標準を計算

ここ→ **Step3** 課税標準から**所得控除を差し引いて課税所得金額**を計算

Step4 ① 課税所得金額に税率を掛けて所得税額を計算
　　　　↓
② 所得税額から税額控除を差し引いて申告納税額を計算

1 所得控除の全体像

・所得控除の全体像

所得控除の
概要をおさえよう

2 各控除のポイント

人的控除

・基礎控除…★　　　・配偶者控除…★
・配偶者特別控除　　・扶養控除…★
・障害者控除　　　　・寡婦控除
・ひとり親控除　　　・勤労学生控除

物的控除

・社会保険料控除…★
・生命保険料控除…★
・地震保険料控除…★
・小規模企業共済等掛金控除
・医療費控除…★
・寄附金控除
・雑損控除

まずは★の内容を
おさえておこう

1 所得控除の全体像

所得控除とは、税金を計算するときに、所得から控除することができるもの(課税されないもの)をいいます。

所得控除には、人的控除(納税者自身や家族の事情を考慮した控除)と物的控除(社会政策上の理由による控除)があります。

所得控除

人的控除	納税者自身や家族の事情を考慮した控除
	◆基礎控除　　　　◆配偶者控除　　　　◆配偶者特別控除 ◆扶養控除　　　　◆障害者控除　　　　◆寡婦控除 ◆ひとり親控除　　◆勤労学生控除 ☆ 人的控除の年齢要件についてはその年の**12月31日**時点の現況で判定する
物的控除	社会政策上の理由による控除
	◆社会保険料控除　　◆生命保険料控除　　◆地震保険料控除 ◆小規模企業共済等掛金控除　　　　　　◆医療費控除 ◆寄附金控除　　　　◆雑損控除

2 各控除のポイント

Ⅰ 基礎控除

基礎控除は、納税者本人の合計所得金額が**2,500**万円以下であれば、条件なく適用できます。ただし、控除額については、納税者本人の合計所得金額に応じて次のようになります。

	合計所得金額	控除額
控除額	2,400万円以下	**48万円**
	2,400万円超　2,450万円以下	32万円
	2,450万円超　2,500万円以下	16万円
	2,500万円超	適用なし

Ⅱ 配偶者控除

配偶者控除は、**控除対象配偶者**（要件は下記）がいる場合に適用することができます。ただし、納税者本人の合計所得金額が**1,000**万円を超える場合には、配偶者控除を適用することはできません。

> **控除対象配偶者の要件**
> ❶ 民法に規定する配偶者であること ➡ 内縁関係はダメ！
> ❷ 納税者本人と生計を一にしていること
> ❸ 配偶者の合計所得金額が**48万円以下**であること
> 　　　➡ 年収でいうと **103万円以下**
> ❹ 青色事業専従者や白色事業専従者でないこと

	納税者本人の合計所得金額	控除額	
		控除対象配偶者	老人控除対象配偶者
控除額	900万円以下	**38万円**	**48万円**
	900万円超950万円以下	26万円	32万円
	950万円超1,000万円以下	13万円	16万円

ひとこと

老人控除対象配偶者とは、**70**歳以上の控除対象配偶者をいいます。

例題

納税者の合計所得金額が1,000万円を超える場合、配偶者の合計所得金額の多寡にかかわらず、その納税者は配偶者控除の適用を受けることはできない。

▶ ○ 納税者の合計所得金額が**1,000**万円を超える場合、配偶者控除の適用を受けることはできない。

例題

所得税において、配偶者控除の適用を受けるためには、生計を一にする配偶者の合計所得金額が38万円以下でなければならない。

▶ ✕ 配偶者控除の適用を受けるための配偶者の合計所得金額は**48万円以下**でなければならない。

Ⅲ 配偶者特別控除

　配偶者特別控除は、配偶者控除の対象にならない場合で、配偶者が以下の要件を満たす場合に適用することができます。ただし、納税者本人の合計所得金額が**1,000**万円を超える場合には、配偶者特別控除を適用することはできません。

配偶者特別控除が適用される配偶者の要件

❶ 民法に規定する配偶者であること　➡　内縁関係はダメ!

❷ 納税者本人と生計を一にしていること

❸ 配偶者の合計所得金額が**48**万円超**133**万円以下であること

❹ 青色事業専従者や白色事業専従者でないこと

		納税者本人の合計所得金額		
		900万円以下	900万円超 950万円以下	950万円超 1,000万円以下
控除額	配偶者の合計所得金額			
	48万円超 95万円以下	**38万円**	26万円	13万円
	95万円超 100万円以下	36万円	24万円	12万円
	100万円超 105万円以下	31万円	21万円	11万円
	105万円超 110万円以下	26万円	18万円	9万円
	110万円超 115万円以下	21万円	14万円	7万円
	115万円超 120万円以下	16万円	11万円	6万円
	120万円超 125万円以下	11万円	8万円	4万円
	125万円超 130万円以下	6万円	4万円	2万円
	130万円超 133万円以下	3万円	2万円	1万円

Ⅳ 扶養控除

　扶養控除は、**16歳以上の扶養親族**（要件は下記）がいる場合に適用することができます。

扶養親族の要件

❶ 納税者本人と生計を一にする配偶者以外の親族（国外に居住する者で一定の者を除く）であること

❷ その親族の合計所得金額が**48万円以下**であること
　　　　　　　　➡ 年収でいうと **103万円以下**

❸ 青色事業専従者や白色事業専従者でないこと

控除額

(一般の)控除対象扶養親族：38万円
　　➡ 扶養親族で16歳以上の人のこと

特定扶養親族：63万円
　　➡ 扶養親族で19歳以上23歳未満の人

老人扶養親族：同居老親等…58万円、それ以外…48万円
　　➡ 扶養親族で70歳以上の人

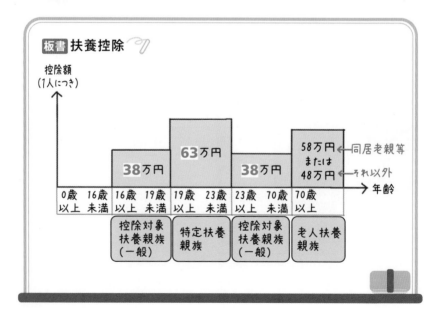

板書 **扶養控除**

控除額
(1人につき)

38万円	63万円	38万円	58万円または48万円

0歳以上　16歳未満　16歳以上　19歳未満　19歳以上　23歳未満　23歳以上　70歳未満　70歳以上　➡年齢

同居老親等
それ以外

控除対象扶養親族（一般）　特定扶養親族　控除対象扶養親族（一般）　老人扶養親族

例題

16歳に満たない扶養親族に係る扶養控除の金額は、1人につき38万円である。

▶ ✕ 16歳未満の扶養親族に係る扶養控除額は0円である。

例題

19歳の控除対象扶養親族に係る扶養控除の金額は38万円である。

▶ ✕ 19歳以上23歳未満の特定扶養親族の場合、扶養控除額は63万円である。

プラスワン **障害者控除**

障害者控除は、納税者本人が障害者である場合のほか、同一生計配偶者または扶養親族が障害者である場合に適用することができます。

控除額	一般障害者：**27万円** 特別障害者（障害等級1級、2級）：40万円 同居特別障害者：75万円

プラスワン **寡婦控除**

寡婦控除は、納税者本人が寡婦である場合に適用することができます。
寡婦（下記「ひとり親」を除く）の要件は次のとおりです。

寡婦の要件	◆ 合計所得金額が **500万円以下** 　　かつ ◆ 次の<u>いずれか</u>に該当すること 　❶夫と死別後再婚していない者 　❷夫と離婚後、再婚しておらず、扶養親族を有する者

控除額	**27万円**

プラスワン **ひとり親控除**

ひとり親控除は、納税者本人がひとり親である場合に適用することができます。ひとり親の要件は次のとおりです。

ひとり親の要件	◆ 合計所得金額が **500万円以下** 　　かつ ◆ 次の<u>すべて</u>に該当すること 　❶現在婚姻していない者で一定のもの 　❷総所得金額等の合計額が48万円以下の子があること

控除額	**35万円**

ひとこと

寂婦控除とひとり親控除の内容をまとめると、次のとおりです。

【女性※1の場合】

扶養親族			死別	離婚	未婚
	あり	子※2	35万円	35万円	35万円
		子以外	27万円	27万円	－
	なし		27万円	－	－

寂婦控除

ひとり親控除

【男性※1の場合】

扶養親族			死別	離婚	未婚
	あり	子※2	35万円	35万円	35万円
		子以外	－	－	－
	なし		－	－	－

※1　合計所得金額が500万円以下
※2　総所得金額等の合計額が48万円以下の子

プラスワン　勤労学生控除

　勤労学生控除は、納税者本人が勤労学生（一定の学生であり、合計所得金額が75万円以下である人）である場合に適用することができます。

控除額　**27万円**

Ⅴ 社会保険料控除

　社会保険料控除は、納税者本人または生計を一にする配偶者、その他の親族にかかる社会保険料(国民健康保険、健康保険、国民年金、厚生年金保険、介護保険などの保険料や国民年金基金、厚生年金基金の掛金など)を支払った場合に適用することができます。

控除額　**全額**

納税者が本人と生計を一にする配偶者やその他の親族の負担すべき社会保険料を支払った場合であっても、社会保険料控除として、その支払った金額を総所得金額等から控除することができない。

▶ ✕ 納税者が本人と生計を一にする配偶者やその他の親族の負担すべき社会保険料を支払った場合は、その全額を社会保険料控除として総所得金額等から控除することができる。

VI 生命保険料控除

🎧 Review CH02. SEC02 13 I

生命保険料控除は、生命保険料を支払った場合に適用することができます。**一般の生命保険料**、**個人年金保険料**、**介護医療保険料** に区分し、各控除額を計算します。

	区 分	控除額
控除額	一般の生命保険料控除額	最高4万円
	個人年金保険料控除額	最高4万円
	介護医療保険料控除額	最高4万円
	合計限度額	最高12万円

※ 2012年1月1日以降の契約にかかる控除額

VII 地震保険料控除

地震保険料控除は、居住用家屋や生活用動産を保険目的とする地震保険料を支払った場合に適用することができます。

控除額 地震保険料の **全額**（最高 **5** 万円）

所得税では、居住者が地震保険料を支払った場合、支払った額の 2 分の 1 に相当する金額を、地震保険料控除として所得金額から控除する。

▶ ✕ 地震保険料を支払った場合、5 万円を限度として、支払った額の **全額** を地震保険料控除として所得金額から控除する。

Ⅷ 小規模企業共済等掛金控除

小規模企業共済等掛金控除は、小規模企業共済の掛金や**確定拠出年金**の掛金を本人が支払った場合に適用することができます。

控除額	全額

例題

所得税において、個人が確定拠出年金の個人型年金に加入し、拠出した掛金は、社会保険料控除の対象となる。

▶ × 確定拠出年金の個人型年金の掛金は、**小規模企業共済等掛金**控除の対象となる。

Ⅸ 医療費控除

医療費控除は、納税者本人または生計を一にする配偶者その他の親族の医療費を支払った場合に適用することができます。

控除額※1	支出した医療費の額－保険金等の額※2－10万円※3

※1 控除額の上限は**200万円**
※2 健康保険や生命保険などからの給付金
※3 総所得金額等が200万円未満の場合は 総所得金額等×5%

例題

所得税における医療費控除の控除額は、その年中に支払った医療費の金額の合計額から、その年分の総所得金額等の合計額の5%相当額または20万円のいずれか低いほうの金額を控除して算出される。

▶ × 医療費控除額は、その年中に支払った医療費の金額（保険金等により補てんされる部分の金額を除く）の合計額から、その年分の総所得金額等の合計額の5%相当額または「20万円」ではなく、「10万円」のいずれか低いほうの金額を控除して算出される。

医療費控除を受けるためには、確定申告時に、医療費控除の明細書を添付する必要があります。

なお、医療費の中には医療費控除の対象とならないものがあります。

板書 医療費控除の対象となるものとならないもの 📎

医療費控除の対象となるもの

- ○ 医師または歯科医師による診療費、治療費
- ○ 治療または療養に必要な薬代

> 風邪をひいた場合の風邪薬などは○
> ビタミン剤などは× (下記 A)

- ○ 治療のためのマッサージ代、はり師、きゅう師による施術代
- ○ 出産費用
- ○ 通院や入院のための公共の交通費
- ○ 人間ドック、健康診断の費用（重大な疾病がみつかり、治療を行った場合）
- など B

医療費控除の対象とならないもの

- × 入院にさいしての洗面具など、身の回り品などの購入品
- × 美容整形の費用
- × 病気予防、健康増進などのための医薬品代や健康食品代 A
- × 通院のための自家用車のガソリン代
- × 電車やバスで通院できるにもかかわらず、タクシーで通院した場合の
  タクシー代
- × 自己都合の差額ベッド代
- × 近視や乱視のためのメガネ代やコンタクトレンズ代
- × 人間ドック、健康診断の費用（上記以外） など B

ポイント

☆ 医療費は支払った年に控除の対象となる！

> → 年末に未払いの医療費がある場合、この医療費は実際に
> 支払った年（来年）の医療費控除の対象となる

例題

人間ドックにより重大な疾病が発見され、かつ、引き続きその疾病の治療をした場合の人間ドックの費用は、医療費控除の対象になる。

▶ ○ 人間ドックの費用は医療費控除の対象とならないが、人間ドックにより重大な疾病が発見され、引き続きその疾病の治療をした場合の人間ドックの費用は医療費控除の対象となる。

板書 **医療費控除の具体例**

たとえば、Aさん（資料は以下）の場合の医療費控除額は…
- Aさんの2024年の給与所得は500万円である。
- 2024年中に支払った医療費等は次のとおりである。
  - ① 胃潰瘍による入院代　　　300,000円
  - ② 歯の治療代（Aさん）　　50,000円
  - ③ 歯の治療代（Aさんの妻）30,000円
  - ④ 薬局で買った風邪薬代　　1,500円
  - ⑤ 薬局で買ったビタミン剤代　2,000円
  - ⑥ 人間ドック代　80,000円（疾病は発見されなかった）
- 入院にさいして民間の医療保険から入院給付金150,000円を受け取っている。

医療費控除額：
(300,000円−150,000円+50,000円+30,000円+1,500円)−100,000円
　　①　　　入院給付金　　②　　　③　　　④

=131,500円

【セルフメディケーション税制（医療費控除の特例）】

　健康の維持増進および疾病の予防を目的とした一定の取組みを行う個人が、2017年1月1日から2026年12月31日までの間に、本人または生計を一にする配偶者その他の親族にかかる一定のスイッチOTC医薬品等の購入費を支払った場合で、その年中に支払った金額が**12,000**円を超えるときは、その超える部分の金額（上限**88,000**円）について、総所得金額等から控除することができます。

控除額※　**支出した額−12,000円**

※　控除額の上限は**88,000円**

例題

セルフメディケーション税制（医療費控除の特例）に係るスイッチ OTC 医薬品の購入費（特定一般用医薬品等購入費）を支払った場合、所定の要件を満たせば、通常の医療費控除との選択により、最高 10 万円の医療費控除の適用を受けることができる。

▶ ✕ 納税者がスイッチ OTC 医薬品を購入した場合、所定の要件を満たせば、**88,000** 円を限度として、その購入費用のうち **12,000** 円を控除した金額を医療費控除として総所得金額から控除することができる。

ひとこと

OTC とは、Over The Counter（カウンター越し）の略称で、ドラッグストア等で販売されている薬を**OTC 薬**といいます。

また、**スイッチ OTC 薬**とは、もともとは医師の判断でしか使用することができなかった医薬品が、OTC 薬として販売が許可されたものをいいます。

板書 セルフメディケーション税制のポイント

「健康の維持増進および疾病の予防を目的とした一定の取組み」とは？

　①特定健康診査、②予防接種、③定期健康診断、
　④健康診査、⑤がん検診　　　　　　　　　　をいう

ポイント

☆ この特例を受ける場合には、通常の医療費控除を受けることはできない

X 寄附金控除

寄附金控除は**特定寄附金**(国や地方公共団体に対する寄附金、一定の公益法人などに対する寄附金)を支払った場合に適用することができます。

控除額 支出寄附金－2,000円

【ふるさと納税】

ふるさと納税は、任意の自治体に寄附すると、控除上限額内の**2,000**円を超える部分について所得税と住民税から控除を受けることができる制度です。

なお、ふるさと納税の対象となる基準として、返礼品の返礼割合が**3**割以下であること、返礼品を地場産品とすることなどの条件が付されています。

また、年間の寄附先が**5**自治体までなら、確定申告をしなくても、寄附金控除が受けられる**ワンストップ特例制度**があります。

板書 ワンストップ特例制度と確定申告の違い

	ワンストップ特例制度	確定申告
寄附先の数	1年間で寄附先は5自治体まで	寄附先の数に制限はない
申請方法	寄附のつど、**各自治体**に申請書を提出	確定申告において、**税務署**に寄附金受領証明書を確定申告書とともに提出
税金の控除	住民税から全額控除	所得税からの控除と住民税からの控除

「ふるさと納税ワンストップ特例制度」を利用することができる者は、同一年中の
ふるさと納税先の自治体数が3以下である者に限られる。

▶✕「ふるさと納税ワンストップ特例制度」の適用を受けるためには、同一年中の寄附先が**5**自
治体までACでなければならない。

　なお、ふるさと納税の謝礼として受け取った返戻品は**一時**所得として課税
の対象となります。

プラスワン 雑損控除

　雑損控除は、納税者本人または生計を一にする配偶者その他の親族が保有する住宅、
家財、現金等（生活に通常必要でないものは対象外）について、災害や盗難等によって損
失が生じた場合に適用することができます。

控除額	以下のうち、多い金額 ❶損失額－課税標準×10% ❷災害関連支出額(火災の後片付け費用など)－5万円

　なお、損失が生じた年に控除しきれなかった金額は翌年以降3年間にわたって繰り
越すことができます。

SECTION
05 税額の計算と税額控除

このSECTIONで学習すること

Step1 所得を10種類に分け、それぞれの所得金額を計算

Step2 各所得金額を合算して、課税標準を計算

Step3 課税標準から所得控除を差し引いて課税所得金額を計算

ここ → Step4 ① 課税所得金額に税率を掛けて**所得税額**を計算

↓

② 所得税額から**税額控除**を差し引いて申告納税額を計算

→ 住宅ローン控除、配当控除など

1 税額の計算

・総合課税される所得に対する税額
・分離課税される所得に対する税額

総合課税の
場合は
超過累進課税

2 税額控除

・住宅借入金特別控除
（住宅ローン控除）
・配当控除

SEC04の
所得控除とは
違うものだよ

3 復興特別所得税

・概要

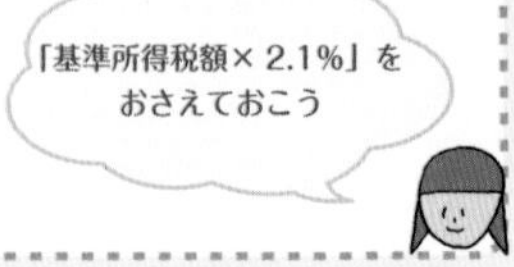
「基準所得税額×2.1%」を
おさえておこう

1 税額の計算

Step3 で課税所得金額を計算したあと、税率を用いて所得税額を計算します。

I 総合課税される所得に対する税額

総合課税される所得から所得控除額を差し引いた金額（**課税総所得金額**）に、**超過累進税率** を適用して税額を計算します。

超過累進課税とは、課税所得金額が多くなればなるほど、高い税率が適用される課税方法をいいます。

なお、実際に税額を計算するときには、次の速算表を用います。

所得税の速算表

課税所得金額…(A)		税　　　　額
	195万円以下	(A)×5%
195万円超	330万円以下	(A)×10%－　 97,500円
330万円超	695万円以下	(A)×20%－　427,500円
695万円超	900万円以下	(A)×23%－　636,000円
900万円超	1,800万円以下	(A)×33%－1,536,000円
1,800万円超	4,000万円以下	(A)×40%－2,796,000円
4,000万円超		(A)×**45**%－4,796,000円

例題

総合課税される所得については、超過累進税率を用いて税額を計算する。

▶︎○

ひとこと

2025年分以降、「極めて高い所得」については追加の課税がされる予定です。なお、「極めて高い所得」とは、その年分の基準所得金額から 3 億 3,000万円を控除した金額に 22.5%の税率を掛けた金額が、その年分の基準所得税額を超える場合をいい、その超える金額に相当する所得税が課されます。

II 分離課税される所得に対する税額

分離課税される所得に対する税額は以下の税率を適用して計算します。

❶ 課税退職所得金額に対する税額

退職所得は、ほかの所得とは別個に、上記の速算表(所得税の速算表)を使って税額を計算します。

❷ 課税短期譲渡所得金額、課税長期譲渡所得金額に対する税額

土地や建物などの譲渡によって生じた譲渡所得(分離短期譲渡所得および分離長期譲渡所得)については、次の税率を用いて税額を計算します。

♪ Review SEC02 **8** Ⅲ

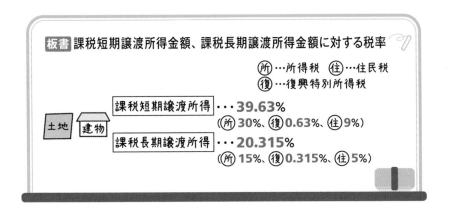

板書 課税短期譲渡所得金額、課税長期譲渡所得金額に対する税率

所 …所得税　住 …住民税
復 …復興特別所得税

土地　建物

課税短期譲渡所得 … **39.63%**
(所30%、復0.63%、住9%)

課税長期譲渡所得 … **20.315%**
(所15%、復0.315%、住5%)

❸ 株式等に係る課税譲渡所得等の金額に対する税率

株式等の譲渡によって生じた譲渡所得(株式等に係る譲渡所得)に対する税率は **20.315**%(所得税 **15**%、復興特別所得税 **0.315**%、住民税 **5**%)です。

♪ Review SEC02 **8** Ⅲ

2 税額控除

1で計算した所得税額から税額控除額を差し引いて、申告納税額を計算します。

税額控除には、**住宅借入金等特別控除(住宅ローン控除)** や **配当控除** などがあります。

Ⅰ 住宅借入金等特別控除（住宅ローン控除）

1 住宅借入金等特別控除とは

住宅ローンを利用して住宅を取得したり、増改築した場合には、住宅ローンの年末残高に一定の率を掛けた金額について税額控除を受けることができます。この制度が **住宅借入金等特別控除（住宅ローン控除）** です。

2 控除対象借入限度額、控除率、控除期間

住宅ローン控除の控除対象借入限度額、控除率、控除期間は以下のとおりです。

なお、❶40歳未満で配偶者を有する人、❷40歳以上で40歳未満の配偶者を有する人、❸19歳未満の扶養親族を有する人のいずれかに該当する人を **子育て特例対象個人** といい、子育て特例対象個人が認定住宅等の新築等をして居住した場合には、控除限度額が上乗せとなります。

ひとこと

子育て特例対象個人とは、要するに、❶❷夫婦のいずれかが40歳未満の人か、❸19歳未満の扶養親族を有する人のことです。

板書 住宅ローン控除の控除対象借入限度額、控除率、控除期間

1 新築等の場合（居住年は2024年）

	住宅ローンの年末残高限度額	控除率	控除期間
認定住宅	**4,500万円** 子育て特例対象個人は**5,000万円**	0.7%	13年
ZEH水準 省エネ住宅※1	3,500万円 子育て特例対象個人は4,500万円		
省エネ基準 適合住宅※2	3,000万円 子育て特例対象個人は4,000万円		
一般住宅	0円 2023年までに建築確認を受けた住宅は2,000万円		10年

※1 特定エネルギー消費性能向上住宅
※2 エネルギー消費性能向上住宅

2 中古住宅の場合（居住年は2024年）

	住宅ローンの年末残高限度額	控除率	控除期間
認定住宅			
ZEH水準 省エネ住宅	3,000万円	0.7%	10年
省エネ基準 適合住宅			
一般住宅	2,000万円		

3 住宅ローン控除の適用要件

住宅ローン控除の主な適用要件は次のとおりです。

板書 **住宅ローン控除の主な適用要件**

主な適用要件

適用 対象者	☆ 住宅を取得した日から**6**カ月以内に居住を開始し、適用を受ける各年の年末まで引き続き居住していること ☆ 控除を受ける年の合計所得金額が**2,000**万円以下であること。ただし、床面積が**40㎡以上50㎡未満**の場合は**1,000**万円以下の者に限る
住宅	☆ 床面積が**50㎡以上**（合計所得金額が1,000万円以下の場合は**40㎡以上**）であること ☆ 床面積の**2分の1以上**が**居住**の用に供されていること
借入金	☆ 返済期間が**10年**以上の住宅ローンであること →繰上げ返済によって、住宅ローン返済期間が（ローン返済開始から）10年未満となった場合には適用を受けることができなくなる

例題

住宅ローン控除の対象となる借入金は、契約による償還期間が 20 年以上のものに限られる。

▶ ✕ 住宅ローン控除の対象となる借入金は、償還期間が **10** 年以上のものに限られる。

例題

事務所兼居住用住宅については、床面積にかかわらず住宅ローン控除の適用を受けることはできない。

▶ ✕ 床面積が 50㎡以上（または 40㎡以上）でその **2** 分の **1** 以上が居住の用に供されている住宅であれば、住宅ローン控除の対象となる。

　なお、住宅ローン控除の適用を受ける場合、**確定申告**をする必要があります。ただし、給与所得者の場合は、初年度に確定申告をすれば、2年目以降は年末調整で適用を受けることができます(確定申告は不要です)。

例題

住宅ローン控除は、納税者が給与所得者である場合、所定の書類を勤務先に提出することにより、住宅を取得し、居住の用に供した年分から年末調整により適用を受けることができる。

▶ ✕ 給与所得者が住宅ローン控除の適用を受ける場合、最初の年分については確定申告をしなければならない。2 年目からは確定申告は不要で、年末調整で適用を受けることができる。

　住宅ローン控除のその他のポイントは次のとおりです。

板書 住宅ローン控除のその他のポイント 📝

☆ 住宅ローン控除の適用を受ける場合、確定申告が必要

　　→給与所得者の場合、適用初年度は確定申告が必要。
　　2年目以降は確定申告は不要（年末調整で控除できる）

☆ その年の所得税額から住宅ローン控除額を控除しきれない場合には、翌年度の住民税から控除することができる

　　→ただし、限度あり

☆ 親族や知人からの借入金は、住宅ローン控除の対象外

　　→勤務先からの借入金の場合は、1%以上の利率による借入金であれば住宅ローン控除の対象となる！

Ⅱ 配当控除

1 配当控除とは

配当所得について総合課税を選択した場合には、確定申告を行うことにより、配当控除を受けることができます。

ひとこと

配当所得の課税方法については、SECTION02を参照してください。

🎵Review SEC02 2 Ⅲ

なお、次のものは配当控除を受けることができません。

配当控除の対象外

◆ 上場株式等の配当所得のうち、**申告分離**課税を選択したもの

◆ 申告不要制度を選択したもの

◆ 外国法人からの配当

◆ 上場不動産投資信託(J-REIT)の分配金

◆ NISA口座で受け取った配当金　など

例題

上場株式等の配当所得について、総合課税を選択したときは、配当控除の適用を受けることができない。

▶ ✕ 上場株式等の配当所得について、総合課税を選択したときは、配当控除の適用を受けることができる。申告分離課税や申告不要を選択したときは、配当控除の適用を受けることができない。

2 控除額

配当控除の控除額は配当所得の金額の**10％**ですが、課税総所得金額等が1,000万円を超えている場合には、その超過部分の金額の**5％**となります。

3 復興特別所得税

復興特別所得税は、東日本大震災の復興財源を確保するために課される税金です。

復興特別所得税の概要は次のとおりです。

板書 復興特別所得税の概要 🖊

☆ 2013年から2037年までの各年分の所得税を納める義務のある人は、復興特別所得税も納めなければならない

☆ 納付する復興特別所得税額の計算式は次のとおり

　　復興特別所得税額＝基準所得税額×2.1%

　　　　　　　　　　　　すべての所得に対する所得税額

☆ 源泉徴収の場合は、**合計税率**（所得税率×**1.021**）を用いて源泉所得税額&源泉復興特別所得税額を計算する

　　→たとえば、源泉所得税率が15%の場合なら・・・
　　合計税率＝15%×1.021＝15.315%となる!

プラスワン 定額減税

物価上昇に対して賃金上昇が追いついていない現状において、国民の負担を軽減する目的で、一時的な措置として2024年分の所得税および2024年度分の個人住民税の減税が行われます。

1 特別控除の額

減税額（特別控除の額）は所得税につき1人3万円（納税者本人3万円、同一生計配偶者・扶養親族1人につき3万円）で、2024年分の所得税額から控除されます。

2 所得制限

2024年分の合計所得金額が**1,805**万円以下（給与所得だと収入金額が2,000万円以下）であることが要件となっています。

3 減税の実施方法

給与所得者（会社員等）の場合、2024年6月1日以降に支給される給与や賞与の源泉徴収税額から特別控除の額を控除します。

ひとこと

6 月に控除しきれなかった分は 7 月以降に控除します。

　事業所得者等（個人事業主等）の場合、2024 年分の所得税に係る第 1 期分予定納付額から特別控除の額を控除します。

ひとこと

　2024 年分の第 1 期分予定納税の納期は 2024 年 7 月 1 日から 9 月 30 日までです。第 1 期分予定納付額から控除しきれなかった分は第 2 期分から控除します。

　公的年金受給者の場合、2024 年 6 月 1 日以降に支給される公的年金等の源泉徴収税額から特別控除の額を控除します。

ひとこと

6 月に控除しきれなかった分は 8 月以降に控除します。

CHAPTER 04
タックスプランニング

CH
04
タックスプランニング

SEC
06
所得税の申告と納付

確定申告

SECTION 06 所得税の申告と納付

このSECTIONで学習すること

1 確定申告
・申告期間…2/16 ~ 3/15
・給与所得者で
確定申告が
必要な場合
・準確定申告

医療費控除の
適用を受けるには
確定申告が必要!

2 青色申告
・青色申告とは
・青色申告ができる所得
・青色申告の要件
・主な特典

「ふじ山は青い」で
おぼえよう

3 源泉徴収
・源泉徴収とは　　　・年末調整とは
・給与所得の源泉徴収票の見方

会社員の人は
自分の源泉徴収票
をみてみよう!

---

1 確定申告

Ⅰ 確定申告とは

　確定申告とは、納税者が自分で所得税額を計算して申告、納付することをいいます。

　確定申告期間は、翌年の **2月16日** から **3月15日** までの間です。

ひとこと

　1月1日から12月31日までに生じた所得から所得税額を計算し、その翌年の2月16日から3月15日までの間に申告します。
　なお、確定申告の方法には、確定申告書に記入して（または入力後、プリントアウトして）税務署に直接提出する方法や、郵送により提出する方法のほか、インターネットで確定申告書を提出する方法（e-Tax）があります。

Ⅱ 給与所得者で確定申告が必要な場合

　給与所得者は、一般的に給与等から所得税が源泉徴収され、年末調整(**❸Ⅱ**参照)で所得税の精算が行われます。したがって、改めて確定申告をする必要はありませんが、次の場合には確定申告が必要となります。

板書 給与所得者で確定申告が必要な人

☆ その年の給与等の金額が<u>**2,000万円**</u>を超える場合
　　　└── 収入金額(給与所得控除前の金額)

☆ 給与所得、退職所得以外の所得金額が**20万円**を超える場合

☆ 2カ所以上から給与を受け取っている場合

☆ 住宅借入金等特別控除(住宅ローン控除)の適用を受ける場合
　　→ 初年度のみ確定申告が必要

☆ 雑損控除、<u>医療費控除</u>、寄附金控除の適用を受ける場合
　　　└── ふるさと納税ワンストップ特例制度を利用
　　　　　した場合には確定申告不要

☆ 配当控除の適用を受ける場合

例題

給与所得者が医療費控除の適用を受けようとするときは、所得税の確定申告をしなければならない。

▶ ○

例題

年収 600 万円の給与所得者で、雑所得の金額が 10 万円を超える者は、所得税の確定申告をしなければならない。

▶ ✕ 給与所得者のうち、給与所得、退職所得以外の所得金額が **20 万円**を超えない場合には確定申告は不要である。

Ⅲ 準確定申告

納税者が死亡した場合には、死亡した人の遺族（相続人）が、死亡した人の所得について確定申告を行います。これを **準確定申告** といいます。

この場合の申告期間は、相続のあったことを知った日の翌日から **4** カ月以内です。

例題

確定申告を要する納税者 A さんが 20×2 年 5 月 15 日に死亡した。A さんの相続人は、同日に A さんの相続の開始があったことを知ったため、20×2 年分の A さんの所得について 20×2 年 8 月 15 日までに A さんの死亡当時の納税地の所轄税務署長に対して所得税の準確定申告書を提出しなければならない。

▶ ✕ 納税者が死亡した場合の準確定申告は、相続人が相続の開始をあったことを知った日の翌日から **4** カ月以内に行わなければならないため、本問の場合は、20×2 年 **9** 月 15 日までに行うことになる。

---

2 青色申告

Ⅰ 青色申告とは

青色申告 とは、複式簿記にもとづいて取引を帳簿に記録し、その記録をもとに所得税を計算して申告することをいいます。

ひとこと

もともと青色の申告用紙が用いられていたため、「青色申告」という名称がつきました。

なお、青色申告以外の申告を **白色申告** といいます。

Ⅱ 青色申告ができる所得

青色申告ができる所得は、**不動産**所得、**事業**所得、**山林**所得の 3 つです。

ひとこと

「 ふ じ さん は 青 い」とおぼえておきましょう。
　不動産所得 事業所得 山林所得　　青色申告

Ⅲ 青色申告の要件

青色申告の要件は次のとおりです。

> **板書 青色申告の要件**
>
> ☆ **不動産**所得、**事業**所得、**山林**所得がある人
>
> ☆ 青色申告をしようとする年の**3月15日**まで（1月16日以降に開業する人は開業日から2カ月以内）に「**青色申告承認申請書**」を税務署に提出していること
>
> ☆ 一定の帳簿書類を備えて、取引を適正に記録し、保存（保存期間は**7年間**）していること

例題

不動産所得、譲渡所得または山林所得を生ずべき業務を行う居住者は、納税地の所轄税務署長の承認を受けることにより青色申告書を提出することができる。

▶ ✕ 青色申告ができるのは、**不動産**所得、**事業**所得、**山林**所得がある人である。

例題

その年の1月16日以後、新たに業務を開始した者が、その年分から所得税の青色申告の適用を受けるためには、その業務を開始した日から3カ月以内に、青色申告承認申請書を納税地の所轄税務署長に提出し、その承認を受けなければならない。

▶ ✕ 「3カ月以内」ではなく、「**2カ月以内**」である。

Ⅳ 青色申告の主な特典

青色申告をすることによって税法上、次のような特典があります。

板書 **青色申告の主な特典** ⸝

1 青色申告特別控除

青色申告によって、所得金額から**55万円**または
10万円を控除することができる！→所得金額が減るので、
　　　　　　　　　　　　　　　　　　税金も減る ☺

55万円控除 …事業的規模の不動産所得または事業所得がある
　　　　　　　　人が、正規の簿記の原則にもとづいて作成された貸
貸家なら5棟以上、　借対照表と損益計算書を添付し、申告期限内に
アパート等なら10室　確定申告書を提出した場合
以上
　　　　　　　　　さらに！
　　　　　　　　　e-Tax による申告（電子申告）
　　　　　　　　　または電子帳簿保存を行うと…

　　　　　　　　65万円控除

10万円控除 …上記以外の場合

2 青色事業専従者給与の必要経費の算入

青色申告者が青色事業専従者（青色申告者と生計を一にする親族で事業
に専従している人）に支払った給与のうち適正な金額は必要経費に算入
できる！
　　　　通常は家族に支払った給与は必要経費に算入できないが、
　　　　青色申告ならば一定の要件を満たせば必要経費に算入できる
　　　　→必要経費が増えるので、税金が減る ☺

3 純損失の繰越控除、繰戻還付

青色申告者は純損失（＝赤字）が生じた場合に、その純損失を翌年以
降**3年間**、各年の所得から控除することができる！ ☺

前年も青色申告をしているならば、損失額を前年の所得から控除して、
前年分の所得税の**還付**を受けることができる！ ☺

事業的規模かどうかにかかわらず、不動産所得を有する青色申告者は、最高65万円の青色申告特別控除の適用を受けることができる。

▶ × 事業的規模でない不動産所得の青色申告者の場合には、**10万円の控除**となる。

所得税の計算において、青色申告書を提出した年に生じた純損失の金額は、所定の要件のもと、その損失が生じた年の翌年以降5年間繰り越すことができる。

▶ × 純損失を繰り越せる期間は、損失が生じた年の翌年以後**3年間**である。

3 源泉徴収

Ⅰ 源泉徴収とは

源泉徴収とは、給与等を支払う人（会社等）が、支払いをするさいに一定の方法で所得税を計算して、その金額を給与等からあらかじめ差し引くことをいいます。

Ⅱ 年末調整とは

年末調整とは、給与所得から源泉徴収された所得税の精算を、年末において、会社等が本人（会社員等）に代わって行うことをいいます。

Ⅲ 給与所得の源泉徴収票の見方

給与等を支払う人（会社等）は、支払いを受ける人（会社員等）に対して、その1年間に支払った税金が記載されている書類（**源泉徴収票**）を発行します。

給与所得の源泉徴収票の見方は次ページのとおりです（定額減税は考慮外としています）。

令和×年分　給与所得の源泉徴収票

支払を受ける者	住所又は居所	東京都練馬区 ×××		
		（受給者番号）		
		（役職名）		
	氏名	（フリガナ）ヤマダ　イチロウ　山田一郎		

種別	支払金額	給与所得控除後の金額（調整控除後）	所得控除の額の合計額	源泉徴収税額
給料・賞与	内 ❶6 千000 000円	❷4 千360 000円	❸2 千447 960円	内 ❹ 97 千600 円

（源泉）控除対象配偶者の有無等		配偶者（特別）控除の額	控除対象扶養親族の数（配偶者を除く。）						16歳未満扶養親族の数	障害者の数（本人を除く。）			非居住者である親族の数
有	従有		特定		老人		その他			特別		その他	
老人			人	従人	内 人	従人	人	従人	人	人	内 人	人	人
❽ ○		❽380 千000円 ❾1											

社会保険料等の金額	生命保険料の控除額	地震保険料の控除額	住宅借入金等特別控除の額
内 ❿ 837 千960 円	⓫100 千000 円	⓬20 千000 円	千 円

（摘要）

基礎控除の額が48万円のときは記載なし

生命保険料の金額の内訳	新生命保険料の金額	円	旧生命保険料の金額	110,000円	介護医療保険料の金額	円		新個人年金保険料の金額	円	旧個人年金保険料の金額	130,000円
住宅借入金等特別控除の額の内訳	住宅借入金等特別控除適用数		居住開始年月日（1回目）	年　月　日	住宅借入金等特別控除区分（1回目）			住宅借入金等年末残高（1回目）			円
	住宅借入金等特別控除可能額	円	居住開始年月日（2回目）	年　月　日	住宅借入金等特別控除区分（2回目）			住宅借入金等年末残高（2回目）			円
（源泉・特別）控除対象配偶者	（フリガナ）氏名	ヤマダ　ジュンコ　山田　純子	区分		配偶者の合計所得	0	国民年金保険料等の金額	円　基礎控除の額 ❹	円	旧長期損害保険料の金額	円
							所得金額調整控除額			円

控除対象扶養親族	1	（フリガナ）氏名	ヤマダ　アツシ　山田　敦	区分			16歳未満の扶養親族	1	（フリガナ）氏名		区分	
	2	（フリガナ）氏名		区分				2	（フリガナ）氏名		区分	
	3	（フリガナ）氏名		区分				3	（フリガナ）氏名		区分	
	4	（フリガナ）氏名		区分				4	（フリガナ）氏名		区分	

未成年者	外国人	死亡退職	災害者	乙欄	本人が障害者		寡婦	ひとり親	勤労学生	中途就・退職				受給者生年月日			
					特別	その他				就職	退職	年	月	日	元号	年	月	日
															昭和	43	12	25

支払者	住所（居所）又は所在地	東京都千代田区 ×××
	氏名又は名称	○○商事株式会社　（電話）

【参考】給与所得控除額

給与の収入金額	給与所得控除額
162.5万円以下	55万円
162.5万円超　180　万円以下	収入金額×40%－　10万円
180　万円超　360　万円以下	収入金額×30%＋　8万円
360　万円超　660　万円以下	収入金額×20%＋　44万円
660　万円超　850　万円以下	収入金額×10%＋110万円
850　万円超	195万円（上限）

【参考】所得税の速算表（ほかに基準所得税額に対し、2.1%の復興特別所得税がかかる）

課税所得金額…(A)	税　　額
195万円以下	(A)×　5%
195万円超　　330万円以下	(A)×10%－　97,500円
330万円超　　695万円以下	(A)×20%－　427,500円
695万円超　　900万円以下	(A)×23%－　636,000円
900万円超　1,800万円以下	(A)×33%－1,536,000円
1,800万円超　4,000万円以下	(A)×40%－2,796,000円
4,000万円超	(A)×45%－4,796,000円

❶1年間の給与等

❷給与所得額

給与所得控除額：6,000,000円×20%＋440,000円＝1,640,000円

給与所得：6,000,000円－1,640,000円＝4,360,000円

❸所得控除額　♬Review　SEC04

480,000円＋380,000円＋630,000円＋837,960円＋100,000円
　Ⓐ基礎控除　　Ⓑ配偶者(特別)控除　Ⓒ特定扶養控除　Ⓓ社会保険料控除　Ⓔ生命保険料控除

　　「基礎控除の額」が空欄のときは「48万円」

＋20,000円＝2,447,960円
Ⓕ地震保険料控除

課税所得金額

4,360,000円－2,447,960円＝1,912,040円→1,912,000円

☆ 千円未満は切捨て

所得税額 →定額減税は考慮外としています

　基準所得税額：1,912,000円×5％＝95,600円

　復興特別所得税額：95,600円×2.1％＝2,007.6円

　　　　　　　　　　　　→2,007円
　　　　　　　　　　　☆ 円未満は切捨て

　合計：95,600円＋2,007円＝97,607円

　　　　　　　　→97,600円…❹源泉所得税額
　　　　　　　☆ 百円未満は切捨て

SECTION 07 個人住民税、個人事業税

このSECTIONで学習すること

1 個人住民税

・個人住民税の概要
・均等割と所得割
・納付

所得割の
税率は10%！

2 個人事業税

・個人事業税の概要
・申告と納付

事業主控除額は
290万円

---

1 個人住民税

I 住民税とは

住民税は、都道府県が課税する **道府県民税**（東京都は **都民税**）と、市町村が課税する **市町村民税**（東京都特別区は **特別区民税**）に分かれます。

ひとこと

住民税には、法人住民税と個人住民税がありますが、3級では個人住民税について学習します。

個人住民税の概要は次のとおりです。

板書 個人住民税の概要

☆ その年の**1月1日**現在、住所がある都道府県または市区町村で課税される

☆ 対象となる所得は**前年の所得**である

☆ 課税方法は<u>賦課課税</u>方式である

　　　┗➤ 課税する側である国や地方公共団体が税額を
　　　　　計算して納税者に通知する方式

　　　　　　　　　　　　　　　　♪Review SEC01 **1** Ⅲ

☆ 所得税と同様、所得控除があるが、<u>所得税と比べて控除額が少ない</u>ものが多い

　　　┗➤ たとえば…

	所得税	個人住民税	
基礎控除	最高48万円	最高43万円	
配偶者控除	最高38万円	最高33万円	など

Ⅲ 個人住民税の構成

住民税には、**均等割**と**所得割**があります。

板書 個人住民税の構成

均等割
個人住民税額のうち、<u>所得の大小にかかわらず一定額が課税される</u>部分

所得割
個人住民税額のうち、<u>所得に比例して課税される部分</u>
→ 税率は前年の所得金額に対して**一律10%**

ひとこと

　2024年度分の所得割の額から、1人1万円が特別控除として控除されます（定額減税）。

Ⅲ 個人住民税の納付方法

　個人住民税の納付方法には、**普通徴収** と **特別徴収** があります。

板書 個人住民税の納付方法

普通徴収 → 事業所得者等は、通常この方法

年税額を**4**回（6月、8月、10月、翌年1月）に分けて納付する方法

特別徴収 → 給与所得者に適用

年税額を**12**回※（6月から翌年5月まで）に分けて、給料から天引きされる形で納付する方法

※定額減税の影響で、2024年は7月から翌年5月までの11回

例題

個人住民税は、納税者が自分で税額を計算し、申告・納付しなければならない。

▶× 個人住民税は、市区町村が税額を算出し、納税者に通知するため、納税者は自分で税額を計算する必要はない（賦課課税方式）。

---

2 個人事業税

Ⅰ 個人事業税とは

　個人事業税は、都道府県が課税する地方税で、一定の**事業**所得または**不動産**所得のある個人が納税します。

　個人事業税の概要は次のとおりです。

板書 個人事業税の概要 〰

☆ 一定の**事業**所得または**不動産**所得のある個人が納税する
☆ 対象となる所得は前年の所得である
☆ 税額の計算

税額 =（**事業の所得の金額** － **290万円**）× **税率**

事業所得+不動産所得　　事業主控除額　業種によって
　　　　　　　　　　　　　　　　　　　　　3～5%

例題

個人事業税の事業主控除額は 300 万円である。

▶ ✕ 個人事業税の事業主控除額は**290万円**である。

Ⅱ 個人事業税の申告と納付

1 申告

事業の所得が290万円（事業主控除額）を超える人は、翌年3月15日までに申告が必要です。ただし、所得税や住民税の確定申告をしているときには、事業税の申告は不要です。

2 納付

個人事業税は、原則として8月と11月の2回に分けて納付します。

CHAPTER **05**

不動産

SECTION 01 不動産の基本

このSECTIONで学習すること

1 不動産とは

・不動産…土地や建物

> 説明の必要は
> ないかな…

2 土地の価格

・公示価格
・基準地標準価格
・固定資産税評価額
・相続税評価額
　（路線価）

> それぞれの概要を
> おさえておこう

3 鑑定評価の方法

・取引事例比較法
・原価法
・収益還元法

> まわりと比べて…
> →取引事例比較法
> いま買ったらいくら？→原価法
> 将来、生み出す収益から価格を
> 決定→収益還元法

4 不動産の登記

・不動産登記簿の構成
・不動産登記の効力
・仮登記とは

> 登記には
> ・対抗力がある
> ・公信力はない！

1 不動産とは

不動産とは、土地およびその定着物(建物や石垣など)をいいます。

2 土地の価格

　土地の価格には、売主と買主の合意で決まる **実勢価格** のほか、**公示価格**、**基準地標準価格**、**固定資産税評価額**、**相続税評価額**（路線価）といった4つの公的な価格があります。

ひとこと

　実勢価格は、公的な価格を目安に決められ、**時価** ともいわれます。

　各価格の内容は次のとおりです。

板書 土地の価格（公的な価格）

	公示価格	基準地標準価格	固定資産税評価額	相続税評価額（路線価）
内　容	一般の土地取引価格の指標となる価格	一般の土地取引価格の指標となる価格（公示価格の補足）	固定資産税、不動産取得税などの計算の基礎となる価格	**相続**税や**贈与**税の計算の基礎となる価格
基準日	1月1日（毎年）	7月1日（毎年）これだけ7月	1月1日（3年に一度評価替え）	1月1日（毎年）
公表日	**3月下旬**	**9月下旬**	3月または4月	**7月1日**

だいたい基準日の3カ月後だけど、これだけちょっと違う

決定機関	国土交通省	都道府県	市町村	国税庁
公示価格を100%とした場合の評価割合	100%	100%	**70%**	**80%**

☆ 決定機関のおぼえ方
・「公示」…なんか偉そう→だから「国（国土交通省）」
・「基準地」…「公示」ほどじゃないけど、なんか偉そう→だから「都道府県」
・固定資産税は地方税だよね…→だから「市町村」
・相続税は国税！→だから「国税庁」

3 鑑定評価の方法

　前記の公的な価格を目安にして、取引価格が決定されますが、その取引価格が現実とかけ離れている場合もあります。

　そこで、取引価格が適正なものかどうかを専門家(不動産鑑定士等)が判定します。このときに用いる鑑定評価の方法には次の3つがあります。

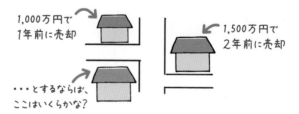

板書 鑑定評価の方法

1 取引事例比較法

似たような取引事例を参考にして、それに修正、補正を加えて価格を求める方法

1,000万円で1年前に売却

1,500万円で2年前に売却

・・・とするならば、ここはいくらかな?

2 原価法

再調達原価を求め、それに減価修正を加えて価格を求める方法

いま買ったらいくらで買えるか

3 収益還元法

対象不動産が将来生み出すであろう<u>純収益</u>と最終的な売却価格から現在の価格を求める方法

↳ 収益-費用

↱ 対象不動産が生み出す単年度の純収益を
一定率で割り戻して価格を求める方法

直接還元法 と **DCF法** の2つがある！

↳ 対象不動産の保有期間中、
対象不動産が生み出す（複数年の）
純収益と最終的な売却価格を
現在価値に割り戻して価格を求める方法

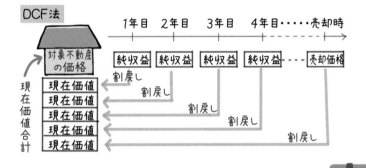

例題

収益還元法のうち DCF 法とは、対象不動産が生み出す単年度の純収益を一定率で割り戻して価格を求める方法をいう。

▶ ✕ DCF 法は、対象不動産の保有期間中、対象不動産が生み出す複数年の純収益と最終的な売却価格を現在価値に割り戻して価格を求める方法をいう。

4 不動産の登記

不動産は、所在地や所有者等の権利などが不動産登記記録（登記簿）に記録され、公示されます。

ひとこと

　不動産の登記は登記所（法務局）に申請（オンライン申請または書面申請）して行います。

不動産登記簿は、手続きをすればだれでも閲覧することができます。

Ⅰ 不動産登記簿の構成

不動産登記簿は **表題部** （表示に関する登記）と **権利部** （権利に関する登記）から構成されています。また、権利部は **甲区** と **乙区** に区分されています。

板書 不動産登記簿の構成 📎

表題部（表示に関する登記）

不動産の所在地、面積、構造などが記録される
　↳ 土地：所在、地番、地目（宅地・田・畑・山林など）、地積など
　　建物：所在、家屋番号、種類（居宅・店舗・事務所など）、
　　　　　構造（木造・鉄骨鉄筋コンクリートなど）、床面積など

権利部（権利に関する登記）

甲区
所有権に関する事項が記録される
　↳ 所有権の保存、所有権の移転、差押え、仮処分等

- -
乙区
所有権以外の権利に関する事項が記録される
　↳ 抵当権、先取特権、賃借権等

例題

不動産の登記記録において、所有権に関する登記事項は、権利部の乙区に記録される。

▶ ✕ 所有権に関する登記事項は、権利部の甲区に記録される。

Ⅱ 不動産登記の効力

不動産登記をしておくと、第三者に対して「自分がその不動産の権利者である」ということを主張することができます。これを**対抗力**といいます。

なお、登記には**公信力**がないため、偽の登記の記録を信頼して取引した人が必ずしも法的に保護されるわけではありません。

 不動産登記の効力

☆ **対抗力**がある

　登記をしておくと、「自分がその不動産の権利者だ」と第三者に主張できる!

☆ **公信力**はない

　登記にウソがあったにもかかわらず、その登記の内容を信じて取引し、損害を受けたとしても、法的に保護されるわけではない

　登記事項が必ずしも真実の内容であるというわけではないから

例題

不動産登記には公信力が認められていないため、登記記録上の権利者が真実の権利者と異なっている場合に登記記録を信頼して取引をしても、原則として法的に保護されない。

▶ ○

Ⅲ 仮登記とは

　不動産の本登記をするための要件がととのわなかった場合、将来の本登記のために **仮登記** をして登記の **順位** を **保全** することができます。

　ただし、仮登記には<u>**対抗力**</u>はありません。

SECTION 02 不動産の取引

このSECTIONで学習すること

1 宅地建物取引業法

・宅地建物取引業とは
・宅地建物取引士とは
・媒介契約

> 一般媒介契約
> 専任媒介契約
> 専属専任媒介契約

・宅地建物取引業者
　の報酬限度
・重要事項の説明

媒介契約には
3つの形態が
ある！

2 不動産の売買契約に関する
ポイント

・手付金
・危険負担
・担保責任
・住宅の品質確保の促進等に関する
　法律
・壁芯面積と
　内法面積

ここは法律の概要
をおさえておこう

1 宅地建物取引業法

I 宅地建物取引業とは

宅地建物取引業とは、次の取引を業として行うことをいいます。

宅地建物取引業

宅地、建物の
- 売買、交換（自ら行う）
- 売買、交換、貸借の 媒介
- 売買、交換、貸借の 代理

なお、宅地建物取引業を行うには、都道府県知事または国土交通大臣から免許を受けなければなりません。

ひとこと

　自らが貸主となって賃借業を行うこと（自ら貸借）は宅地建物取引業には該当しません。したがって、たとえば、自分でアパートを建てて、それを人に貸すという場合には、業として行う場合であっても（宅地建物取引業には該当しないので）**免許は不要**です。

例 題

アパートの所有者が、当該建物の賃貸を自ら業として行う場合には、宅地建物取引業の免許が必要である。

▶ ✕ 「自ら貸借」の場合には、宅地建物取引業の免許は不要である。

Ⅱ 宅地建物取引士とは

　宅地建物取引士とは、国家試験に合格し、実務経験等の要件を満たして、宅地建物取引士証の交付を受けた人をいいます。

　宅地建物取引業を行う事務所には、従業員**5**人に対し、1人以上の<u>専任の</u>宅地建物取引士をおくことが義務づけられています。

Ⅲ 媒介契約

　不動産業者に土地や建物の売買や賃貸借の媒介（仲介）を依頼する場合は、媒介契約を結びます。

　宅地建物取引業者は、売買や交換の媒介契約を結んだときは、遅滞なく、媒介契約書を作成して記名押印し、依頼者に交付（電磁的方法による提供も可）しなければなりません。

　媒介契約には、**一般媒介契約**、**専任媒介契約**、**専属専任媒介契約**の3つがあります。それぞれの内容は次のとおりです。

板書 媒介契約 🖊

		一般媒介契約	専任媒介契約	専属専任媒介契約
依頼主側	同時に複数の業者に依頼	○	「専任」だから… ✕	「専任」だから… ✕
依頼主側	自己発見取引 業者に「物件の買主を探して」と依頼したけど、自分で買主を見つけてしまうこと	○	○	✕
業者側	依頼主への報告義務	なし	2週間に1回以上	1週間に1回以上 「専任」&「専属」だから「専任」よりキビシイ
業者側	指定流通機構への物件登録義務	なし	契約日から7日以内（休業日を除く）	契約日から5日以内（休業日を除く）
契約の有効期間		規制なし	3カ月以内	3カ月以内

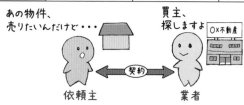

あの物件、売りたいんだけど・・・

買主、探しますよ ○×不動産

契約

依頼主　　　　　業者

例題

宅地建物取引業法の規定によれば、宅地建物取引業者が依頼者と締結する宅地または建物の売買の媒介契約のうち、専任媒介契約の有効期間は、最長で6カ月である。

▶ ✕ 専任媒介契約の有効期間は、最長で**3**カ月である。

例題

宅地建物取引業法に規定される宅地または建物の売買の媒介契約のうち、専任媒介契約では、依頼者は他の宅地建物取引業者に重ねて媒介の依頼をすることができる。

▶ ✕ 一般媒介契約であれば依頼者は他の宅地建物取引業者に重ねて媒介の依頼をすることができるが、専任媒介契約と専属専任媒介契約では、依頼者は他の宅地建物取引業者に重ねて媒介の依頼をすることはできない。

Ⅳ 宅地建物取引業者の報酬限度

　宅地建物取引業者が受け取る報酬は、取引金額に応じて限度額が設けられています。

宅地建物取引業者の報酬限度（売買・交換の媒介の場合）

売買等の価額	報酬の限度額（消費税抜き）
200万円以下	売買等の価額×5％
200万円超　400万円以下	売買等の価額×4％＋2万円
400万円超	売買等の価額×**3**％＋**6**万円

Ⅴ 重要事項の説明

　宅地建物取引業者は、契約が成立するまで（**契約前**）に、お客さん（宅地建物取引業者を除く）に対して、一定の重要事項を書面を交付して説明しなければなりません（相手方の承諾を得れば、電磁的方法による提供も認められます）。なお、この説明は**宅地建物取引士**が**宅地建物取引士証**を提示したうえで行わなければなりません。

例題

宅地建物取引業者は、宅地・建物の売買の媒介にさいして、当該宅地・建物の買主（宅地建物取引業者ではない）に対して、売買契約の成立後、ただちに宅地建物取引士をして、宅地建物取引業法第35条に規定する重要事項について記載した書面を交付（または電磁的方法により提供）して説明させなければならない。

▶ ✕ 重要事項の説明は、契約成立前に行わなければならない。

2 不動産の売買契約に関するポイント

Ⅰ 手付金

　手付金とは、契約を結ぶさいに買主が売主に渡す金銭のことをいい、通常は**解約手付**とされます。

　いったん結んだ契約を買主側から解除したい場合には、買主はさきに渡した手付金を放棄することになります。反対に、売主側から解除したい場合には、売主は買主に手付金の**2**倍の金額を現実に提供する必要があります。

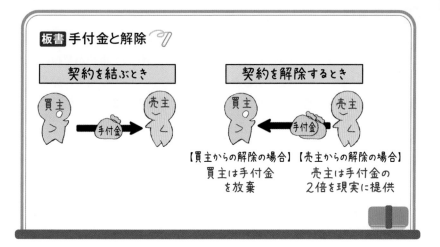

ただし、相手方が<u>履行に着手したあとは手付による解除はできません</u>。

不動産取引において、買主が売主に解約手付を交付したときは、相手方が契約の履行に着手するまでは、買主はその手付を放棄することで、売主はその手付を返還することで、それぞれ契約を解除することができる。

▶× 解約手付が交付された場合、相手方が履行に着手するまでは、買主は手付を**放棄**することで、売主は手付の倍額を現実に提供することにより契約を解除することができる。

　なお、宅地建物取引業者が売主となる場合、買主（宅地建物取引業者を除く）から受け取る手付金は売買代金の**20**％が上限となります。

Ⅱ 危険負担

　売買契約の締結後、建物の引渡し前に、その建物が第三者による火災や地震など、売主・買主の双方の責めに帰することができない事由によって滅失してしまった場合、買主の代金支払義務は存続しますが、<u>買主は代金支払いの履行を拒むことができます</u>（履行拒絶権）。

　これを**危険負担**といいます。

Ⅲ 担保責任

売買契約の締結後、売主が、種類・品質・数量について契約の内容に適合しない不動産を買主に引き渡した場合や、買主に移転した権利が契約の内容に適合しない場合で、一定の要件を満たしたときは、買主は売主に対して、❶履行の追完請求、❷代金減額請求、❸損害賠償請求、❹契約の解除をすることができます。

これらの(売主が負う)❶から❹の責任を**売主の担保責任**といいます。

ひとこと

この「担保責任」は「契約不適合責任」ということもあります。
なお、追完請求とは、修補、代替物の引渡しなどを請求することをいいます。

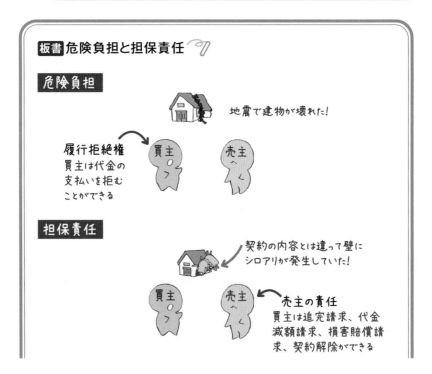

板書 危険負担と担保責任

危険負担

地震で建物が壊れた!

履行拒絶権
買主は代金の
支払いを拒む
ことができる

買主　売主

担保責任

契約の内容とは違って壁に
シロアリが発生していた!

買主　売主

売主の責任
買主は追完請求、代金
減額請求、損害賠償請
求、契約解除ができる

☆ 売主が 種類 または 品質 について、契約の内容に適合しない目的物を買主に引き渡し、担保責任を負うときは、買主は**不適合を知った**時から**1年**以内に、その旨を売主に通知しないと、原則として、この不適合を理由に担保責任を追及することができなくなる

↘ 通知をした場合でも、別途、 消滅時効 の適用がある

原則として

- 買主が権利を行使できることを知った時から**5年**
- 権利を行使できるときから**10年**

☆ 民法上特約によって、売主の 担保責任を免除 したり、 上記の 通知期間を短縮 することはできるが、 売主が知りながら買主に告げなかったときの責任は免れることができない

Ⅳ 住宅の品質確保の促進等に関する法律

住宅の品質確保の促進等に関する法律 では、新築住宅の構造耐力上主要な部分等(柱など)については、売主に対して、建物の引渡し時から最低**10年**間の瑕疵(かし)担保責任を義務づけています。

ひとこと

　この法律では、瑕疵とは、種類・品質に関して契約の内容に適合しない状態をいいます。

Ⅴ 壁芯面積と内法面積

壁芯面積とは、壁の中心線から測定した面積のことをいいます。また、**内法面積**とは、壁の内側の面積のことをいいます。

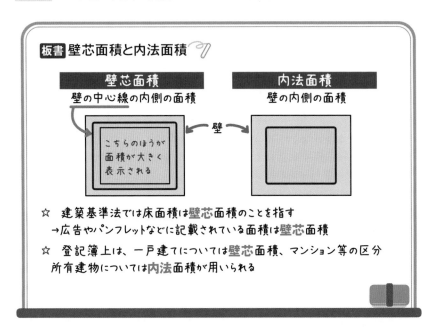

SECTION 03 不動産に関する法令

このSECTIONで学習すること

1 借地借家法

・借地借家法とは
・普通借地権と定期借地権
・普通借家権と
　定期借家権
・造作買取請求権

「普通」と「定期」
の違いをおさえて

2 区分所有法

・区分所有法と区分所有権
・規約

マンションを建て
替えたりする場合には、
住民の賛成が必要。
その場合の決議要件
を確認！

3 都市計画法

・市街化区域、市街化調整区域、
　非線引区域
・開発許可制度

各区域の内容、
開発許可が必要な
規模をおさえよう

4 建築基準法

・用途制限
・接道義務と
　セットバック
・建蔽率
・容積率

自宅の前の道
幅や、自宅の建蔽
率、容積率を
考えてみよう

5 農地法

・概要

ここは時間のある人
だけみておいて！

1 借地借家法

Ⅰ 借地借家法とは

借地借家法 は土地や建物の賃貸借契約に関するルールを定めた法律です。

Ⅱ 借地権

借地権 とは、建物の所有を目的として他人から土地を借りる権利をいいます。

借地権には、**普通借地権** と **定期借地権** があります。

1 普通借地権

普通借地権 は、契約期間の終了後、土地の借主が引き続きその土地の賃借を希望すれば、<u>建物がある場合に限り</u>、契約がそのまま更新されるタイプの借地権をいいます。

土地の貸主(地主)は正当な事由がなければ更新を拒むことはできません。

　地主は自分の土地であっても、正当な事由がなければ、引き続き土地を貸さなければならないのです。

2 定期借地権

定期借地権 は、契約期間の終了後、契約の更新はなく、土地が貸主(地主)に返還されるタイプの借地権をいいます。

　普通借地権だと、地主はいつまでたっても自分の土地を利用することができなくなってしまう可能性があるため、賃貸期限が決まっている定期借地権というものがあるのです。

定期借地権には、**一般定期借地権**、**事業用定期借地権**、**建物譲渡特約付借地権** の3種類があります。

借地権の内容をまとめると、次のとおりです。

板書 普通借地権と定期借地権

	普通借地権 普通の借地権	定期借地権		
		一般定期借地権 普通の 定期借地権	事業用定期 借地権 事業用の建物 を建てるために 土地を借りると いう場合の定 期借地権	建物譲渡 特約付借地権 契約期間が終 了したら建物付 で土地を返すと いう約束の定期 借地権
契約の 存続期間	30年以上	50年以上	10年以上 50年未満	30年以上
更新	最初の更新は 20年以上 2回目以降は 10年以上	なし	なし	なし
利用目的 (建物の種類)	制限なし	制限なし	事業用建物のみ (居住用建物は×)	制限なし
契約方法	制限なし	特約は書面による (電磁的記録も可)	公正証書に限る	制限なし
契約期間 終了時	原則として 更地で返す	原則として 更地で返す	原則として 更地で返す	建物付で返す

例題

借地借家法の規定によれば、事業用定期借地権の設定を目的とする契約は、公正証書によって締結しなければならない。

▶ ○ 事業用定期借地権の設定を目的とする契約は、公正証書によって締結しなければならない。

Ⅲ 借家権

借家権とは、他人から建物を借りる権利をいいます。

借家権には、**普通借家権**と**定期借家権**があります。

1 普通借家権

普通借家権は、普通借地権と同様、建物の貸主(大家さん)に正当な事由がない限り、契約がそのまま更新されるタイプの借家権をいいます。

例題

借地借家法の規定では、建物賃貸借契約（普通借家契約）において、貸主は正当の事由がなくても契約の更新を拒絶することができるとされている。

▶× 普通借家契約では貸主は正当な事由がなければ契約の更新を拒絶することはできない。

2 定期借家権

定期借家権は、契約期間の終了後、契約が更新されずに終了するタイプの借家権をいいます。

定期借家権の場合、貸主は借主に対して<u>事前に定期借家権である旨を記載</u><u>した**書面**を交付して(または書面に記載すべき事項を電磁的方法により提供して)説明</u><u>しなければなりません。</u>

また、契約期間が1年以上の場合は、貸主は期間終了の1年から6カ月前の間に借主に対して契約が終了する旨の通知をしなければなりません。

借家権の内容をまとめると、次のとおりです。

板書 普通借家権と定期借家権

	普通借家権	定期借家権
契約の存続期間	**1年以上** (1年未満の契約期間の場合、期間の定めのない契約とみなされる)	契約で定めた期間
更新・終了	期間終了によって契約も終了。ただし、貸主(大家さん)が正当な事由をもって更新の拒絶をしない限り、契約は存続	契約の更新はされずに終了 (契約期間が1年以上の場合には、貸主は期間終了の1年から6カ月前の間に借主に対して契約が終了する旨の通知をしなければならない)
契約方法	制限なし	**書面**による (電磁的記録も可)

例題

定期借家契約では、貸主に正当の事由があると認められる場合でなければ、貸主は、借主からの契約の更新の請求を拒むことができないとされている。

▶ × 定期借家契約では、契約期間の終了後、契約が更新されずに終了する。

3 造作買取請求権

借主は貸主の許可を得て、畳や建具など（造作）を取り付けることができます。そして、契約終了時において、借主は貸主に時価でその造作の買取りを請求することができます。これを **造作買取請求権** といいます。

ただし、貸主は、買取りをしない旨の特約を付けることにより、造作買取請求権を排除することができます。

2 区分所有法

Ⅰ 区分所有法と区分所有権

区分所有法（「建物の区分所有等に関する法律」）は、集合住宅（分譲マンションなど）で生活するさいの最低限のルールを定めた法律です。

マンションには、購入者が専用で使える **専有部分**（各部屋）と、ほかの購入者と共同で使う **共用部分**（エレベーター、エントランス、集会室など）があります。

このうち専有部分の所有権を **区分所有権** といいます。

また、マンション（専有部分）の土地を利用する権利を **敷地利用権** といいます。

区分所有権と敷地利用権は、原則として分離して処分することはできません。

Ⅱ 規約

規約 とは、マンションに関するルールのことをいいます。

規約の変更やマンションに関する事項の決定は、集会を開いて決議します。

集会では区分所有者および議決権（専有部分の持分割合）によって決議します。決議要件は次のとおりです。

313

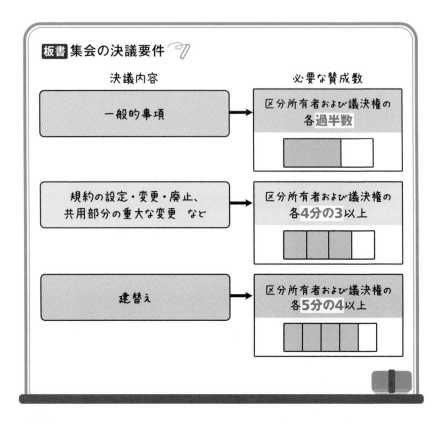

板書 集会の決議要件

決議内容	必要な賛成数
一般的事項	区分所有者および議決権の 各**過半数**
規約の設定・変更・廃止、 共用部分の重大な変更 など	区分所有者および議決権の 各**4分の3**以上
建替え	区分所有者および議決権の 各**5分の4**以上

例題

建物の区分所有等に関する法律（区分所有法）の規定によれば、集会において、区分所有者および議決権の過半数の多数により、規約を変更する旨の決議をすることができる。

▶ ✕ 規約の変更は、区分所有者および議決権の各**4**分の**3**以上の多数により決議することができる。

例題

建物の区分所有等に関する法律（区分所有法）の規定によれば、集会において、区分所有者および議決権の各3分の2以上の多数により、区分所有建物を取り壊し、その敷地上に新たに建物を建築する旨の決議をすることができる。

▶ ✕ 建替えは、区分所有者および議決権の各**5**分の**4**以上の多数により決議することができる。

3 都市計画法

I 都市計画法

都市計画法は、計画的な街づくりを行うための法律です。

II 都市計画区域

計画的に街づくりを行う必要がある地域を**都市計画区域**といい、都市計画区域は**市街化区域**、**市街化調整区域**（市街化区域と市街化調整区域をあわせて**線引区域**といいます）と、それ以外（**非線引区域**）に分けられます。

なお、市街化区域には、**用途地域**（建物の用途や種類について制限を定める地域。住居系、商業系、工業系があります）が定められていますが、**市街化調整**区域では、原則として用途地域を定めません。

各区域の内容は、次のとおりです。

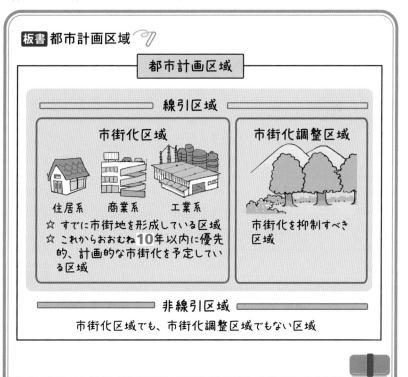

板書 都市計画区域

都市計画区域

線引区域

市街化区域

住居系　商業系　工業系

☆ すでに市街地を形成している区域
☆ これからおおむね**10年**以内に優先的、計画的な市街化を予定している区域

市街化調整区域

市街化を抑制すべき区域

非線引区域

市街化区域でも、市街化調整区域でもない区域

Ⅲ 開発許可制度

　一定の開発行為（建築物の建築、特定工作物の建設のために土地の区画形質を変更すること）を行う場合には、原則として**都道府県知事**の許可が必要です。

　許可を必要とする規模は次のとおりです。

都市計画法において、市街化区域内で1,500㎡の開発行為を行う場合は、都道府県知事等の許可を受けなければならない。

▶○ 市街化区域内においては、**1,000**㎡以上の開発行為を行う場合には都道府県知事等の許可が必要である。

都市計画法において、市街化調整区域内で3,000㎡未満の開発行為を行う場合には、都道府県知事等の許可は不要とされている。

▶× 市街化調整区域内においては、開発行為を行う場合は、**規模にかかわらず都道府県知事等の許可**が必要である。

4 建築基準法

Ⅰ 建築基準法とは

建築基準法 は、建物を建てるときの基本的なルールを定めた法律です。

Ⅱ 用途制限

都市計画法では、用途地域を住居系、商業系、工業系に区分し、全部で13種類に分けています。

建築基準法では、この用途地域に応じて、建築できる建物とできない建物を、具体的に定めています(これを **用途制限** といいます)。

	住居系								商業系		工業系		
	第一種低層住居専用地域	第二種低層住居専用地域	田園住居地域	第一種中高層住居専用地域	第二種中高層住居専用地域	第一種住居地域	第二種住居地域	準住居地域	近隣商業地域	商業地域	準工業地域	工業地域	工業専用地域
診療所、公衆浴場、保育所、神社、教会、派出所	●	●	●	●	●	●	●	●	●	●	●	●	●
住宅、図書館、老人ホーム	●	●	●	●	●	●	●	●	●	●	●	●	×
幼稚園、小・中学校、高校	●	●	●	●	●	●	●	●	●	●	●	×	×
大学、病院	×	×	×	●	●	●	●	●	●	●	●	×	×

●…建築できる　×…原則として建築できない

ひとこと

「診療所はどこにでも建てられるんだな」「大学や病院は規模が大きいから低層住居専用地域には建てられないんだな」「住宅は工業専用地域には建てられないんだな、環境が悪いからかな」という感じでおさえておけばOKです。

　なお、1つの敷地が2つの用途地域にまたがる場合には、<u>面積の大きいほうの用途地域の制限を受けます。</u>

例題

建築基準法において、建築物の敷地が2つの異なる用途地域にわたる場合、その全部について、敷地の過半の属する用途地域の建築物の用途に関する規定が適用される。

▶ ○ 建築物の敷地が2つの異なる用途地域にわたる場合、その全部について、敷地の過半の属する用途地域（面積の大きいほう）の規定が適用される。

Ⅲ 道路に関する制限

建築基準法では、交通の安全や防火等のため、建物に接する道路にも制限を課しています。

1 建築基準法上の道路

建築基準法では、道路を次のように定義しています。

板書 建築基準法上の道路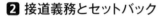

☆ 幅員（道幅）が **4** m以上の道路

☆ 幅員（道幅）が **4** m未満で、建築基準法が施行されたとき、すでに
存在し、特定行政庁の指定を受けている道路 ➡ 2項道路 という

---

2 接道義務とセットバック

建物の敷地は、原則として幅員 **4** m以上の道路に **2** m以上接していなければなりません。これを **接道義務** といいます。

例題

> 建築基準法の規定によれば、都市計画区域および準都市計画区域内において、建築物の敷地は、原則として幅員 2m 以上の道路に 4m 以上接していなければならない。
>
> ▶ ✕ 建築物の敷地は、原則として幅員 **4** m 以上の道路に **2** m 以上接していなければならない。

なお、幅員が **4** m未満の道路である **2** 項道路の場合には、原則として道路の中心線から **2** m下がった線が、その道路の境界線とみなされます。これを **セットバック** といいます。

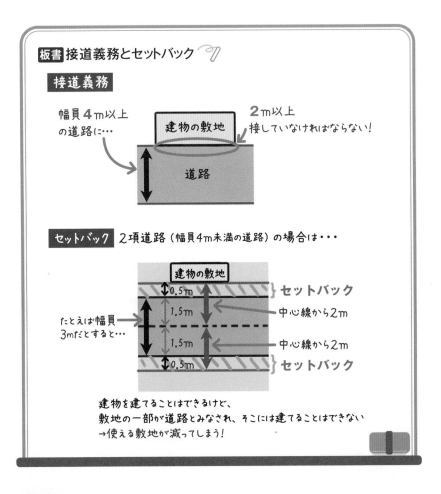

板書 接道義務とセットバック

接道義務

幅員4m以上
の道路に…

建物の敷地

2m以上
接していなければならない!

道路

セットバック 2項道路 (幅員4m未満の道路) の場合は…

建物の敷地

0.5m } セットバック
1.5m ← 中心線から2m

たとえば幅員
3mだとすると…

1.5m ← 中心線から2m
0.5m } セットバック

建物を建てることはできるけど、
敷地の一部が道路とみなされ、そこには建てることはできない
→使える敷地が減ってしまう!

Ⅳ 建蔽率

❶ 建蔽率とは

建蔽率（けんぺいりつ）とは、敷地面積に対する建物の建築面積の割合をいいます。

$$建蔽率 = \frac{建築面積}{敷地面積}$$

建蔽率の最高限度は、用途地域ごとに決められています。

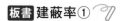 建蔽率①

たとえば、第一種低層住居専用地域（指定建蔽率60%）の敷地（敷地面積300㎡）に建物を建てたい場合…

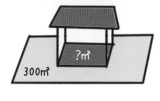

300㎡

$$\frac{?㎡}{300㎡}=60\%$$

$?㎡=300㎡×60\%=180㎡$

この敷地に建てられる建物の
最大面積は180㎡である

なお、建蔽率の異なる地域にまたがって建物の敷地がある場合には、建蔽率は**加重平均**で計算します。

板書 建蔽率②

地域Aと地域Bにまたがって建物を建てたい場合…

地域A	地域B
建蔽率：60%	建蔽率：50%
敷地面積：200㎡	敷地面積：300㎡

■建蔽率の計算■

$$60\%×\frac{200㎡}{500㎡}+50\%×\frac{300㎡}{500㎡}=54\%$$

■最大建築面積■

$500㎡×54\%=270㎡$

この敷地に建てられる建物の最大面積は270㎡である。

なお、用途地域ごとに最大建築面積を計算し、それらを合計してもOK

→最大建築面積：$200㎡×60\%+300㎡×50\%=270㎡$

2 建蔽率の緩和

次のいずれかに該当する場合には、建蔽率が緩和されます。

ひとこと

建蔽率の緩和とは、たとえば指定建蔽率が 60％の地域でも、一定の場合には 70％や 80％に拡大されるということです。

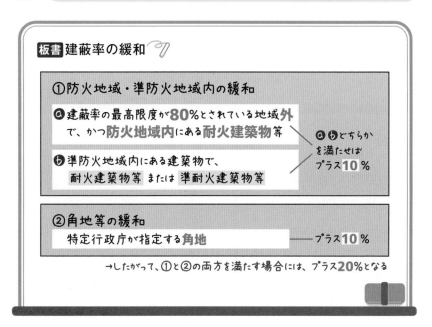

板書 建蔽率の緩和

①防火地域・準防火地域内の緩和

❹ 建蔽率の最高限度が**80％**とされている地域**外**で、かつ**防火地域内**にある**耐火建築物**等

❺ 準防火地域内にある建築物で、耐火建築物等 または 準耐火建築物等

❹❺どちらかを満たせばプラス**10**％

②角地等の緩和

特定行政庁が指定する**角地** ── プラス**10**％

→したがって、①と②の両方を満たす場合には、プラス**20％**となる

3 建蔽率の制限がないもの

次に該当する場合には、建蔽率の制限がありません。したがって、建蔽率100％で建物を建てることができます。

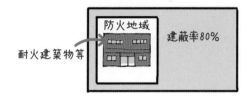

板書 建蔽率の制限がないもの

☆ 建蔽率が80％とされている地域内で、防火地域内にある耐火建築物等

防火地域　建蔽率80％

耐火建築物等

☆ 派出所、公衆便所など

例題

建築基準法の規定によれば、建蔽率の限度が80％の近隣商業地域内で、かつ、防火地域内にある耐火建築物については、容積率に制限がない。

▶✕ 建蔽率が80％とされている地域内で、防火地域内にある耐火建築物については、「容積率」ではなく、「建蔽率」に制限がない。

❹ 防火地域と準防火地域

　建物が密集している地域では、火災の類焼が発生しやすくなります。そのため、このような地域を **防火地域** または **準防火地域** に指定し、建物の構造に一定の制限（防火地域で3階以上の建物を建てる場合には、耐火構造にしなければならない等）を設けています。

ひとこと

　特になにも指定されていない地域を **無指定地域** といいます。
　規制が厳しい順番に並べると、**防火地域→準防火地域→無指定地域** となります。

　2つ以上の地域にまたがって建物を建てる場合には、**もっとも厳しい地域**の規制が適用されます。

ひとこと

　　建物が防火地域と準防火地域にまたがっている場合は、防火地域の規制が
その全体に適用されます。また、準防火地域と無指定地域にまたがっている
場合は、準防火地域の規制が適用されます。

例題

建築物が防火地域および準防火地域にわたる場合においては、原則として、その全
部について準防火地域内の建築物に関する規定が適用される。

▶ ✕ 建築物が防火地域および準防火地域にわたる場合においては、その全部について**防火**地域内
（規制が厳しいほう）の規定が適用される。

Ⅴ 容積率

1 容積率とは

　容積率とは、敷地面積に対する延べ面積（各階の床面積の合計）の割合をいい
ます。

$$容積率 = \frac{延べ面積}{敷地面積}$$

例題

建築基準法上、容積率とは、建築物の建築面積の敷地面積に対する割合をいう。

▶ ✕ 容積率とは、建築物の敷地面積に対する**延べ面積**の割合をいう。

　容積率の最高限度は、用途地域ごとに決められています。

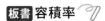

たとえば、指定容積率200%の敷地（敷地面積300㎡）に建物を建てたい場合…

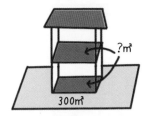

$$\frac{?㎡}{300㎡}=200\%$$

$$?㎡=300㎡×200\%=600㎡$$

この敷地に建てられる建物の
最大延べ面積は600㎡である

なお、容積率の異なる地域にまたがって建物の敷地がある場合には、容積率は**加重平均**で計算します。

ひとこと

加重平均の計算方法は、建蔽率の場合と同じです。

2 前面道路の幅員による容積率の制限

前面道路の幅員が**12 m未満**の場合には、容積率に制限があります。

ひとこと

前面道路の幅員が 12 m以上の場合には、指定容積率が適用されます。

なお、2つ以上の道路に面している場合には、幅の**広い**ほうの道路が前面道路となります。

板書 前面道路の幅員による容積率の制限

前面道路の幅員が **12** m以上の場合の容積率

→ 指定容積率

前面道路の幅員が **12** m未満の場合の容積率

→ 次のうち、**小さいほう**

①指定容積率
②前面道路の幅員× 法定乗数

$$\frac{4}{10} \text{ または } \frac{6}{10}$$
住居系　　その他

たとえば、次の場合の容積率は…

住居系

第一種住居地域

指定容積率：300%

幅員　5m

①指定容積率：300%
②$5m \times \dfrac{4}{10} =$ 200%

小さいほう → 容積率は200%になる！

プラスワン 高さ制限

1 斜線制限

斜線制限は、建物の高さの制限の一つで、建物の高さは道路の境界線等から上方斜めに引いた線の内側におさまらなければならないというものです。

斜線制限には、**道路斜線制限**、**隣地斜線制限**、**北側斜線制限**があります。

道路斜線制限	道路および道路上空の空間を確保するための制限 ☆ すべての区域で適用される
隣地斜線制限	高い建物間の空間を確保するための制限 ☆ 第一種・第二種低層住居専用地域、田園住居地域には適用なし
北側斜線制限	住宅地における日当たりを確保するための制限 ☆ 住宅地（第一種・第二種低層住居専用地域、田園住居地域、第一種・第二 　種中高層住居専用地域）のみ適用される

2 日影規制

日影規制は、建物の高さの制限の一つで、北側（隣地の南側）の敷地の日当たりを確保するための制限です。

日影規制は、**商業地域**、**工業地域**、**工業専用**地域には適用がありません。

3 絶対高さの制限

第一種・第二種低層住居専用地域内および田園住居地域内では、原則として建物の高さは **10**m または **12**m のうち、都市計画で定めた高さを超えることはできません。

5 農地法

農地等を取引する場合、原則として許可が必要です。

農地等の取引と許可

	取　　　引	許可（原則）
農地法第3条	**権利移動** 農地を農地のまま（他人に）売却等する場合	農業委員会
農地法第4条	**転　用** 農地を農地以外の土地にする場合	都道府県知事
農地法第5条	**転用目的の権利移動** 農地を農地以外の土地にするために 権利を（他人に）移動する場合	都道府県知事

前記のように、「転用」「転用目的の権利移動」の場合には、原則として都道府県知事の許可が必要ですが、**市街化**区域内にある一定の農地については、あらかじめ**農業委員会**に届出をすれば、都道府県知事（指定市町村ではその長）の許可は不要となります。

SECTION 04 不動産の税金

このSECTIONで学習すること

1 不動産の税金の全体像

・不動産の取得、保有、売却、賃貸に
かかる税金

> まずは概要を
> おさえよう

2 不動産を取得したときに
かかる税金

・不動産取得税

・登録免許税

・消費税

・印紙税

> 原則と特例の違い
> をおさえて!
> 細かい税率とかは
> おぼえなくても大丈夫

3 不動産を保有していると
かかる税金

・固定資産税

・都市計画税

> 固定資産税は
> 地方税で、
> 標準税率は1.4%!

4 不動産を譲渡したときに
かかる税金

居住用財産の譲渡の特例

・居住用財産の3,000万円の特別控除

・空き家の譲渡の特例

・居住用財産の軽減税率の特例

・特定居住用財産の買換えの特例

> 文字だとややこし
> いから、板書をみて
> 確認しよう

1 不動産の税金の全体像

不動産にかかる税金には、次の4種類があります。

不動産にかかる税金

不動産を<u>取得</u>したときにかかる税金	不動産取得税、登録免許税、消費税、印紙税
不動産を<u>保有</u>しているとかかる税金	固定資産税、都市計画税
不動産を<u>売却</u>したときにかかる税金	(譲渡所得として)所得税、住民税
不動産を<u>賃貸</u>したときにかかる税金	(不動産所得として)所得税、住民税

2 不動産を取得したときにかかる税金

Ⅰ 不動産取得税

不動産を取得した場合(購入したときや増改築したとき、**贈与**されたとき)、**不動産取得税**がかかります。

なお、**相続**や法人の合併によって不動産を取得した場合には、不動産取得税はかかりません。

例題

不動産取得税は、贈与により不動産を取得したときには課されない。

▶✕ 贈与によって不動産を取得したときにも、不動産取得税は課される。

1 不動産取得税の基本的な内容

不動産取得税の基本的な内容は次のとおりです。

板書 不動産取得税の基本的な内容 🏷

課税主体 誰が税金を課すのか？	不動産がある**都道府県**（地方税）
納税義務者 誰が税金を払うのか？	不動産の取得者
課税標準 何に対して税金がかかるのか？	固定資産税評価額

☆ 不動産取得税の計算式

不動産取得税＝課税標準×**3**％

原則は**4**％だけど、2027年3月31日までに土地や住宅を
取得した場合には**3**％（特例）が適用される

2 課税標準の特例

一定の不動産については、課税標準の特例があります。

板書 課税標準の特例 🏷

土地について

宅地の場合… 課税標準×$\frac{1}{2}$

したがって、固定資産税評価額が
2,000万円の宅地の場合、
不動産取得税＝
2,000万円×$\frac{1}{2}$×3％＝30万円

建物について

一定の新築住宅は… 課税標準−**1,200**万円

床面積が50㎡以上
240㎡以下などの要件あり

1997年4月1日以降に建て
られた住宅の場合

したがって、固定資産税評価額が2,000万円の住宅の場合、
不動産取得税＝（2,000万円−1,200万円）×3％＝24万円

Ⅱ 登録免許税

登録免許税は、不動産の登記をするときにかかる税金です。

1 不動産の登記

不動産の登記には、**所有権保存登記**、**所有権移転登記**、**抵当権設定登記**などがあります。

不動産の登記

不動産の登記	内　容
所有権保存登記	新築建物を購入したときなどに必要な、所有権を最初に登録するための登記
所有権移転登記	不動産を売買したり、不動産の相続があったときなど、所有権が移転したときに行われる登記
抵当権設定登記	抵当権を設定したときに行われる登記

ひとこと

抵当権とは、土地や建物を債務（住宅ローンなど）の担保として、債務が返済されない場合に、その土地や建物を競売にかけて弁済を受ける権利をいいます。

2 登録免許税の基本的な内容

登録免許税の基本的な内容は次のとおりです。

板書 登録免許税の基本的な内容

課税主体 誰が税金を課すのか?	国（国税）
納税義務者 誰が税金を払うのか?	不動産の登記をする人 不動産を売買した場合、 売主と買主が連帯して納税義務者となる ↳ただし！ 一般的には契約等によって買 主が負担する！
課税標準 何に対して税金がかかるのか?	固定資産税評価額 （抵当権設定登記は債権金額）

☆ 登録免許税の計算式

> 登録免許税 = 課税標準 × 税率

3 税率の特例

　個人が取得する住宅で、一定の要件を満たすものについては、次の税率の特例があります。

税率の特例　　　　税率はおぼえなくてOK！　　「住宅」について軽減税率の適用がある！

登記内容		原　則	住宅 の軽減税率※1
所有権保存登記		0.4%	0.15%
所有権移転登記	売　買	2　%	0.3%※2
	相　続	0.4%	なし
	贈与等	2　%	なし
抵当権設定登記		0.4%	0.1%

※1　個人が取得する住宅で、床面積が50㎡以上、新築または取得後1年以内に登記することなどの要件を満たした場合に軽減税率が適用される
※2　宅地建物取引業者により一定の増改築が行われた住宅を取得する場合は0.1%

Ⅲ 消費税

消費税は、商品の販売やサービスの提供に対して課される税金です。

不動産の取引では、消費税がかかるものとかからない（非課税の）ものがあります。

消費税がかかる取引、かからない取引

◆ 消費税がかかる取引…建物の譲渡・貸付け（居住用を除く）、不動産の
仲介手数料

◆ 消費税がかからない取引…**土地**の譲渡・貸付け、居住用賃貸物件の
貸付け（1ヵ月以上※）など

※　1ヵ月未満の貸付けは消費税の課税対象となる

例題

土地の譲渡は消費税の非課税取引である。

▶

Ⅳ 印紙税

印紙税は、一定の文書を作成した場合に課される税金（国税）で、契約書等に印紙を貼り、消印することによって納税します。

なお、印紙は一定の契約書に貼付・消印が必要です。

ひとこと

契約書を売主と買主に渡す場合には、売主の契約書と買主の契約書の両方に印紙の貼付・消印が必要となります。

印紙が貼られていなかったり、消印がない場合には、過怠税が課せられますが、このような場合でも契約自体は有効です。

3 不動産を保有しているとかかる税金

Ⅰ 固定資産税

不動産を保有している間は、毎年、**固定資産税**がかかります。

❶ 固定資産税の基本的な内容

固定資産税の基本的な内容は次のとおりです。

板書 固定資産税の基本的な内容 📎

課税主体 誰が税金を課すのか?	不動産がある**市町村**（地方税）
納税義務者 誰が税金を払うのか?	毎年**1月1日**に固定資産課税台帳に所有者として登録されている人 ↳ちなみに! 売買があった場合、一般的に売主と買主の間で、契約等によって固定資産税の負担割合を所有期間で按分し、清算する
課税標準 何に対して税金がかかるのか?	固定資産税評価額

☆ 固定資産税の計算式

標準税率。税率は市町村で決められる

固定資産税＝課税標準× **1.4**％

---

❷ 課税標準の特例と税額軽減特例

住宅用地については、課税標準の特例があります。また、新築住宅については税額軽減特例があります。

板書 課税標準の特例と税額軽減特例

住宅用地の課税標準の特例

固定資産税=課税標準×1.4%
↖ この部分の調整

☆ 小規模住宅用地（200㎡以下の部分）

$$固定資産税= \boxed{課税標準×\frac{1}{6}} ×1.4\%$$

☆ 一般住宅用地（200㎡超の部分）

$$固定資産税= \boxed{課税標準×\frac{1}{3}} ×1.4\%$$

新築住宅の税額軽減特例

住宅を新築等した場合で、一定の条件を満たしたときは、新築後3年間または5年間、120㎡までの部分について税額が$\frac{1}{2}$に軽減される

固定資産税=課税標準×1.4%
↖ この金額が半分になる！

例題

固定資産税における小規模住宅用地（住宅用地で住宅1戸当たり200㎡以下の部分）の課税標準については、当該住宅用地に係る固定資産税の課税標準となるべき価格の5分の1の額とする特例がある。

▶ ✕ 住宅用地の課税標準の特例では、小規模住宅用地（200㎡以下の部分）について、課税標準となるべき価格の**6**分の**1**の額となる。

Ⅱ 都市計画税

都市計画税 は、都市計画事業等の費用にあてるために、原則として、市街化区域内の土地および家屋の所有者に対して、市町村が課税する目的税です。

ひとこと

目的税とは、納税された金額の使い道が決まっている税金をいいます。

1 都市計画税の基本的な内容

都市計画税の基本的な内容は次のとおりです。

板書 都市計画税の基本的な内容 📎

課税主体 誰が税金を課すのか?	不動産がある**市町村**（地方税）
納税義務者 誰が税金を払うのか?	**市街化区域**にある土地、家屋の所有者 （毎年1月1日に固定資産課税台帳に所有者として登録されている人）
課税標準 何に対して税金がかかるのか?	固定資産税評価額

☆ 都市計画税の計算式

都市計画税＝課税標準×税率※

※ 制限税率**0.3**%の範囲内で市町村が決めることができる

↳「税率は各市町村で決めていいよ。だけど0.3%を超えてはダメだよ」ということ

2 課税標準の特例

住宅用地については、課税標準の特例があります。

板書 課税標準の特例 　都市計画税＝課税標準×税率

↖この部分の調整

住宅用地の課税標準の特例

☆ 小規模住宅地（**200㎡以下の部分**）

都市計画税＝ **課税標準×$\frac{1}{3}$×税率**

☆ 一般住宅用地（**200㎡超の部分**）

都市計画税＝ **課税標準×$\frac{2}{3}$×税率**

4 不動産を譲渡したときにかかる税金

Ⅰ 譲渡所得（原則）

🎧Review CH04. SEC02 **8**

　土地や建物を譲渡（売却）して収入を得たときは、**譲渡所得**として所得税がかかります。この場合の譲渡所得は**分離課税**となります。

板書 譲渡所得（原則）

譲渡所得＝収入金額－（取得費＋譲渡費用）

ポイント

☆ 取得費が不明な場合や取得費が収入金額の**5%**に満たない場合には、収入金額の**5%**を取得費とすることができる →概算取得費

税率

☆ **短期譲渡所得の場合…39%**（所得税**30%**[※1]、住民税**9%**）
　↳ 譲渡した年の1月1日時点の所有期間が**5年以下**

☆ **長期譲渡所得の場合…20%**（所得税**15%**[※2]、住民税**5%**）
　↳ 譲渡した年の1月1日時点の所有期間が**5年超**

　※1　別途、復興特別所得税0.63%が加算される
　※2　別途、復興特別所得税0.315%が加算される

例題

譲渡した日における所有期間が5年を超える土地を譲渡した場合、当該譲渡による譲渡所得については、長期譲渡所得に区分される。

▶ ✕ 土地・建物の譲渡において、長期譲渡所得に区分されるのは、譲渡した年の**1**月**1**日時点の所有期間が**5**年超の場合である。

例題

個人が土地を譲渡したことによる譲渡所得の金額の計算において、譲渡した土地の取得費が不明である場合、譲渡収入金額の3%相当額を取得費とすることができる。

▶ ✕ 譲渡収入金額の「3%」ではなく、「**5%**」相当額である。

Ⅱ 居住用財産の譲渡の特例

　居住用財産(自宅やその土地)を譲渡した場合で、一定の要件を満たしたときは、以下の特例を受けることができます。

1 居住用財産の3,000万円の特別控除

　居住用財産を譲渡して譲渡益が生じた場合、譲渡所得の金額から最高**3,000**万円を控除することができます。

　この特例の主な内容は次のとおりです。

板書 居住用財産の3,000万円の特別控除

　　課税譲渡所得＝譲渡益－ 3,000万円 （特別控除）

ポイント

☆ 譲渡した居住用財産の所有期間が短期でも長期でも適用できる

☆ 控除後の課税譲渡所得がゼロとなる場合も確定申告が必要

☆ 「居住用財産の軽減税率の特例」と併用して適用できる
　　　　　⬅ 3

☆ 「特定居住用財産の買換えの特例」とは併用して適用できない
　　　　　⬅ 4

```
主な適用要件

☆ 居住用財産であること
☆ 配偶者、父母、子などへの譲渡ではないこと
☆ 居住しなくなった日から3年経過する日の属する年の12月31日までに譲
  渡していること
☆ 前年、前々年にこの特例を受けていないこと→3年に一度しか適用できない
```

例題

「居住用財産を譲渡した場合の3,000万円の特別控除」の適用を受けるためには、譲渡した居住用財産の所有期間が譲渡した日の属する年の1月1日において5年を超えていなければならない。

▶ ✕ 「居住用財産の3,000万円の特別控除」は、短期でも長期でも適用できる。

2 空き家の譲渡の特例

相続の開始の直前において、被相続人の居住用であった家屋で、その後空き家になっていた家屋を一定期間内に譲渡した場合には、その譲渡所得の金額から最高**3,000**万円を控除することができます。なお、2024年1月1日以降に行う譲渡で、相続人が**3**人以上である場合には、控除額は**2,000**万円までとなります。

ひとこと

空き家を取り崩して更地で譲渡した場合でもこの特例を適用することができます。

この特例の主なポイントは次のとおりです。

不
動
産

CH
05

SEC
04
不
動
産
の
税
金

不
動
産
を
譲
渡
し
た
と
き
に
か
か
る
税
金

板書 空き家にかかる譲渡所得の特別控除

$$課税譲渡所得＝譲渡益－3,000万円^{※}（特別控除）$$

※ 相続人が3人以上の場合は2,000万円

ポイント

☆ 相続財産にかかる譲渡所得の課税の特例（相続税の取得費の加算）と選択適用となる

→ 相続や遺贈により取得した財産を一定期間内※に譲渡した場合に、相続税額のうち一定金額を、譲渡資産の取得費に加算して譲渡所得を計算することができるという特例

※ 相続開始のあった日の翌日から相続税の申告期限の翌日以後3年を経過する日まで

主な適用要件

☆ 相続開始まで被相続人の居住用に供されていて、その後、相続によって空き家になったこと

☆ 1981年5月31日以前に建築された家屋であること

☆ マンションなど区分所有建物でないこと

☆ 相続開始日から3年を経過する年の12月31日までに譲渡したこと

☆ 譲渡対価が1億円以下であること

例題

「被相続人の居住用財産（空き家）に係る譲渡所得の特別控除の特例」の適用を受けるためには、譲渡の対価の額が1,000万円以下でなければならない。

▶ ✕ 「空き家に係る譲渡所得の特別控除の特例」の適用を受けるためには、譲渡の対価の額が1億円以下でなければならない。

❸ 居住用財産の軽減税率の特例

譲渡した年の1月1日時点で所有期間が10年超の居住用財産を譲渡した場合、6,000万円以下の部分について14%（所得税10%、住民税4%、別途、復

341

興特別所得税0.21%が加算される)の軽減税率が適用されます。なお、居住用財産の3,000万円の特別控除と併用することができます。

板書 居住用財産の軽減税率の特例

たとえば、次のような譲渡益が生じた場合は…
- 所有期間15年の居住用財産を譲渡した
- 譲渡収入は2億円、取得費は7,000万円、譲渡費用は500万円
- 居住用財産の軽減税率の適用要件はすべて満たしている
- 復興特別所得税は考慮しない

譲渡収入 2億円

取得費 7,000万円	譲渡費用 500万円	特別控除 3,000万円	課税譲渡所得 9,500万円

6,000万円以下
→所得税10%
　住民税4%　　6,000万円超
→所得税15%
　住民税5%

課税譲渡所得：2億円−7,000万円−500万円−3,000万円=9,500万円
所得税：6,000万円×**10%**+(9,500万円−6,000万円)×**15%**
　　　　=1,125万円
住民税：6,000万円×**4%**+(9,500万円−6,000万円)×**5%**
　　　　=415万円

4 特定居住用財産の買換えの特例

　譲渡した年の1月1日時点の所有期間が**10年超**で、居住期間**10年以上**の居住用財産を譲渡対価**1億円以下**で譲渡し、新たに床面積が**50㎡以上**の居住用財産を購入した(買い換えた)場合、譲渡益に対する税金を繰り延べることができます。

ひとこと

「繰り延べる」とは、翌年以降に持ち越すことをいいます。
　通常、今年発生した譲渡益は全額、今年の課税の対象になりますが、この特例は今年発生した譲渡益にもかかわらず、翌年以降の課税の対象とすることができるのです。

板書 特定居住用財産の買換えの特例 ✐

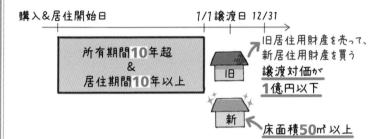

購入&居住開始日　　　　　　　1/1 譲渡日 12/31

所有期間**10年超**
&
居住期間**10年以上**

旧居住用財産を売って、
新居住用財産を買う
譲渡対価が
1億円以下

旧

新　　床面積**50㎡以上**

譲渡資産の譲渡価額≦買換資産の取得価額の場合
旧 を5,000万円で売って、新 を6,000万円で買ったという場合

→譲渡益を繰り延べることができる

旧 の取得費が3,000万円、譲渡費用が200万円なら…
1,800万円（5,000万円−3,000万円−200万円）を全額、繰り延べることができる

ポイント

☆ 「3,000万円の特別控除」や「居住用財産の軽減税率の特例」とは選択適用となる（併用はできない）

☆ 譲渡益がゼロとなる場合でも、確定申告が必要

例題

「特定の居住用財産の買換えの場合の長期譲渡所得の課税の特例」の適用を受けるためには、譲渡資産の譲渡対価の額が1億円以下でなければならない。

 ▶○

譲渡した年の 1 月 1 日時点で所有期間が **5** 年超、一定の住宅ローンがある等の居住用財産を譲渡し、譲渡損失が生じた場合、譲渡損失(「住宅ローン残高－譲渡価格」が限度)とその年のほかの所得とを **損益通算** することができます。

また、翌年以降 **3** 年間にわたって、その譲渡損失をほかの所得から控除(**繰越控除**)することができます。

ただし、繰越控除を受ける年の合計所得金額が **3,000** 万円以下でなければなりません。

CHAPTER 05
不動産

不動産 CH
05

SEC
05
不動産の有効活用

土地の有効活用の形態

SECTION
05

不動産の有効活用

このSECTIONで学習すること

1 土地の有効活用の形態

・アパート・マンション

・オフィスビル

・駐車場

・ロードサイド
店舗

ここは軽く目を
通しておけばOK！

2 土地の有効活用の事業手法

・自己建設方式

・事業受託方式

・建設協力金方式

・土地信託方式

・等価交換方式

・定期借地権方式

たまに
出題されるけど、
重要性は低い論点

3 不動産投資利回り

・単純利回り

・NOI利回り

余裕がある人は
目を通しておいて

---

1 土地の有効活用の形態

土地の有効活用の形態には、次のようなものがあります。

土地の有効活用の形態と特性

形　態	特　性
アパート・マンション	◎需要はある程度安定している ×空室リスクがある ☆ ファミリーマンションよりもワンルームマンションのほうが収益性が高い!
オフィスビル	◎収益性が高い ×景気変動の影響を受けやすい
駐車場	◎法的トラブルは発生しづらい ←借地権が発生しないため ×機械式駐車場の場合、初期投資額が大きい
ロードサイド店舗	◎交通量の多い道路沿いなら、高い収益が見込まれる ×広い敷地が必要

2 土地の有効活用の事業手法

土地を有効に活用する事業手法として、次のようなものがあります。

土地の有効活用の事業手法

自己建設方式	土地の所有者が自分で企画、資金調達、建築等を行う方法 →全部自分でやる ☆ 収益はすべて自分のものとなるが、手間がかかる。リスクも高い
事業受託方式	土地活用の事業全体を業者（デベロッパー）にまかせてしまう方法 →業者におまかせ! 資金調達は自分でやる
建設協力金方式	土地の所有者が、入居予定のテナントから保証金（建設協力金）を預かって、建物の建設費にあてる方法 →入居予定のテナントから建物の建設費を出してもらう!
土地信託方式	信託銀行に土地を信託する方法 →信託銀行におまかせして、配当を受け取る! ☆ 信託終了後は、土地・建物はそのまま土地の所有者に引き渡される
等価交換方式	土地の所有者が土地を提供し、その土地にデベロッパーが建物を建て、完成後の土地と建物の権利を資金提供割合（土地の価額と建物の建設費の割合）で分ける方法 →土地を譲渡して、代わりに土地&建物の権利を分け合う!
定期借地権方式	定期借地権を設定して、土地を賃貸する方法 →一定期間、土地を貸す

事業受託方式は、土地の所有者が企画、資金調達、建築等をすべて自分で行う方法
である。

> ▶ **✕** 事業受託方式は、土地活用の事業全体をデベロッパーにまかせてしまう方法である。本問は
> **自己建設方式**の説明である。

土地の有効活用方式のうち、一般に、土地所有者が土地の全部または一部を拠出し、
デベロッパーが建設費等を拠出して、それぞれの出資比率に応じて土地・建物に係
る権利を取得する方式を、建設協力金方式という。

> ▶ **✕** 土地の有効活用方式のうち、一般に、土地所有者が土地の全部または一部を拠出し、デベロ
> ッパーが建設費等を拠出して、それぞれの出資比率に応じて土地・建物に係る権利を取得す
> る方式を、**等価交換方式**という。

3 不動産投資利回り

不動産投資をするさいには、採算が合うかどうかを検討する必要がありま
す。不動産の採算性を評価する手法として、投資利回りがあります。

投資利回りは、投資額に対する収入の割合をいい、**単純利回り**や**NOI利回
り**があります。

不動産投資利回り

単純利回り （表面利回り）	諸経費を考慮しないで計算するため、計算が簡単であるが、正確性に欠ける $$単純利回り = \frac{年間収入合計}{投資総額} \times 100$$
NOI利回り （純利回り、 実質利回り）	諸経費を考慮して計算するため、単純利回りに比べて正確性が高い $$NOI利回り = \frac{年間収入合計 - 年間諸経費}{投資総額} \times 100$$

投資総額 8,000 万円で購入した賃貸用不動産の年間収入の合計額が 500 万円、年間費用の合計額が 120 万円である場合、この投資の純利回り（NOI 利回り）は、6.25％である。

▶ ✕ 純利回り： $\dfrac{500\,万円 - 120\,万円}{8,000\,万円} \times 100 = 4.75\%$

CHAPTER **06**

相続・事業承継

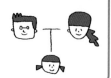

SECTION 01 相続の基本

このSECTIONで学習すること

1 相続とは

・相続…死亡した人の財産を、残された人が承継すること

> イメージでわかるよね…

2 相続人

・法定相続人
・相続人の範囲と順序
・子の種類
・相続人になれない人
・代襲相続

> 配偶者は常に相続人となる。そのほかの順序は…
> ①子
> ②直系尊属（父母）
> ③兄弟姉妹

3 相続分

・指定相続分
・法定相続分

> 相続人が、配偶者と子、配偶者と直系尊属、配偶者と兄弟姉妹の場合の法定相続分をしっかりおさえて！

4 相続の承認と放棄

・単純承認
・限定承認
・放棄

> 限定承認も放棄も、相続の開始から3カ月以内に行わなければならない

5 遺産分割

・指定分割と協議分割
・現物分割、換価分割、代償分割
・配偶者居住権

> ここは軽くおさえておこう

6 遺言と遺贈

・自筆証書遺言
・公正証書遺言
・秘密証書遺言

> 遺言はいつでも変更することができる！

7 遺留分

・遺留分権利者と遺留分の割合

> 「愛人にすべての財産をあげる」なんて遺言を残されたら、配偶者や子は困るよね…

8 成年後見制度

・法定後見制度
（後見、保佐、補助）
・任意後見制度

> ここは軽く読んでおけばOK！

1 相続とは

相続とは、死亡した人(被相続人)の財産(資産および負債)を、残された人(相続人)が承継することをいいます。

 ひとこと

相続によって相続人が承継する財産には、現金や土地・建物などの資産のほか、借入金などの負債も含まれます。

2 相続人

Ⅰ 法定相続人

民法では、相続人の範囲を被相続人の配偶者と一定の血族に限っています(法定相続人)。

Ⅱ 相続人の範囲と順序

被相続人の配偶者は常に相続人となります。また、血族相続人(被相続人と一定の血族関係にある相続人)には優先順位があります。

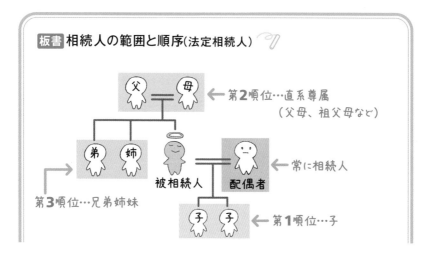

板書 相続人の範囲と順序(法定相続人)

父 母 ← 第2順位…直系尊属
（父母、祖父母など）

弟 姉 被相続人 配偶者 ← 常に相続人

第3順位…兄弟姉妹

子 子 ← 第1順位…子

☆ 配偶者は<u>常に相続人となる</u>

☆ <u>血族相続人は先順位の者がいない場合に限って、後順位の者が相続</u>
<u>人となる</u>

  ↳ 子がいない場合には父母が相続人となる！
   （子がいる場合には父母は相続人になれない）

☆ <u>配偶者と血族相続人は同順位で相続人となる</u>

  ↳ 配偶者、子、父母、兄弟姉妹がいる場合は、
   配偶者と子が相続人となる

Ⅲ 子の種類

子には、養子（養子縁組により子となった者）、非嫡出子（ひ ちゃくしゅつ し）、胎児を含みます。

板書 子の種類（養子、非嫡出子、胎児）

養 子	養子縁組により子となった者 **普通養子** 養子が実父母との親子関係を存続したまま、養父母との親子関係をつくるという縁組における養子 →養子は実父母と養父母の両方の相続人となる **特別養子** 養子が実父母との親子関係を断ち切り、養父母との親子関係をつくるという縁組における養子 →原則として、養子は養父母のみの相続人となる
非 嫡 出 子	正式な婚姻関係のない人との間に生まれた子 →実子に含まれる。ただし、被相続人が男性の場合は認知が必要
胎 児	まだ生まれていない子 →被相続人の死亡時にすでに生まれたものとして相続人となる （実子に含まれる。ただし、死産の場合は相続人にならない）

☆ 実子（血のつながりがある子）と養子、嫡出子（正式な婚姻関係のある人
との間に生まれた子）と非嫡出子は、<u>同順位</u>となる

→実子だからといって養子よりも先順位になるということはない！

例題

養子には、普通養子と特別養子があり、普通養子は養子縁組により実方の父母との
親族関係が終了しない。

▶ ○ 普通養子は実方の父母との親族関係が存続する。

Ⅳ 相続人になれない人

相続人の地位にある人でも、次の場合には相続人になれません。

板書 相続人になれない人 ✐

☆ 相続開始以前にすでに死亡している人

☆ **欠格** 事由に該当する人
　　　被相続人を殺害したり、詐欺や強迫によって遺言書を書かせたり
　　　すること

☆ 相続人から **廃除** された人
　　　被相続人を虐待するなど、著しい非行があった場合に、
　　　被相続人が家庭裁判所に申し立てることにより、
　　　その相続人の相続権をなくすこと

☆ 相続を **放棄** した人
　　　相続の放棄については **4** **Ⅲ** を参照

Ⅴ 代襲相続

代襲相続とは、相続の開始時に、相続人となることができる人がすでに
死亡、欠格、廃除によって、相続権がなくなっている場合に、その人の子（被
相続人からみると孫、甥、姪）が代わりに相続することをいいます。

☆ 子（直系卑属）は再代襲、再々代襲がある

凡例	
▨▨▨	…相続人
✕	…以前死亡

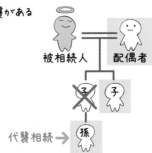

代襲相続 →

☆ 兄弟姉妹が死亡している場合は、
　兄弟姉妹の子（被相続人の甥、姪）まで
　しか代襲相続は認められない

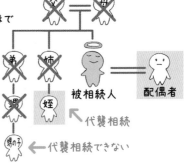

← 代襲相続

← 代襲相続できない

☆ 直系尊属（父や母）については、
　代襲相続は生じない

← 代襲相続
は生じない

ひとこと

自分（被相続人）から見て、父母や祖父母のことを直系尊属、自分（被相続人）から見て、子や孫のことを直系卑属といいます。

3 相続分

相続分とは、複数の相続人がいる場合の、各相続人が遺産を相続する割合をいいます。

相続分には、**指定相続分**と**法定相続分**があります。

Ⅰ 指定相続分

被相続人は、遺言で各相続人の相続分を指定することができます。この場合の相続分を**指定相続分**といい、法定相続分より優先されます。

Ⅱ 法定相続分

法定相続分とは、民法で定められた各相続人の相続分をいいます。

法定相続分は以下のとおりです。なお、同順位に複数の相続人がいる場合には、相続分を均分します。

板書 **法定相続分**

相続人が配偶者のみの場合 → 配偶者がすべて相続

被相続人 ══ 配偶者 ← すべて相続

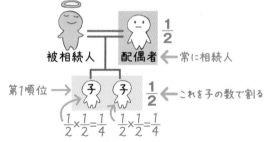

$\frac{1}{2} \times \frac{1}{2} = \frac{1}{4}$　　$\frac{1}{2} \times \frac{1}{2} = \frac{1}{4}$

相続人が配偶者と直系尊属の場合 → 配偶者：$\frac{2}{3}$ 直系尊属：$\frac{1}{3}$

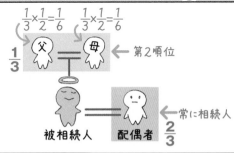

相続人が配偶者と兄弟姉妹の場合 → 配偶者：$\frac{3}{4}$ 兄弟姉妹：$\frac{1}{4}$

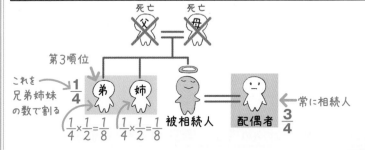

ひとこと

配偶者がいない場合は、各順位内で均分相続します。

被相続人Ａさんの相続人が妻Ｂさんと長男Ｃさん、長女Ｄさんの計3人である場合、長女Ｄさんの法定相続分は3分の1である。

▶× 相続人が配偶者と子の場合、法定相続分は配偶者**2分の1**、子**2分の1**である。また、子が複数いる場合には子の相続分を子の数で均分する。

長女Ｄさんの法定相続分：$\frac{1}{2} \times \frac{1}{2} = \frac{1}{4}$

4 相続の承認と放棄

相続人は、被相続人の財産を相続するかどうかを選択することができます。

Ⅰ 単純承認

単純承認とは、被相続人の財産(資産および負債)をすべて承継することをいい、民法では単純承認が原則です。

なお、相続の開始があったことを知った日から**3カ月以内**に、下記の限定承認や放棄を行わなかった場合には、単純承認したものとみなされます。

Ⅱ 限定承認

限定承認とは、被相続人の資産(プラスの財産)の範囲内で、負債(マイナスの財産)を承継することをいいます。

限定承認をする場合には、相続の開始があったことを知った日から**3カ月以内**に、相続人全員で家庭裁判所に申し出る必要があります。

Ⅲ 放棄

放棄とは、被相続人の財産(資産および負債)をすべて承継しないなど、相続人とならなかったものとすることをいいます。

放棄をする場合には、相続の開始があったことを知った日から**3カ月以内**に、家庭裁判所に申し出る必要があります。

ひとこと

放棄は相続人全員で行う必要はありません。

例題

相続人が相続の放棄をする場合は、原則として、自己のために相続の開始があったことを知った時から5カ月以内に、家庭裁判所にその旨を申述しなければならない。

▶ ✕ 相続放棄の申述の期限は相続の開始があったことを知った時から**3**カ月以内である。

例題

相続の放棄は、相続人全員で家庭裁判所に申述しなければならない。

▶ ✕ 相続の放棄は放棄しようとする人が単独で行うことができる。

---

5 遺産分割

Ⅰ 遺産分割の種類

遺産分割とは、相続財産を相続人で分けることをいいます。

遺産分割の種類には、**指定分割**と**協議分割**などがあります。

板書 遺産分割の種類 ✐

1 指定分割

…遺言によって相続財産を分割する方法

2 協議分割

…相続人全員の協議によって相続財産を分割する方法

ポイント

☆ 指定分割が最優先される

☆ 協議分割が成立しない場合には、家庭裁判所の調停によって
分割する

　　　　　　　　　　　　家庭裁判所が間に
　　　　　　　　　　　　入って話し合うこと

☆ 調停によってもまとまらなければ、**家庭裁判所の審判で分割**

家庭裁判所が
判定を下すこと

II 遺産分割の方法

遺産分割の方法には、**現物分割**、**換価分割**、**代償分割**などがあります。

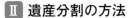

板書 遺産分割の方法

1 現物分割
…遺産を現物のまま分割する方法

2 換価分割
…遺産の全部または一部をお金に換えて、そのお金を分割する方法

3 代償分割
…ある相続人が遺産を現物で取得し、他の相続人に自分の財産
(現金など)を支払う方法

III 配偶者居住権

配偶者(被相続人の配偶者。内縁関係は含まない)は、被相続人の財産に属した建物に相続開始時に居住していた場合(生活の本拠としていた場合)、一定の要件を満たせば、その居住していた建物の全部について無償で使用・収益する権利(**配偶者居住権**)が認められます。

なお、配偶者居住権を第三者に対抗(主張)するためには**登記**が必要です。

6 遺言と遺贈

Ⅰ 遺言と遺贈とは

遺言とは、生前に自分の意思を表示しておくことをいいます。

また、遺言によって財産が相続人等に移転することを**遺贈**といいます。

Ⅱ 遺言のポイント

遺言のポイントをまとめると、次のとおりです。

板書 遺言のポイント

☆ 満**15**歳以上で、意思能力があれば誰でも行うことができる

☆ いつでも全部または一部を変更することができる

☆ 遺言書が複数出てきた場合は、作成日の**新しい**ほうが有効

Ⅲ 遺言の種類

遺言(普通方式遺言)には、**自筆証書遺言**、**公正証書遺言**、**秘密証書遺言**の3種類があります。

ひとこと

遺言には、普通方式と特別方式（普通方式遺言が不可能な場合の遺言）がありますが、試験では普通方式のほうが重要なので、このテキストでは普通方式のみ説明します。

板書 遺言の種類 🖊

自筆証書遺言	遺言者が遺言の全文、日付、氏名を自書し、押印する…① ただし、財産目録を添付する場合には、毎葉（ページ）に署名・押印すれば、その目録は<u>自書不要</u>…② 証人 **不要** 検認 **必要**（法務局に保管した場合は**不要**） ↖ 家庭裁判所が遺言書を確認し、 遺言書の偽造等を防止するための手続き .... ポイント ①はパソコン作成× ②の目録はパソコン作成〇 ☆ 原本は**法務局**で保管することもできる
公正証書遺言	遺言者が口述し、公証人が筆記する 証人 **2人以上** 検認 **不要** .... ポイント ☆ 原本は**公証役場**に保管される ☆ ①未成年者、②推定相続人や受遺者、 ③②の配偶者や直系血族は証人になれない
秘密証書遺言	遺言者が遺言書に署名・押印し、封印する。公証人が 日付等を記入する ← 遺言の内容を秘密にして、 存在だけを証明してもらう方法 証人 **2人以上** 検認 **必要** .... ポイント ☆ パソコン作成や代筆も〇 ☆ ①未成年者、②推定相続人や受遺者、 ③②の配偶者や直系血族は証人になれない

ひとこと

検認は、遺言書が有効なものであると認めるものではありません。

自筆証書遺言を作成する場合、日付と氏名を自書し、押印すれば、遺言の全文を自書によらずにパソコンで作成しても差し支えない。

▶ ✕ 自筆証書遺言は、遺言の全文、日付、氏名を自書し、押印しなければならない。ただし、自筆証書に添付する財産目録については毎ページに署名・押印をすれば、その財産目録については自書不要となる。

法務局に保管した自筆証書遺言も家庭裁判所による検認が必要である。

▶ ✕ 自筆証書遺言は検認が必要であるが、法務局に保管したものについては検認が不要である。

公正証書遺言は家庭裁判所の検認が必要である。

▶ ✕ 公正証書遺言は検認が不要である。

7 遺留分

Ⅰ 遺留分とは

　遺言書の作成によって、被相続人の財産をすべて特定の人に遺贈することができますが、そうすると残された家族が家を失い、生活ができなくなるといった事態が発生します。

　そこで、民法は、一定の相続人が最小限の遺産を受け取ることができるようにしています。これを**遺留分**といいます。

Ⅱ 遺留分権利者と遺留分の割合

　遺留分権利者(遺留分を請求する権利がある人)および遺留分の割合は次のとおりです。

板書 遺留分権利者と遺留分の割合 ✐

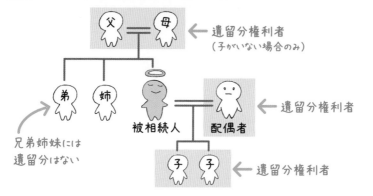

遺留分権利者
（子がいない場合のみ）

兄弟姉妹には
遺留分はない

遺留分権利者

被相続人　配偶者

遺留分権利者

子　子

遺留分の割合

遺留分権利者が 直系尊属のみの場合…A	遺留分権利者が A以外の場合
遺留分＝被相続人の財産×$\frac{1}{3}$	遺留分＝被相続人の財産×$\frac{1}{2}$

配偶者のみ、子のみ、配偶者と子など

たとえば以下の場合、各人の遺留分は…

■…法定相続分

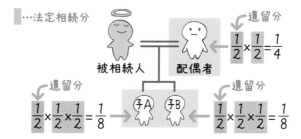

被相続人　配偶者

遺留分
$\frac{1}{2} × \frac{1}{2} = \frac{1}{4}$

遺留分
$\frac{1}{2} × \frac{1}{2} × \frac{1}{2} = \frac{1}{8}$

子A　子B

遺留分
$\frac{1}{2} × \frac{1}{2} × \frac{1}{2} = \frac{1}{8}$

遺留分権利者となるのは、被相続人の配偶者、直系卑属、兄弟姉妹である。

▶ ✕ 遺留分権利者となるのは、兄弟姉妹以外の相続人（配偶者、子およびその代襲相続人、直系尊属）である。

遺留分算定の基礎となる財産の価額が1億2,000万円で、相続人が被相続人の配偶者、長男および長女の合計3人である場合、長女の遺留分の金額は4,000万円となる。

▶ ✕ 遺留分は相続人が直系尊属のみである場合を除いて被相続人の財産の2分の1である。これに法定相続分を掛けて各人の遺留分を計算する。

長女の法定相続分：$\dfrac{1}{2} \times \dfrac{1}{2} = \dfrac{1}{4}$

長女の遺留分：$\dfrac{1}{2} \times \dfrac{1}{4} = \dfrac{1}{8}$

長女の遺留分の金額：1億2,000万円 $\times \dfrac{1}{8} = 1,500$ 万円

Ⅲ 遺留分侵害額請求権

遺言や贈与によって遺留分を侵害された遺留分権利者は、遺留分侵害額に相当する金銭の支払いを請求することができます。これを**遺留分侵害額請求権**といいます。

遺留分侵害額請求権のポイントは次のとおりです。

板書 **遺留分侵害額請求権のポイント**

☆ **遺留分侵害額請求権**には**期間の制限**がある

①相続の開始および遺留分の侵害を知った日から**1**年（消滅時効）
または
②相続開始から**10**年（除斥期間）

☆ 遺留分権利者は、遺留分侵害額に相当する**金銭の支払い**を請求することができる

8 成年後見制度

Ⅰ 成年後見制度とは

成年後見制度 は、知的障害、精神障害、認知症などにより、判断能力が不十分である人が不利益を被らないように保護する制度です。

Ⅱ 成年後見制度の種類

成年後見制度には、**法定後見制度** と **任意後見制度** があり、法定後見制度はさらに **後見**、**保佐**、**補助** の3つに分かれます。

それぞれの内容は次のとおりです。

板書 成年後見制度の種類

法定後見制度

…民法で定める後見制度

後見 ←ほとんど判断できない人を保護

…精神上の障害によって判断能力を欠く常況にある人を保護する制度

保佐 ←「簡単なことは自分でできる」という人を保護

…精神上の障害によって判断能力が著しく不十分な人を保護する制度

補助 ←「だいたいのことは自分でできるけど…」という人を保護

…精神上の障害によって判断能力が不十分な人を保護する制度

任意後見制度

…将来、判断能力が不十分になったときに備えて、本人が事前に
（判断能力があるうちに）、任意後見人を選任する制度

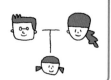

SECTION
02
相続税

このSECTIONで学習すること

1 相続税の基本
・相続税の計算の流れ

全体的な流れを
おさえておこう

2 Step1 各人の課税価格を計算
・本来の相続財産
・みなし相続財産
・相続時精算課税による贈与財産
・生前贈与加算
・非課税財産
・債務控除

死亡保険金等の
非課税限度額の
計算式は
しっかりおぼえよう!

3 Step2 相続税の総額を計算
・計算の流れ
・遺産に係る基礎控除
・相続税の税率

遺産に係る基礎控除額
は「3,000万円＋
600万円×法定相続人
の数」

4 Step3 各人の納付税額を計算
・計算の流れ
・各人の算出税額の計算
・相続税額の2割加算
・税額控除

相続税の総額を、
相続した課税価格
の比で按分する!

5 相続税の申告と納付
・相続税の申告
・相続税の納付
・延納と物納

相続税には、延納や物納と
いう方法も用意されている!

1 相続税の基本

I 相続税とは

相続税 は、相続や遺贈(遺言による財産の取得)によって、財産を取得した場合にかかる税金です。

II 相続税の計算の流れ

相続税の税額は、次の流れで計算します。

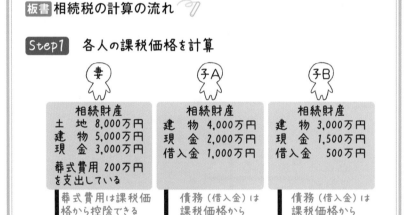

板書 相続税の計算の流れ

Step1 各人の課税価格を計算

妻

相続財産
土　地　8,000万円
建　物　5,000万円
現　金　3,000万円
葬式費用 200万円
を支出している

→ 葬式費用は課税価格から控除できる

課税価格
15,800万円
8,000万円+5,000万円
+3,000万円−200万円

子A

相続財産
建　物　4,000万円
現　金　2,000万円
借入金　1,000万円

→ 債務(借入金)は課税価格から控除できる

課税価格
5,000万円
4,000万円+2,000万円
−1,000万円

子B

相続財産
建　物　3,000万円
現　金　1,500万円
借入金　500万円

→ 債務(借入金)は課税価格から控除できる

課税価格
4,000万円
3,000万円+1,500万円
−500万円

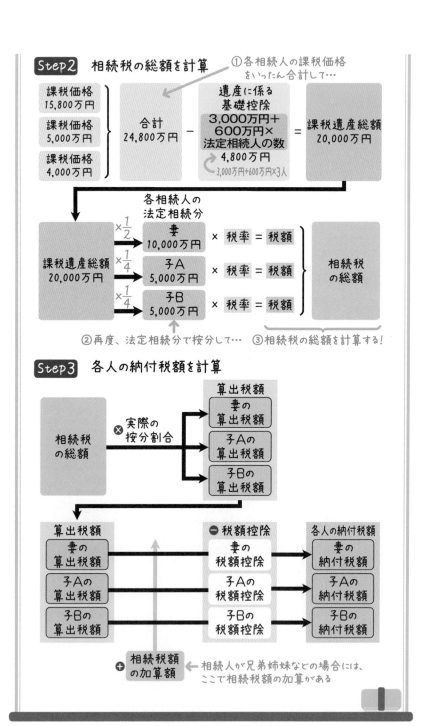

Step2 相続税の総額を計算

①各相続人の課税価格をいったん合計して…

課税価格 15,800万円
課税価格 5,000万円
課税価格 4,000万円

合計 24,800万円

－ 遺産に係る基礎控除 3,000万円＋600万円×法定相続人の数 4,800万円
3,000万円+600万円×3人

＝ 課税遺産総額 20,000万円

課税遺産総額 20,000万円

各相続人の法定相続分

×1/2 妻 10,000万円 × 税率 ＝ 税額
×1/4 子A 5,000万円 × 税率 ＝ 税額
×1/4 子B 5,000万円 × 税率 ＝ 税額

相続税の総額

②再度、法定相続分で按分して… ③相続税の総額を計算する!

Step3 各人の納付税額を計算

算出税額

相続税の総額 ⊗実際の按分割合
妻の算出税額
子Aの算出税額
子Bの算出税額

算出税額
妻の算出税額
子Aの算出税額
子Bの算出税額

⊖ 税額控除
妻の税額控除
子Aの税額控除
子Bの税額控除

各人の納付税額
妻の納付税額
子Aの納付税額
子Bの納付税額

⊕ 相続税額の加算額 ← 相続人が兄弟姉妹などの場合には、ここで相続税額の加算がある

2 Step1　各人の課税価格を計算

Step1 では、被相続人から相続した財産を集計し、そこから非課税の財産や、控除できる金額を差し引いて、課税価格（相続税がかかる相続財産の価格）を計算します。

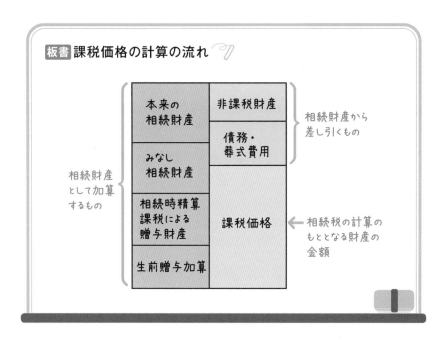

板書 課税価格の計算の流れ

本来の相続財産	非課税財産	相続財産から差し引くもの
みなし相続財産	債務・葬式費用	
相続時精算課税による贈与財産	課税価格	相続税の計算のもととなる財産の金額
生前贈与加算		

相続財産として加算するもの

Ⅰ 本来の相続財産

本来の相続財産とは、被相続人が生前に所有していた財産（預貯金、株式、土地、建物など）で、金銭で換算できる経済的価値のある財産をいいます。

Ⅱ みなし相続財産

みなし相続財産とは、本来は相続財産ではないが、被相続人の死亡を原因として、相続人が受け取った財産をいいます。

みなし相続財産には、次のようなものがあります。

Ⅲ 相続時精算課税による贈与財産　→参照 SEC03 3 Ⅱ 相続時精算課税制度

相続時精算課税は、生前に、親・祖父母（被相続人）から子・孫に贈与をしたとき贈与税を軽減し、その代わりに相続のときに、贈与された財産を相続財産に加算する（相続税がかかる）という制度です。

ひとこと

贈与があったときに、通常の贈与として贈与税を納付するか、それとも相続時精算課税を適用するかは、贈与された人が選ぶことができます。

相続時精算課税を選択した場合、相続時精算課税の適用財産は相続財産として加算されます。

この場合、相続財産として加算される金額は**贈与**時の価額（2024年1月1日以降の贈与については年110万円を控除した残額）となります。

Ⅳ 相続開始前7年以内の贈与財産（生前贈与加算）

相続人が、相続開始前**7**年以内（2026年までの相続開始分は「相続開始前3年以内」で、2027年以降の相続開始分から段階的に延長され、最終的に「相続開始前7年以内」となるのは2031年以降の相続開始分から）に被相続人から贈与を受けた場合、その贈与財産は相続財産に加算されます。

ひとこと

贈与時に支払った贈与税は、相続税の計算において、贈与税額控除として控除の対象となります。

この場合、相続財産に加算される金額は**贈与**時の価額となります。なお、相続開始前4年から7年のものについては総額で**100**万円を控除した残額が対象となります。

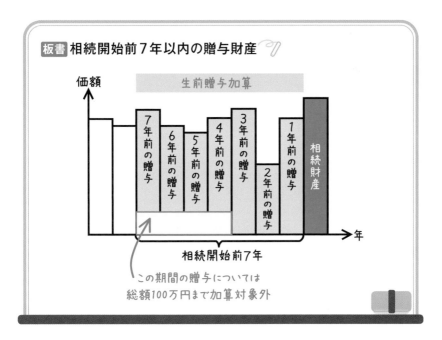

板書 相続開始前7年以内の贈与財産

価額

生前贈与加算

7年前の贈与
6年前の贈与
5年前の贈与
4年前の贈与
3年前の贈与
2年前の贈与
1年前の贈与
相続財産

年

相続開始前7年

この期間の贈与については
総額100万円まで加算対象外

V 非課税財産

次の財産は、相続税の課税対象とはなりません。

非課税財産

◆ 墓地、墓石、祭具、仏壇、仏具など
◆ 生命保険金のうち一定額 ← 非課税額については下記参照
◆ 死亡退職金のうち一定額 ←

371

■ 生命保険金・死亡退職金のうち非課税額

相続人が生命保険金や死亡退職金を受け取ったときは、それぞれについて、次の計算式で求めた金額が非課税(非課税限度額)となります。

> **非課税限度額＝500万円×法定相続人の数**

各人の非課税金額は、上記の非課税限度額を次の計算式で按分した金額となります。

> **各人の非課税金額＝非課税限度額× その相続人が受け取った死亡保険金等 / 全相続人が受け取った死亡保険金等**

なお、相続を放棄した人は相続人ではないため、相続を放棄した人が受け取った保険金等については、非課税金額の適用はありません。

例題

相続税額の計算上、死亡保険金の非課税金額の規定による非課税限度額は、「600万円×法定相続人の数」の算式により算出される。

▶ ✕ 死亡保険金の非課税限度額は、「500万円×法定相続人の数」により算出する。

■ 弔慰金のうち非課税額

相続人等が受け取った弔慰金については、以下の範囲までは非課税です。

ひとこと

弔慰金とは、遺族を慰めるために会社が贈る金銭をいいます。

業務上の死亡

> **非課税限度額＝死亡時の普通給与×36カ月分**

業務外の死亡

> **非課税限度額＝死亡時の普通給与×6カ月分**

被相続人の業務外の死亡により、相続人が被相続人の勤務先から受け取った弔慰金については、被相続人の死亡当時の普通給与の 3 年分に相当する額までは相続税の課税対象とならない。

▶ × 業務外の死亡により、相続人が受け取った弔慰金については、被相続人の死亡時の普通給与の**6**カ月分までは相続税の課税対象とならない（非課税となる）。

3 法定相続人の数

相続税の計算上、法定相続人の数について、民法とは異なる扱いをしています。

ひとこと

　民法上は、養子を何人でも増やすことができますが、養子を無制限に認めると、相続税の基礎控除額を増やすために養子を増やすということができてしまいます。また、意図的に相続の放棄をすることによって、法定相続人の数を操作することができてしまいます。
　そのため、相続税の計算上、法定相続人の数について、民法とは異なる扱いをしているのです。

板書 法定相続人の数

相続の放棄があった場合

放棄がなかったものとして法定相続人の数に算入する

養子がいる場合（法定相続人の数に算入できる養子の数）

被相続人に実子がいる場合…養子は**1**人まで
被相続人に実子がいない場合…養子は**2**人まで

たとえば、次の場合の非課税限度額と各人の非課税金額は…

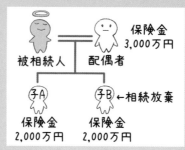

保険金
3,000万円
被相続人　配偶者

子A　　　　子B ←相続放棄
保険金　　　保険金
2,000万円　2,000万円

非課税限度額

500万円×3人=1,500万円

↳ 子Bは相続放棄をしているが、
法定相続人の数には算入する

各人の非課税金額

妻： $1,500万円 \times \dfrac{3,000万円}{3,000万円+2,000万円} = 900万円$

子A： $1,500万円 \times \dfrac{2,000万円}{3,000万円+2,000万円} = 600万円$

子B： 非課税の適用なし

例題

相続税の計算において、相続人が受け取った死亡保険金等の非課税限度額を計算するさいの法定相続人の数は、相続人のうち相続の放棄をした者がいる場合であっても、その放棄がなかったものとしたときの相続人の数とされる。

▶ ○ 相続税法上、法定相続人の数は相続の放棄があった場合でも、放棄がなかったものとして相続人の数に算入する。

Ⅵ 債務控除

被相続人の債務（借入金など）を承継した場合は、承継した債務を課税価格（プラスの資産）から控除することができます。

なお、葬式費用を負担した場合も、負担した葬式費用を課税価格（プラスの資産）から控除することができます。

板書 債務控除の対象となるものとならないもの 〆

	控除できるもの	控除できないもの
債　務	借入金 未払いの医療費 未払いの税金 　　　　　　など	（生前に購入した）墓地等の 未払金 　　　　　　　　　など
葬式費用	通夜・告別式・火葬・ 納骨費用 　　　　　　など	香典返戻費用 法要費用（初七日等） 　　　　　　　　　など

例題

相続税額の計算上、被相続人の未払いの税金は、債務控除の対象となる。

▶○

例題

相続人が負担した被相続人の葬式のさいの香典返戻費用は、相続税の課税価格の計算上、葬式費用として控除することができる。

▶× 香典返戻費用は課税価格から控除することはできない。

Step2 では、下記の流れで相続税の総額を計算します。

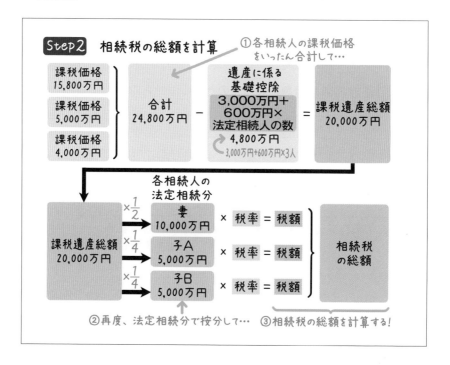

Ⅰ 遺産に係る基礎控除

　各人の課税価格の合計額から、**遺産に係る基礎控除額**を差し引いて、**課税遺産総額**を計算します。

　遺産に係る基礎控除額は次の計算式で求めます。

> **遺産に係る基礎控除額＝ 3,000 万円＋ 600 万円×法定相続人の数**

ひとこと

　　法定相続人の数は、相続税の計算上の数（**2 Ⅴ 3**参照）です。

例題

相続人が被相続人の配偶者と子2人の計3人である場合、相続税の計算における遺産に係る基礎控除額は、8,000万円である。

▶ ✕ 遺産に係る基礎控除額：**3,000** 万円＋ **600** 万円× 3 人＝ 4,800 万円

例題

被相続人に配偶者、子A、子Bがいて、子Bが相続を放棄した場合、相続税の計算における遺産に係る基礎控除額は、4,200万円である。

▶ ✕ 生命保険金の非課税限度額や遺産に係る基礎控除額を計算するさいの法定相続人の数には、相続を放棄した人がいた場合でも、放棄がなかったものとして相続人の数に算入する。
遺産に係る基礎控除額：**3,000** 万円＋ **600** 万円× 3 人＝ 4,800 万円

Ⅱ 相続税の税率

　課税遺産総額を法定相続分で取得したと仮定して、各人の仮の相続税額を計算し、これを合算して相続税の総額を計算します。

　なお、相続税の税額は次の速算表を用いて計算します。

相続税の税額（速算表）

税額＝A×B−C

法定相続分に応じた取得金額（A）		税率（B）	控除額（C）
	1,000万円以下	10%	－
1,000万円超	3,000万円以下	15%	50万円
3,000万円超	5,000万円以下	20%	200万円
5,000万円超	1億円以下	30%	700万円
1億円超	2億円以下	40%	1,700万円
2億円超	3億円以下	45%	2,700万円
3億円超	6億円以下	50%	4,200万円
6億円超		55%	7,200万円

　試験では、速算表の数値は問題文に与えられるので、おぼえる必要はありません。

たとえば、次の場合の相続税の総額は…

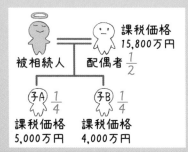

被相続人　配偶者 $\frac{1}{2}$　課税価格 15,800万円

子A $\frac{1}{4}$　課税価格 5,000万円

子B $\frac{1}{4}$　課税価格 4,000万円

遺産に係る基礎控除額

3,000万円+600万円×3人=4,800万円

課税遺産総額

15,800万円+5,000万円+4,000万円−4,800万円=20,000万円

相続税の総額

妻： 20,000万円× $\frac{1}{2}$ =10,000万円

10,000万円×30%−700万円=2,300万円

子A： 20,000万円× $\frac{1}{4}$ =5,000万円

5,000万円×20%−200万円=800万円

子B： 20,000万円× $\frac{1}{4}$ =5,000万円

5,000万円×20%−200万円=800万円

3,900万円

4 Step3 各人の納付税額を計算

Step3 では、下記の流れで各人の納付税額を計算します。

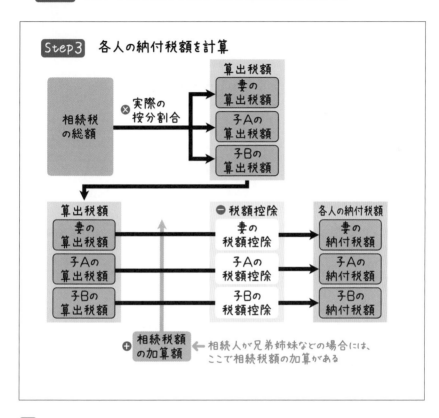

I 各人の算出税額の計算

Step2 で計算した相続税の総額に、実際の按分割合(各人が実際に受け取った課税価格の割合)を掛けて各人の算出税額を計算します。

各人の算出税額＝相続税の総額 × $\dfrac{各人の課税価格}{課税価格の合計額}$

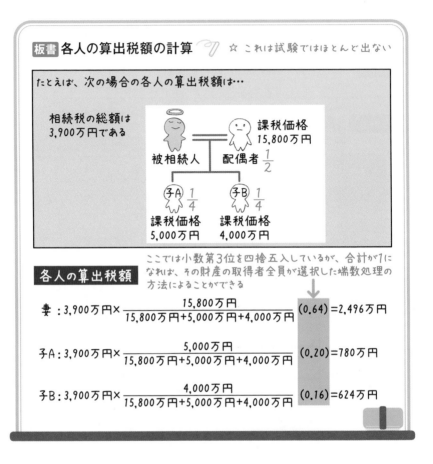

板書 各人の算出税額の計算 ☆ これは試験ではほとんど出ない

たとえば、次の場合の各人の算出税額は…

相続税の総額は
3,900万円である

被相続人　配偶者 $\frac{1}{2}$ 課税価格 15,800万円

子A $\frac{1}{4}$ 課税価格 5,000万円

子B $\frac{1}{4}$ 課税価格 4,000万円

各人の算出税額

ここでは小数第3位を四捨五入しているが、合計が1になれば、その財産の取得者全員が選択した端数処理の方法によることができる

妻：$3,900万円 \times \dfrac{15,800万円}{15,800万円+5,000万円+4,000万円}(0.64)=2,496万円$

子A：$3,900万円 \times \dfrac{5,000万円}{15,800万円+5,000万円+4,000万円}(0.20)=780万円$

子B：$3,900万円 \times \dfrac{4,000万円}{15,800万円+5,000万円+4,000万円}(0.16)=624万円$

Ⅱ 相続税額の2割加算

被相続人の**配偶者**および**1親等の血族(子、父母)**以外の人が、相続または遺贈によって財産を取得した場合には、算出税額の**2割**が加算されます。

相続税の加算額＝算出税額×20％

なお、代襲相続人である孫は2割加算の対象とはなりません。

例題

法定相続人である被相続人の兄が相続により財産を取得した場合、その者は相続税額の2割加算の対象となる。

▶ ○ 被相続人の兄弟姉妹は2割加算の対象となる。

例題

相続税の計算において、すでに死亡している被相続人の子を代襲して相続人となった被相続人の孫は、相続税額の2割加算の対象者となる。

▶ × 被相続人の子を代襲して相続人となった孫は2割加算の対象とならない。なお、孫養子は2割加算の対象となる。

Ⅲ 税額控除

相続税の税額控除には、次のようなものがあります。

板書 相続税の税額控除 ✐

税額控除	内　容
贈与税額控除	生前贈与加算の対象となった人が、贈与税を課された場合は贈与税額を相続税額から控除できる
配偶者の税額軽減	配偶者が取得した財産が、次の金額のいずれか多い金額までは相続税はかからない ①1億6,000万円 ②配偶者の法定相続分
未成年者控除	相続や遺贈で財産を取得した相続人が未成年者である場合、下記の金額を控除できる 控除額＝(18歳－相続開始時の年齢)×10万円
障害者控除	相続や遺贈で財産を取得した相続人が障害者である場合、下記の金額を控除できる 控除額＝(85歳－相続開始時の年齢)×10万円※ ※　特別障害者の場合は20万円

例題

相続税の計算において、「配偶者に対する相続税額の軽減」の適用を受けるためには、相続が開始した日において被相続人との婚姻期間が10年以上でなければならない。

▶ × 「配偶者に対する相続税額の軽減」の適用を受けるにあたり、配偶者との婚姻期間の要件はない。

5 相続税の申告と納付

Ⅰ 相続税の申告

相続税の申告のポイントは次のとおりです。

板書 相続税の申告のポイント

申告書の提出義務者

…相続や遺贈によって財産を取得した人

☆ 相続財産が**基礎控除**以下の場合は申告は不要。ただし、**配偶者の税額軽減**などを受ける場合には、納付税額が0円であっても<u>申告し</u>なければならない

提出期限

…相続の開始があったことを知った日の翌日から**10カ月以内**

一定期間内に分割協議がととのわなかった場合は、法定相続分で相続があったものとみなして申告する

提出先

…被相続人の死亡時における住所地の所轄税務署長

相続税額の計算において、「配偶者に対する相続税額の軽減」の適用を受けるとき、その適用を受けることにより納付すべき相続税額が算出されない場合には、相続税の申告書を提出する必要はない。

▶ × 「配偶者に対する相続税額の軽減」の適用を受けるときは、納付税額が0円となる場合でも相続税の申告書を提出する必要がある。

相続税の申告期限は、相続が開始した年の翌年2月1日から3月31日までである。

▶ × 相続税の申告期限は、相続の開始があったことを知った日の翌日から **10** カ月以内である。

Ⅱ 相続税の納付

税金は、納期限（申告書の提出期限）までに、金銭一括納付が原則ですが、相続税については、延納や物納という方法も認められています。

たとえば、相続によって土地を取得したけれど、手許に十分な現金がないという場合、すぐに相続税を納付することができません。このような場合に備えて、延納や物納という方法が用意されているのです。

1 延納

延納とは、相続税の全部または一部を年払いで分割して納付する方法で、次の要件を満たす場合に認められます。

延納の要件

◆ 金銭一括納付が困難であること

◆ 納付すべき相続税額が **10** 万円を超えていること

◆ 申告期限までに**延納申請書**を提出すること

◆ 担保を提供すること（延納税額が **100** 万円以下かつ延納期間が **3** 年以下の場合は担保不要）

---

2 物納

物納とは、相続財産によって相続税を納付する方法で、次の要件を満たす

場合に認められます。

> **物納の要件**
> ◆ 延納によっても金銭納付が<u>困難であること</u>
>   ↳ ①金銭一括→②延納→③物納の順に適用される
> ◆ 申告期限までに物納申請書を提出すること

なお、原則として<u>延納から物納への変更はできません</u>が、申告期限から10年以内である場合で、延納による納付が困難になった場合には、延納から物納に変更できます。

例題

相続税は金銭一括納付が原則であるが、金銭一括納付が困難な場合には延納または物納を選択することができる。

  ▶ ✕ 延納と物納は選択できるものではなく、金銭一括納付が困難な場合には延納、延納によっても金銭による払込みが困難な場合には物納が認められる。

プラスワン　物納財産と順位

物納する財産は、国内にある相続財産に限られます。また、次のように物納の順位があります。

第1順位	国債・地方債、不動産、船舶、上場株式等
第2順位	非上場株式等
第3順位	動産

なお、相続時精算課税の適用を受けた財産は物納にあてることはできません。

プラスワン　相続税の取得費加算

相続により取得した財産を一定期間内に譲渡した場合に、相続税額のうち一定金額を、譲渡資産の取得費に加算することができます（**相続税の取得費加算**）。
この特例を受けるための要件は次のとおりです。

◆相続や遺贈により財産を取得した者であること

◆その財産を取得した人に相続税が課税されていること

◆相続開始のあった日の翌日から相続税の申告期限の翌日以後 **3** 年を経過する日までにその財産を譲渡していること

SECTION
03 | 贈与税

このSECTIONで学習すること

1 贈与税の基本
・贈与とは
・贈与の形態
　（通常の贈与、定期贈与、
　負担付贈与、死因贈与）
・贈与税の
　納税義務者

ここは軽く
みておいて

2 贈与税の計算
・本来の贈与財産
・みなし贈与財産
・非課税財産
・贈与税の
　基礎控除
・贈与税の税率

贈与税の
基礎控除額は
年間110万円！

3 贈与税の特例
・贈与税の配偶者控除→婚姻期間：**20**年以上
　　　　　　　　　　　非課税限度額：**2,000**万円
・相続時精算課税制度→基礎控除：年**110**万円、非課税限度額：**2,500**万円
・直系尊属から住宅取得等資金の贈与を受けた場合の非課税制度
　→非課税限度額：取得年度、住宅の種類によって異なる
・教育資金の一括贈与に係る贈与税の非課税措置
　→受贈者の要件：**30**歳未満の子や孫など
　→非課税限度額：**1,500**万円（うち、学校等以外への支払いは500万
　　　　　　　　　　　　　　　　　　円が限度）
・結婚・子育て資金の一括贈与に係る贈与税の非課税措置
　→受贈者の要件：**18**歳以上**50**歳未満
　→非課税限度額：**1,000**万円（うち、結婚費用については**300**万円が限度）

ちょっと細かいけど、
各特例の要件と
非課税限度額は
わりと出題されるので、
確認を！

4 贈与税の申告と納付
・贈与税の申告
・贈与税の納付

贈与税には、
延納はあるが、
物納はない！

1 贈与税の基本

Ⅰ 贈与とは

贈与とは、生存している個人から財産をもらう契約をいいます。

贈与は合意によって成立するので、贈与契約は口頭でも書面でも有効となります。なお、書面によらない贈与契約(口頭による贈与契約)は各当事者が解除をすることができます。ただし、**履行が終わった部分**については解除することはできません。

例題

贈与契約は書面によらなければ効力は生じない。

▶ × 書面によらない贈与契約も有効である。

プラスワン 贈与財産の取得時期

贈与財産の取得時期は、贈与の方法によって異なります。

贈与方法	財産の取得時期
書面による贈与	贈与契約の**効力が生じたとき** →贈与契約を結んだとき
書面によらない贈与 (口頭による贈与)	**贈与の履行**があったとき →財産をあげた・もらったとき

Ⅱ 贈与の形態

贈与の形態には次のようなものがあります。

板書 贈与の形態

1 通常の贈与

贈与のつど、贈与契約を結ぶ形態 (下記2〜4以外の贈与)

2 定期贈与

定期的に一定の財産を贈与すること

例:「毎年、100万円を5年間にわたって贈与するよ」

3 負担付贈与

受贈者（贈与を受けた人）に一定の義務を負わせる贈与

例:「土地を贈与するので、借入金1,000万円を負担して!」

4 死因贈与 → 贈与税ではなく**相続**税の課税対象

贈与者（贈与をする人）の死亡によって実現する贈与

例:「私が死んだら、この土地をあげるよ」

例題

死因贈与によって取得した財産は、贈与税の課税対象となる。

▶ ✕ 死因贈与によって取得した財産は、「贈与税」ではなく、「**相続税**」の課税対象となる。

Ⅲ 贈与税の納税義務者

贈与税は、個人からの贈与により財産を取得した人に課されます。

2 贈与税の計算

贈与税は、1年間（1月1日から12月31日まで）に贈与された財産の合計額を
もとに計算します。

ひとこと

1月1日から12月31日までの1年間を**暦年**といいます。

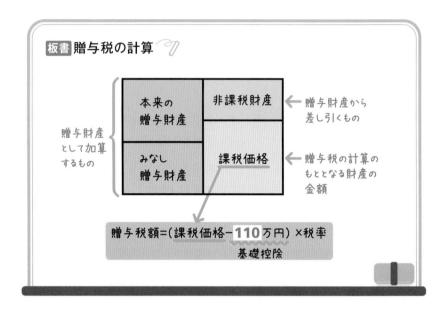

板書 贈与税の計算 〜

贈与財産として加算するもの
- 本来の贈与財産
- みなし贈与財産

非課税財産 ← 贈与財産から差し引くもの

課税価格 ← 贈与税の計算のもととなる財産の金額

贈与税額＝(課税価格−**110万円**)×税率
　　　　　　　　　基礎控除

Ⅰ 本来の贈与財産

本来の贈与財産 とは、贈与によって取得した財産(預貯金、株式、土地、建物など)で、金銭で換算できる経済的価値のある財産をいいます。

Ⅱ みなし贈与財産

みなし贈与財産 とは、本来は贈与財産ではないが、贈与を受けたのと同じ効果がある財産をいいます。

みなし贈与財産には、次のようなものがあります。

板書 みなし贈与財産 〜

生命保険金等 → 相続税と異なり、
　　　　　　　　　　非課税枠 (500万円×法定相続人の数) はない!

☆ 保険料の負担者ではない人が受け取った生命保険の保険金 (満期保険金など)

低 額 譲 受

☆ 時価に比べて著しく低い価額で財産を譲り受けた場合の時価と実際
に支払った金額との差額

例：土地（時価5,000万円）を1,000万円で譲り受けた場合
→4,000万円（5,000万円−1,000万円）がみなし贈与財産となる！

債 務 免 除

☆ 借金をしている人が、その借金を免除してもらった場合の免除してもらっ
た金額

例題

子が父から時価 300 万円の株式を 50 万円で譲渡を受けた場合、原則として父から
子への贈与があったものとみなされ、贈与税の課税対象となる。

▶ ○ 低額譲受は時価と実際に支払った金額との差額に贈与税が課税される。

Ⅲ 非課税財産

次の財産は、贈与税の課税対象とはなりません。

非課税財産

◆ 扶養義務者から受け取った生活費や教育費のうち、通常必要と認め
られる金額

◆ 社会通念上必要と認められる祝い金、香典、見舞い金

◆ **法人**から贈与された財産

┗➤所得税（一時所得や給与所得）の対象となる

◆ 相続開始年に被相続人から受け取った贈与財産

┗➤生前贈与加算の対象となった財産

例題

個人が法人からの贈与により取得した財産は、贈与税の課税対象となる。

▶ ✕ 法人から贈与された財産は「贈与税」ではなく、**所得税**の課税対象となる。

Ⅳ 贈与税の基礎控除

贈与税の基礎控除額は、年間**110**万円です。

ひとこと

110万円控除後の金額については、千円未満を切り捨てます。

Ⅴ 贈与税の税率

贈与税の税額は次の速算表を用いて計算します。

なお、暦年課税の場合で、直系尊属（父母や祖父母など）から贈与により財産を取得した受贈者（財産の贈与を受けた年の1月1日において**18**歳以上である者に限る）は、**特例税率**を適用することができます。

ひとこと

特例税率を適用できる財産のことを**特例贈与財産**、特例税率の適用がない財産を**一般贈与財産**といいます。

贈与税の税額（速算表）

ここに注目！　　　　　　　　　　　　税額＝A×B−C

① 一般贈与財産用（一般税率）	基礎控除後の課税価格（A）		税率（B）	控除額（C）
		200万円以下	10%	−
	200万円超	300万円以下	15%	10万円
	300万円超	400万円以下	20%	25万円
	400万円超	600万円以下	30%	65万円
	600万円超	1,000万円以下	40%	125万円
	1,000万円超	1,500万円以下	45%	175万円
	1,500万円超	3,000万円以下	50%	250万円
	3,000万円超		55%	400万円

② 特例贈与財産用（特例税率）	基礎控除後の課税価格（A）		税率（B）	控除額（C）
		200万円以下	10%	−
	200万円超	400万円以下	15%	10万円
	400万円超	600万円以下	20%	30万円
	600万円超	1,000万円以下	30%	90万円
	1,000万円超	1,500万円以下	40%	190万円
	1,500万円超	3,000万円以下	45%	265万円
	3,000万円超	4,500万円以下	50%	415万円
	4,500万円超		55%	640万円

ひとこと

　試験では、速算表の数値は問題文に与えられるので、おぼえる必要はありません。

板書 贈与税額

たとえば① ← 叔父さんから財産をもらったとか…
一般贈与財産 550万円を取得した場合は…

基礎控除後の課税価格：550万円−110万円＝440万円
贈与税額：440万円×30%−65万円＝67万円

たとえば② ← 18歳以上の人が父から財産をもらったとか…
特例贈与財産 550万円を取得した場合は…

基礎控除後の課税価格：550万円−110万円＝440万円
贈与税額：440万円×20%−30万円＝58万円

3 贈与税の特例

　贈与税の特例として、次の制度があります。

Ⅰ 贈与税の配偶者控除

婚姻期間が**20年以上**の配偶者から居住用不動産（または居住用不動産を取得するための金銭）の贈与があった場合、基礎控除とは別に、**2,000万円**までは贈与税がかかりません。

板書 贈与税の配偶者控除の主な要件とポイント

主な要件

☆ 婚姻期間が**20年以上**

☆ 居住用不動産または居住用不動産を取得するための金銭の贈与であること

☆ 贈与を受けた年の翌年**3月15日**までに居住を開始し、その後も引き続き居住し続ける見込みであること

ポイント

☆ 同じ配偶者の間では、一生に**1回のみ**適用

☆ この特例を受けるためには、贈与税額が0円の場合でも、贈与税の申告書の提出が必要

例題

贈与税の配偶者控除は、婚姻期間が15年以上で配偶者から居住用不動産または居住用不動産を取得するための金銭の贈与を受け、所定の要件を満たした場合に適用できる。

▶ ✕ 贈与税の配偶者控除を受けるための、配偶者との婚姻期間は**20年以上**でなければならない。

例題

配偶者から居住用不動産の贈与を受け、贈与税の配偶者控除の適用を受けた場合、贈与税の課税価格から基礎控除額と合わせて最高2,110万円を控除することができる。

▶ 〇 基礎控除（最高**110万円**）と配偶者控除（最高**2,000万円**）は併用することができる。そのため、課税価格からあわせて最高**2,110万円**を控除することができる。

II 相続時精算課税制度

相続時精算課税制度 とは、親世代が持っている財産を早めに子世代に移転できるように、贈与時に贈与税を軽減し、その後の相続時に、贈与分と相続分を合算して相続税を計算する制度をいいます。

相続時精算課税制度は選択適用の制度です。つまり、通常の贈与制度（暦年課税制度）と相続時精算課税制度のいずれかを選択して申告します。

相続時精算課税制度のポイントは次のとおりです。

板書 相続時精算課税制度のポイント① ✐

適用対象者　※ 贈与年の1月1日における年齢

贈与者：満**60歳**※以上の父母または祖父母

受贈者：満**18歳**※以上の推定相続人である子または満**18歳**以上の孫※

         ・代襲相続人を含む
         ・養子もOK

手　続　き

相続時精算課税制度を選択する場合は、最初に贈与を受けた年の翌年**2月1日**から**3月15日**までに、「相続時精算課税選択届出書」を提出する

ポイント

☆ 贈与財産の種類や回数、金額に制限はない

☆ 贈与者ごと、受贈者ごとに選択できる

   父からの贈与は相続時精算課税制度を選択し、
   母からの贈与は暦年課税（通常の贈与税の申告、基礎控除110万円）と
   することもできる

☆ いったんこの制度を適用したら、暦年課税に戻れない

父からの贈与について相続時精算課税の適用を受けた場合、以後、母からの贈与があったときは、母からの贈与についても相続時精算課税を選択しなければならない。

▶ ✕ 相続時精算課税は受贈者ごと、贈与者ごとに選択できる。父からの贈与について相続時精算課税の適用を受けた場合、以後の父からの贈与については暦年課税に変更することはできないが、母からの贈与については暦年課税または相続時精算課税を選択できる。

父からの贈与につき、相続時精算課税の適用を受けた場合でも、一定の手続きをすることにより、翌年以降の父からの贈与につき暦年課税に戻すことができる。

▶ ✕ いったん相続時精算課税を選択すると、同一の贈与者からの贈与について暦年課税に戻すことはできない。

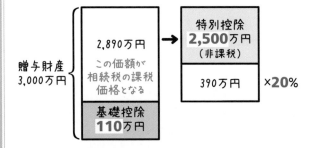

板書 相続時精算課税制度のポイント②

特別控除額、税率等（2024年1月1日以降の贈与）

☆ 贈与財産の合計が**2,500万円**（特別控除額）までは非課税

☆ 特別控除前に年間**110万円**（基礎控除額）を控除することができる

☆ 非課税枠を超える分については一律**20%**の税率が課税される

贈与財産 3,000万円
- 2,890万円 この価額が相続税の課税価格となる
- 基礎控除 110万円

→ 特別控除 2,500万円（非課税）
390万円 ×**20%**

ポイント

☆ 相続時に課税価格として加算される金額は、贈与財産の価額から基礎控除額を控除したあとの残額

例題

2024年中に相続時精算課税制度の適用を受けた場合、認められる特別控除額の限度額は、特定贈与者ごとに累計で2,000万円（年間110万円の基礎控除を除く）である。

▶ ✕ 相続時精算課税の特別控除額は特定贈与者ごとに累計で**2,500**万円である。なお、特別控除額を控除する前に年間110万円を控除することができる。

Ⅲ 直系尊属から住宅取得等資金の贈与を受けた場合の非課税制度

18歳以上の人が直系尊属（父母、祖父母など）から、一定の住宅を取得するための資金を取得した場合には、取得した金額のうち、一定額が非課税となります。

この制度のポイントは次のとおりです。

板書 直系尊属から住宅取得等資金の贈与を受けた場合の非課税制度のポイント 🖊

適 用 対 象 者 ※ 贈与年の1月1日における年齢

贈与者：直系尊属（父母、祖父母など）

受贈者：満**18歳**※以上で、贈与を受けた年の合計所得金額が**2,000**万円以下の人

適 用 住 宅

取得した住宅用家屋の床面積が**40㎡**※以上**240㎡**以下

※ ただし、40㎡以上50㎡未満の場合は合計所得金額が**1,000**万円以下の受贈者だけが対象となる

非課税限度額

① 省エネ等の住宅：1,000万円

② 上記以外の住宅：500万円

☆ 暦年課税（通常の贈与税の申告）か相続時精算課税制度のいずれか
　と併用して適用することができる
☆ 受贈者1人につき、1回だけ使える制度

Ⅳ 教育資金の一括贈与に係る贈与税の非課税措置

　2013年4月1日から2026年3月31日までの間、直系尊属（父母や祖父母）が
一定の要件を満たす受贈者（子や孫）に対して、教育資金にあてるために金銭
を贈与し、金融機関（受贈者名義の口座）に預入れ等した場合には、一定額の贈
与税が非課税となります。

板書 教育資金の一括贈与に係る贈与税の非課税措置のポイント

適 用 対 象 者

贈与者：直系尊属（父母、祖父母など）
受贈者：**30歳未満**の子や孫など

　　　　↳ 30歳以上でも、学校等に在学している場合などは
　　　　　最長**40歳**に達する日まで
　　　　☆ 前年の合計所得金額が**1,000万円**以下の者に限る

非課税となる教育資金

① 学校等に支払われる入学金や授業料その他の金銭
② 学校等以外に支払われる金銭のうち一定のもの
　　　　　　↳ ☆ 塾や習い事の月謝等
③ 通学定期券代　　☆ 受贈者が**23歳**に達した日の翌日以後に
④ 留学渡航費　　　　支払われるもののうち、一定のものは除外される

非課税限度額

限度額は受贈者1人につき**1,500万円**（うち、学校等以外への支払いは
500万円が限度）

手続き

受贈者は、この特例の適用を受けようとする旨を記載した非課税申告書を、金融機関を経由し、受贈者の納税地の税務署長に提出する

例題

「直系尊属から教育資金の一括贈与を受けた場合の贈与税の非課税の特例」における非課税限度額は、受贈者1人につき1,000万円である。

▶ ✕ 「直系尊属から教育資金の一括贈与を受けた場合の贈与税の非課税の特例」における非課税限度額は、受贈者1人につき**1,500万円**である。

Ⅴ 結婚・子育て資金の一括贈与に係る贈与税の非課税措置

2025年3月31日までに、直系尊属(父母や祖父母)が18歳以上50歳未満の受贈者に対して、結婚・子育て資金にあてるために金銭等を贈与し、金融機関に信託等した場合には、一定額の贈与税が非課税となります。

板書 結婚・子育て資金の一括贈与に係る贈与税の非課税措置のポイント

適用対象者

贈与者:直系尊属(父母、祖父母など)
受贈者:18歳以上50歳未満の者
　　　　☆ 前年の合計所得金額が**1,000万円以下**の者に限る

非課税となる費用 …下記のうち一定のもの

① 結婚にさいして支出する婚礼(結婚披露を含む)、住居・引越しに要する費用のうち一定のもの
② 妊娠・出産に要する費用、子の医療費・子の保育料のうち一定のもの
　　　↑ 不妊治療費も!

非課税限度額

受贈者1人につき**1,000万円**(うち、結婚費用については**300万円**が限度)

---

4 贈与税の申告と納付

I 贈与税の申告

贈与税の申告のポイントは次のとおりです。

板書 贈与税の申告のポイント 🖉

申告書の提出義務者 …贈与を受けた人

☆ その年の1月1日から12月31日までに贈与された財産の合計額が**基礎控除**(110万円)以下の場合は申告は不要。ただし、<u>以下の特例の適用を受ける場合</u>には、納付税額が0円でも申告が必要

① 贈与税の配偶者控除
② 相続時精算課税制度※
③ 直系尊属から住宅取得等資金の贈与を受けた場合の非課税制度

※ 2024年1月1日以降は年間110万円以下の贈与であれば申告不要

提出期限 …贈与を受けた年の翌年**2月1日**から**3月15日**まで

提出先 …受贈者の住所地の所轄税務署長

贈与税の配偶者控除の適用を受け、納付税額がゼロとなる場合には、贈与税の申告書の提出は不要である。

▶ ✕ 贈与税の配偶者控除の適用を受けるためには、納付税額がゼロとなる場合でも贈与税の申告書を提出しなければならない。

贈与税の申告書は、原則として、贈与を受けた年の翌年の 2 月 16 日から 3 月 15 日までの間に、受贈者の住所地の所轄税務署長に提出しなければならない。

▶ ✕ 贈与税の申告書は、原則として、贈与を受けた年の翌年の **2 月 1** 日から 3 月 15 日までの間に、受贈者の住所地の所轄税務署長に提出しなければならない。

Ⅱ 贈与税の納付

　贈与税は、納期限(申告書の提出期限)までに、金銭一括納付が原則ですが、一定の要件を満たした場合には、**5 年以内の延納**も認められています。

延納の要件

◆ 金銭一括納付が困難であること

◆ 納付すべき贈与税額が **10 万円**を超えていること

◆ **延納申請書**を申告書の提出期限までに提出すること

◆ 担保を提供すること(延納税額が **100** 万円以下かつ延納期間が **3** 年以下の場合は不要)

ひとこと

贈与税では物納は認められていません。

贈与税の納付については、納期限までに金銭で一括納付することを原則とするが、所定の要件を満たせば、物納によることが認められている。

▶ ✕ 贈与税の納付は、金銭一括納付が困難な場合、所定の要件を満たせば延納が認められるが、物納は認められていない。

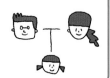

SECTION 04 財産の評価

このSECTIONで学習すること

1 財産の評価

・財産の評価

> 「原則、時価」
> …これだけ
> おさえておいて!

2 宅地の評価

・路線価方式と倍率方式

・宅地（自用地、借地権、
貸宅地、貸家建付地）
の評価

> まずは、自用地の
> 評価（路線価方式）
> をおさえよう

3 小規模宅地等の課税価格の計算の特例

・限度面積と減額割合

> 通常（特定
> 居住用宅地等の場合）、
> 限度面積は330㎡、
> 減額割合は80%!

4 その他の財産の評価

・家屋の評価

・株式（上場株式、取引相場のない株式）の評価

・ゴルフ会員権の評価

・生命保険契約に関する権利の評価

・定期預金の評価

> 上場株式の評価を
> おさえておこう

1 財産の評価

相続や贈与により取得した財産の価額は、原則として **時価** で評価します。

2 宅地の評価

宅地とは、建物の敷地として用いられる土地をいいます。

Ⅰ 宅地の評価単位

宅地は、一画地(利用単位)ごとに評価します。

Ⅱ 宅地の評価方法

宅地の評価方法には、路線価方式と倍率方式があります。

宅地の評価方法

◆ 路線価方式…市街地にある宅地の評価方法

◆ 倍 率 方 式…市街地以外で、路線価が定められていない郊外地や農村部などにある宅地の評価方法

---

1 路線価方式

路線価方式は、宅地が面する道路ごとに付された1㎡あたりの価額(路線価)に宅地の面積(地積)を掛けて、宅地の評価額を計算する方法です。

評価額=路線価×地積

2 倍率方式

倍率方式は、宅地の固定資産税評価額に、国税局長が定めた一定割合を掛けて、宅地の評価額を計算する方法です。

Ⅲ 宅地の評価

宅地は、自用地、借地権、貸宅地、貸家建付地に分類して評価します。

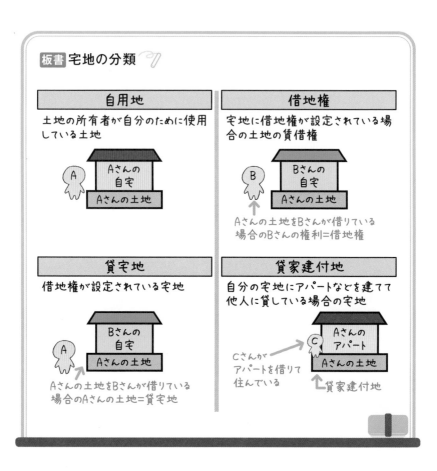

板書 宅地の分類

自用地

土地の所有者が自分のために使用
している土地

Aさんの
自宅
Aさんの土地

借地権

宅地に借地権が設定されている場
合の土地の賃借権

Bさんの
自宅
Aさんの土地

Aさんの土地をBさんが借りている
場合のBさんの権利＝借地権

貸宅地

借地権が設定されている宅地

Bさんの
自宅
Aさんの土地

Aさんの土地をBさんが借りている
場合のAさんの土地＝貸宅地

貸家建付地

自分の宅地にアパートなどを建てて
他人に貸している場合の宅地

Aさんの
アパート
Aさんの土地

Cさんが
アパートを借りて
住んでいる

貸家建付地

❶ 自用地の評価（路線価方式を前提）

　宅地の形状は一定ではなく、縦長であったり、横長であったりする場合が
あります。そこで、宅地（自用地）を路線価方式によって評価する場合には、路
線価に **奥行価格補正率** を掛けて評価額の補正を行います。

評価額＝路線価×奥行価格補正率×地積

板書 自用地の評価 ✏

たとえば、下記の場合（自用地）の評価額は…

記号	借地権割合
A	90%
B	80%
C	70%
D	60%
E	50%
F	40%
G	30%

400 C ← C は借地権割合を表す記号

地積 200㎡

借地権割合は90%（A）から30%（G）まである

奥行価格補正率：0.95

評価額＝400,000円×0.95×200㎡＝76,000,000円

路線価の単位は千円

400 C

路線価は400千円 借地権割合は70%
（400,000円）

路線価において「300C」は借地権割合が80%であることを表す。

▶ ✕ 「300」は1㎡あたりの価額が300千円、「C」は借地権割合が70%であることを表す。

自用地以外の宅地は、この、自用地の評価額をもとにして評価します。

2 借地権の評価

借地権は次の計算式により評価します。

評価額＝自用地評価額×借地権割合

3 貸宅地の評価

貸宅地は次の計算式により評価します。

評価額＝自用地評価額×（1－借地権割合）

4 貸家建付地の評価

貸家建付地は次の計算式により評価します。

> **評価額＝自用地評価額×（1－借地権割合×借家権割合×賃貸割合）**

例題

相続財産の評価において、貸家の敷地の用に供されている宅地（貸家建付地）の価額は、「自用地としての評価額×借地権割合」の算式により評価する。

▶ ✕ 貸家建付地の価額は「**自用地評価額×（1－借地権割合×借家権割合×賃貸割合）**」で評価する。

---

3 小規模宅地等の課税価格の計算の特例

被相続人の居住用や事業用であった宅地に高額な相続税を課した場合、被相続人が死亡したあと、相続人が居住したり、事業を引き継ぐことができなくなってしまいます。そこで、このような宅地（一定の要件を満たした宅地）については、通常の評価額から一定割合の評価減を受けることができます。この制度を **小規模宅地等の課税価格の計算の特例** といいます。

この特例のポイントは次のとおりです。

板書 **小規模宅地等の課税価格の計算の特例のポイント**

限度面積と減額割合

区 分		限度面積	減額割合
居住用	特定居住用宅地等※1	**330㎡**	**80%**
事業用	特定事業用宅地等※2	400㎡	80%
	貸付事業用宅地等	200㎡	50%

※1 配偶者が取得した場合や同居親族が取得した場合など
※2 取得した人が申告期限まで事業を引き継いだ場合など

ポイント

☆ この特例を利用する場合は、特例を適用した場合の相続税額が0円
となる場合でも、相続税の申告書の提出が必要

☆ 相続税のみの特例で、贈与税にはこの特例はない

☆ 特定居住用宅地等と特定事業用宅地等を併用する場合、
合計**730㎡**まで適用可能

330㎡ +400㎡ =730㎡

例題

宅地が「小規模宅地等についての相続税の課税価格の計算の特例」における特定居住用宅地等に該当する場合、宅地のうち400㎡までを限度面積として、評価額の80%相当額を減額した金額を、相続税の課税価格に算入すべき価額とすることができる。

▶ ✕ 特定居住用宅地等の限度面積は **330㎡**、減額割合は **80%** である。

例題

宅地が「小規模宅地等についての相続税の課税価格の計算の特例」における特定事業用宅地等に該当する場合、宅地のうち400㎡までを限度面積として、評価額の50%相当額を減額した金額を、相続税の課税価格に算入すべき価額とすることができる。

▶ ✕ 特定事業用宅地等の限度面積は **400㎡**、減額割合は **80%** である。

相続人が相続により取得した宅地が「小規模宅地等についての相続税の課税価格の計算の特例」における貸付事業用宅地等に該当する場合、その宅地のうち 400㎡ までを限度面積として、評価額の 80%相当額を減額した金額を、相続税の課税価格に算入すべき価額とすることができる。

▶ × 貸付事業用宅地等の限度面積は **200㎡**、減額割合は **50%**である。

4 その他の財産の評価

Ⅰ 家屋の評価

家屋は次の計算式により評価します。

自用家屋の評価額＝固定資産税評価額×1.0

貸家の評価額＝固定資産税評価額×（1－借家権割合×賃貸割合）

賃貸アパート等の貸家の用に供されている家屋の相続税評価額は、「固定資産税評価額×（1－借地権割合×賃貸割合）」の算式により算出される。

▶ × 貸家の評価額は「**固定資産税評価額×（1－借家権割合×賃貸割合）**」で算出する。

Ⅱ 株式の評価

上場株式および取引相場のない株式の評価は以下のように行います。

❶ 上場株式の評価

上場株式は、次の①～④のうち、もっとも**低い**金額で評価します。

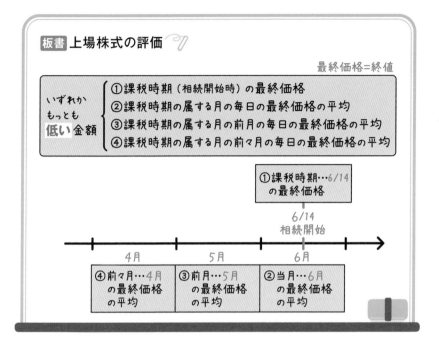

板書 上場株式の評価

最終価格＝終値

いずれか
もっとも
低い金額
- ①課税時期（相続開始時）の最終価格
- ②課税時期の属する月の毎日の最終価格の平均
- ③課税時期の属する月の前月の毎日の最終価格の平均
- ④課税時期の属する月の前々月の毎日の最終価格の平均

①課税時期…6/14
の最終価格

6/14
相続開始

4月　　5月　　6月

④前々月…4月
の最終価格
の平均

③前月…5月
の最終価格
の平均

②当月…6月
の最終価格
の平均

2 取引相場のない株式（非上場株式）の評価

取引相場のない株式の評価方法には、**類似業種比準方式**、**純資産価額方式**、**配当還元方式**の3つがあります。

取引相場のない株式の評価

類似業種比準方式 原則的評価方式	上場している類似業種企業の株価をもとにして、配当、利益、純資産の3つの要素を加味して評価額を算定する方法
純資産価額方式 原則的評価方式	その会社の純資産額を相続税評価額（時価）で評価して、それを発行済株式数で割ることによって、1株あたりの評価額を算定する方法
配当還元方式 特例的評価方式	その会社の直前2期間の配当金額をもとに評価額を算定する方法 →その会社の1年間の配当金額を一定の利率（10%）で還元して株式の価額を評価する

どの評価方法で算定するかは、会社の規模や取得者によって異なります。

Ⅲ ゴルフ会員権の評価

ゴルフ会員権は次の計算式により評価します。

> **評価額＝通常の取引価額× 70 ％**

Ⅳ 生命保険契約に関する権利の評価

生命保険契約(相続開始時において、まだ保険事故が発生していない生命保険契約)に関する権利の価格は次の計算式により評価します。

> **評価額＝ 解約返戻金 相当額**

例 題

相続開始時において、まだ保険事故が発生していない生命保険契約に関する権利の評価は、解約返戻金相当額で評価する。

▶○

Ⅴ 定期預金の評価

定期預金は次の計算式により評価します。

> **評価額＝預入残高＋(既経過利息－源泉徴収税額)**

ひとこと

ふつうの預貯金（いつでも引出し可能な預貯金）は、預入残高で評価します。

索 引

410

サ 行

マ 行

ヤ 行

ラ 行

ワ 行

memo

【著　者】

滝澤ななみ（たきざわ・ななみ）

簿記、ＦＰ、宅建士など多くの資格書を執筆している。主な著書は『スッキリわかる日商簿記』1〜3級（15年連続全国チェーン売上第1位[1]）、『みんなが欲しかった！簿記の教科書・問題集』日商2・3級、『みんなが欲しかった！ＦＰの教科書』2・3級（10年連続売上第1位[2]）、『みんなが欲しかった！ＦＰの問題集』2・3級、『みんなが欲しかった！宅建士の教科書』、『みんなが欲しかった！宅建士の問題集』など。

※1　紀伊國屋書店PubLine/三省堂書店/丸善ジュンク堂書店　2009年1月〜2023年12月（各社調べ、50音順）
※2　紀伊國屋書店PubLine調べ　2014年1月〜2023年12月

〈ホームページ〉『滝澤ななみのすすめ！』
著者が運営する簿記・FP・宅建士に関する情報サイト。
URL：https://takizawananami-susume.jp

・装丁、本文デザイン：Malpu Design
・装画：matsu（マツモト　ナオコ）
・前付イラスト：イケナオミ

2024-2025年版（ねんばん）
みんなが欲（ほ）しかった！　　FPの教科書（きょうかしょ）　　3級（きゅう）

（2013年5月試験対応版　2013年4月5日　初版　第1刷発行）

2024年5月25日　初　版　第1刷発行
2024年11月4日　初　版　第3刷発行

著　者	滝　澤　な　な　み
発　行　者	多　田　敏　男
発　行　所	ＴＡＣ株式会社　出版事業部
	（ＴＡＣ出版）

〒101-8383
東京都千代田区神田三崎町3-2-18
電　話　03（5276）9492（営業）
FAX 03（5276）9674
https://shuppan.tac-school.co.jp/

組　版	株式会社　グ　ラ　フ　ト
印　刷	株式会社　光　　　邦
製　本	株式会社　常　川　製　本

© Nanami Takizawa 2024　　　Printed in Japan　　　ISBN 978-4-300-11179-6
N.D.C. 338

魅惑のパーソナルファイナンスの世界を感じられる無料オンラインセミナーです!

「多くの方が不安に感じる年金問題」「相続トラブルにより増加する空き家問題」
「安全な投資で資産を増やしたいというニーズ」など、社会や個人の様々な問題の解決に、
ファイナンシャルプランナーの知識は非常に役立ちます。
長年、ファイナンシャルプランニングの現場で顧客と向き合い、
夢や目標を達成するためのアドバイスをしてきたベテランFPのTAC講師陣が、
無料のオンラインセミナーで魅力的な知識を特別にお裾分けします。
とても面白くためになる内容です!
無料のオンラインセミナーですので、気軽にご参加いただけます。
ぜひ一度視聴してみませんか? 皆様の世界が広がる実感が持てるはずです。

皆様の **人生を充実させる**のに必要なコンテンツがぎっしり詰まった**オンラインセミナー**です!

参考 ▷ **過去に行ったテーマ例**

- 達人から学ぶ「不動産投資」の極意
- 老後に役立つ個人年金保険
- 医療費をたくさん払った場合の節税対策
- 基本用語を分かりやすく解説 NISA
- 年金制度と住宅資産の活用法
- FP試験電卓活用法
- 1級・2級本試験予想セミナー
- 初心者でもできる投資信託の選び方
- 安全な投資のための商品選びのチェックポイント
- 1級・2級頻出論点セミナー

- そろそろ家を買いたい!実現させるためのポイント
- 知らないと損する!社会保険と公的年金の押さえるべきポイント
- 危機、災害に備える家計の自己防衛術を伝授します
- 一生賃貸で大丈夫?老後におけるリスクと未然の防止策
- 住宅購入時の落とし穴!購入後の想定外のトラブル
- あなたに必要な保険の見極め方
- ふるさと納税をやってみよう♪ぴったりな寄付額をチェック

資格の学校 TAC

TAC FP講座 オススメコース

自分に合ったコース・カリキュラムを知る！ 2級本科生 AFP認定研修対象コース

合格はもちろん、お金の知識を活かす方法が学べます！

各科目の頻出論点を中心に、実際の仕事や生活に活かせるレベルまで学習します。ファイナンシャル・プランニングの手法が身につく提案書の作成も講師が丁寧に指導しますので、**お金の知識ゼロ、3級をお持ちでない方でも、2級合格とAFP取得を安心して目指せるコースです。**

カリキュラム（全34回）
受講期間：4〜6カ月 ※1回2時間半

インプット

STEP 1
FP概論 全1回
▼
STEP 2
基本講義 全18回
（6科目×各3回）
▼
STEP 3
提案書作成 全1回
▼
STEP 4
試験対策 全4回
（学科3回＋実技1回）
▼
アウトプット
STEP 5
公開模試 全1回
▼
STEP 6
過去問解説講義 全6回
（学科・協会実技・金財実技×3回）

税理士特例コース（基本講義、タックスプランニング除く）※2

2級本科生

2級技能士コース（「提案書作成」除く）※1

OP 2級直前対策パック

※実技試験は、日本FP協会は「資産設計提案業務」、金融財政事情研究会は「個人資産相談業務」に対応しています。
※「公開模試」について、会場受検か自宅受検かを選択できます。
※1 「2級技能士コース」はFP2級の受検資格保有者が対象です。なお、当該コースの受講でAFP資格は取得できません。
※2 「税理士特例コース」は税理士登録者が対象です。税理士試験合格だけでは対象になりません。
「税理士特例コース」を受講・修了することで、試験を受けることなくAFP資格を取得できます。
「税理士特例コース」申込み時には「税理士証票」「公認会計士開業登録通知書もしくは登録証明書」のいずれかのコピーをご提出ください。

通常受講料

	2級本科生	2級技能士コース	税理士特例コース
通学（教室・ビデオブース）講座 無	¥101,000	¥96,000	－
通学（教室・ビデオブース）＋Web講座 無	¥110,000	－	－
Web通信講座	¥101,000	¥96,000	¥78,000
DVD通信講座	¥121,000	－	－
Webフォロー	¥15,300	－	－

※上記受講料は教材費・消費税込です。
※0から始まる会員番号をお持ちでない方は、受講料のほかに別途入会金（¥10,000・消費税込）が必要です。会員番号につきましては、TACカスタマーセンター（0120-509-117）までお問い合わせください。
※「2級本科生Webフォロー」当該合格目標の「2級本科生」／「3・2級本科生」を受講している方のみお申込みいただけます。お申込みはTAC各校受付または郵送のみです。
※「公開模試」の受検料は、「2級本科生」「2級技能士コース」の受講料に含まれています。

本科生・コース生
Webフォロー
無料体験入学実施中！

無 2級無料再受講制度対象コース

無のマークの付いたコースを申込むと次回または次々回の2級無料再受講制度をご利用いただけます。

Webフォローは、受講している同一コースの講義をWebで視聴できる制度です。弱点補強等、講義の復習や、欠席フォローとしてさまざまにご活用いただけます。

一般教育訓練給付制度対象コース

のマークの付いたコースが対象です。
対象となるコースの要件を満たして受講修了した場合、受講料の一部が支給される制度です。ご利用には一定の条件があります。制度の詳細をご確認の上、ご利用ください。

※対象となるコースの開講や校舎が限定されていますので、日程表及びTAC発行の「教育訓練給付制度パンフレット」をご確認のうえ、ご利用ください。
※通学メディアで教育訓練給付制度をご利用の場合、Webフォローでの受講は出席として扱われませんのでご注意ください。

TAC出版 書籍のご案内

TAC出版では、資格の学校TAC各講座の定評ある執筆陣による資格試験の参考書をはじめ、資格取得者の開業法や仕事術、実務書、ビジネス書、一般書などを発行しています!

TAC出版の書籍

*一部書籍は、早稲田経営出版のブランドにて刊行しております。

資格・検定試験の受験対策書籍

- ✪日商簿記検定
- ✪建設業経理士
- ✪全経簿記上級
- ✪税　理　士
- ✪公認会計士
- ✪社会保険労務士
- ✪中小企業診断士
- ✪証券アナリスト

- ✪ファイナンシャルプランナー(FP)
- ✪証券外務員
- ✪貸金業務取扱主任者
- ✪不動産鑑定士
- ✪宅地建物取引士
- ✪賃貸不動産経営管理士
- ✪マンション管理士
- ✪管理業務主任者

- ✪司法書士
- ✪行政書士
- ✪司法試験
- ✪弁理士
- ✪公務員試験(大卒程度・高卒者)
- ✪情報処理試験
- ✪介護福祉士
- ✪ケアマネジャー
- ✪電験三種　ほか

実務書・ビジネス書

- ✪会計実務、税法、税務、経理
- ✪総務、労務、人事
- ✪ビジネススキル、マナー、就職、自己啓発
- ✪資格取得者の開業法、仕事術、営業術

一般書・エンタメ書

- ✪ファッション
- ✪エッセイ、レシピ
- ✪スポーツ
- ✪旅行ガイド (おとな旅プレミアム/旅コン)

書籍のご購入は

1 全国の書店、大学生協、ネット書店で

2 TAC各校の書籍コーナーで

資格の学校TACの校舎は全国に展開!
校舎のご確認はホームページにて

資格の学校TAC ホームページ
https://www.tac-school.co.jp

3 TAC出版書籍販売サイトで

CYBER TAC出版書籍販売サイト
BOOK STORE

24時間
ご注文
受付中

| TAC 出版 | で | 検索 |

https://bookstore.tac-school.co.jp/

新刊情報を
いち早くチェック!

たっぷり読める
立ち読み機能

学習お役立ちの
特設ページも充実!

TAC出版書籍販売サイト「サイバーブックストア」では、TAC出版および早稲田経営出版から刊行されている、すべての最新書籍をお取り扱いしています。
また、会員登録(無料)をしていただくことで、会員様限定キャンペーンのほか、送料無料サービス、メールマガジン配信サービス、マイページのご利用など、うれしい特典がたくさん受けられます。

サイバーブックストア会員は、特典がいっぱい! (一部抜粋)

通常、1万円(税込)未満のご注文につきましては、送料・手数料として500円(全国一律・税込)頂戴しておりますが、1冊から無料となります。

専用の「マイページ」は、「購入履歴・配送状況の確認」のほか、「ほしいものリスト」や「マイフォルダ」など、便利な機能が満載です。

メールマガジンでは、キャンペーンやおすすめ書籍、新刊情報のほか、「電子ブック版TACNEWS(ダイジェスト版)」をお届けします。

書籍の発売を、販売開始当日にメールにてお知らせします。これなら買い忘れの心配もありません。

FP（ファイナンシャル・プランナー）対策書籍のご案内

TAC出版のFP（ファイナンシャル・プランニング）技能士対策書籍は金財、日本FP協会それぞれに対応したインプット用テキスト、アウトプット用テキスト、インプット＋アウトプット一体型教材、直前予想問題集の各ラインナップで、受検生の多様なニーズに応えていきます。

みんなが欲しかった！シリーズ

『みんなが欲しかった！ FPの教科書』
●1級 学科基礎・応用対策 ●2級・AFP ●3級
1級：滝澤ななみ 監修・TAC FP講座 編著・A5判・2色刷
2・3級：滝澤ななみ 編著・A5判・4色オールカラー

■ イメージがわきやすい図解と、シンプルでわかりやすい解説で、短期間の学習で確実に理解できる！動画やスマホ学習に対応しているのもポイント。

『みんなが欲しかった！ FPの問題集』
●1級 学科基礎・応用対策 ●2級・AFP ●3級
1級：TAC FP講座 編著・A5判・2色刷
2・3級：滝澤ななみ 編著・A5判・2色刷

■ 無駄をはぶいた解説と、重要ポイントのまとめによる「アウトプット→インプット」学習で、知識を完全に定着。

わかって合格るシリーズ

『みんなが欲しかった！ FPの予想模試』
●3級 TAC出版編集部 編著
滝澤ななみ 監修・A5判・2色刷

■ 購入者全員が予想される厳選模試を学科3回分、実技2回分掲載。さらに新しい出題テーマにも対応しているので、本番前の最終確認に最適。

『みんなが欲しかった！ FP合格へのはじめの一歩』
滝澤ななみ 編著・
A5判・4色オールカラー

■ FP3級に合格できて、自分のお金ライフもわかっちゃう。本気でやさしいお金の入門書。自分のお金を見える化できる別冊お金ノートつきです。

『わかって合格る FPのテキスト』
●3級 TAC出版編集部 編著
A5判・4色オールカラー

■ 圧倒的なカバー率とわかりやすさを追求したテキストさらに人気YouTuberが監修してポイント解説をしてくれます。

『わかって合格る FPの問題集』
●3級 TAC出版編集部 編著
A5判・2色刷

■ 過去問題を徹底的に分析し、豊富な問題数で合格をサポート さらに人気YouTuberが監修しているので、わかりやすさも抜群。

スッキリシリーズ

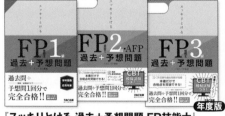

『スッキリわかる FP技能士』
●1級 学科基礎・応用対策 ●2級・AFP ●3級
白鳥光良 編著・A5判・2色刷

■ テキストと問題集をコンパクトにまとめたシリーズ。繰り返し学習を行い、過去問の理解を中心とした学習を行えば、合格ラインを超える力が身につきます！

『スッキリとける 過去＋予想問題 FP技能士』
●1級 学科基礎・応用対策 ●2級・AFP ●3級
TAC FP講座 編著・A5判・2色刷

■ 過去問の中から繰り返し出題される良問で基礎力を養成し、学科・実技問題の重要項目をマスターできる予想問題で解答力を高める問題集。

書籍の正誤に関するご確認とお問合せについて

書籍の記載内容に誤りではないかと思われる箇所がございましたら、以下の手順にてご確認とお問合せをしてくださいますよう、お願い申し上げます。

なお、正誤のお問合せ以外の書籍内容に関する解説および受験指導などは、一切行っておりません。

そのようなお問合せにつきましては、お答えいたしかねますので、あらかじめご了承ください。

1 「Cyber Book Store」にて正誤表を確認する

TAC出版書籍販売サイト「Cyber Book Store」の
トップページ内「正誤表」コーナーにて、正誤表をご確認ください。

CYBER TAC出版書籍販売サイト
BOOK STORE

URL：https://bookstore.tac-school.co.jp/

2 1の正誤表がない、あるいは正誤表に該当箇所の記載がない
⇒ 下記①、②のどちらかの方法で文書にて問合せをする

★ご注意ください★

お電話でのお問合せは、お受けいたしません。

①、②のどちらの方法でも、お問合せの際には、「お名前」とともに、

「対象の書籍名（○級・第○回対策も含む）およびその版数（第○版・○○年度版など）」

「お問合せ該当箇所の頁数と行数」

「誤りと思われる記載」

「正しいとお考えになる記載とその根拠」

を明記してください。

なお、回答までに1週間前後を要する場合もございます。あらかじめご了承ください。

---

① ウェブページ「Cyber Book Store」内の「お問合せフォーム」より問合せをする

【お問合せフォームアドレス】

https://bookstore.tac-school.co.jp/inquiry/

---

② メールにより問合せをする

【メール宛先　TAC出版】

syuppan-h@tac-school.co.jp

※土日祝日はお問合せ対応をおこなっておりません。
※正誤のお問合せ対応は、該当書籍の改訂版刊行月末日までといたします。

乱丁・落丁による交換は、該当書籍の改訂版刊行月末日までといたします。なお、書籍の在庫状況等により、お受けできない場合もございます。

また、各種本試験の実施の延期、中止を理由とした本書の返品はお受けいたしません。返金もいたしかねますので、あらかじめご了承くださいますようお願い申し上げます。

（2022年7月現在）